Pauvres et
Marginaux
au Moyen Age

Du même auteur aux éditions Gisserot

— *La Pollution au Moyen Age,* 1999
— *Les Catastrophes au Moyen Age,* 2005
— *Vivre en ville au Moyen Age,* 2006
— *Histoire de la Savoie* en co-auteur avec Thérèse Leguay, 2005
— *100 dates de l'histoire de France,* en co-auteur avec Thérèse Leguay et Jérôme Lescarret, 2008

Jean-Pierre Leguay

Professeur émérite de l'Université de Rouen

Pauvres et Marginaux au Moyen Age

EDITIONS JEAN-PAUL GISSEROT
10 rue Gracieuse, 75005 PARIS

Aide aux miséreux

*À mon épouse
à mes enfants.*

Le mot *marginal* qui a donné en français marginalité est un anachronisme qui ne convient qu'en partie seulement pour désigner une palette d'individus hors du commun, différents des autres citadins par une absence de biens *(inops)*, par une déficience physique *(infirmus)* ou mentale *(debilis)*, par une attitude ou une activité méprisée *(mendicus)*, par leur mobilité géographique *(peregrinus)* ou leur sédentarité, par leurs façons de s'exprimer ou de penser. L'expression sert aussi pour désigner un monde en mutation où la cohésion familiale s'atténue, où le déracinement et le vagabondage s'intensifient, où l'ordre et la discipline reculent avec les guerres, où les règles morales sont souvent bafouées, où la charité cède la place à l'égoïsme ou à l'intérêt individuel. [1]

L'historien trouve son information dans les édits normatifs des princes et des municipalités, dans les archives judiciaires et comptables, dans les récits picaresques, dans cette langue populaire et familière des anas, des contes, des farces, des fabliaux dont la grivoiserie a été qualifiée de burlesque, annonciateur du style de François Rabelais. Les propos et les cris des camelots, des proverbes qui ont traversé les siècles, des recueils de sermons remplis d'*exempla* (récits édifiants) ou de diatribes de prédicateurs apportent aussi pléthore d'exemples. Cette littérature de *prises de paroles* qui accorde une place privilégiée aux *cris* ou interpellations, aux *bruycts* ou ragots, aux enquêtes, aux suppliques et aux procès-verbaux désigne plutôt un monde de la rue et de la place publique, des halles, des tavernes, des foires et des marchés, une humanité souffrante ou déclassée par des transgressions morales, sexuelles, religieuses ou judiciaires. Les narrations, les témoignages, les formules usitées sont enrobées de stéréotypes propres à toutes les époques où transparaissent le mépris des élites à l'egard des pauvres, de rustres, de juifs, la haine des oisifs, des trublions, des larrons, les jugements péremptoires que monde bourgeois porte sur les humbles. Les gens de biens emploient des expressions plurisémiques pour désigner la foule des errants, évoquent *les minores, les médiocres, la merdaille, les gueux, les vacabuns, les caymans ou quémandants, les moins que rien, les nichils, les inutiles du monde, les folastres* ou fous non violents.

1 – P. Boglioni, R. Delort, G. Gauvard (dir.), *Le petit peuple dans l'Occident médiéval*. Terminologies, perceptions, réalités, Actes du Congrès international de l'Université de Montréal de 1999, Publications de la Sorbonne , Paris 2003) – J. P. Leguay, *La rue au Moyen Âge,* Rennes, éd. Ouest-France & *Vivre en ville au Moyen Âge*, Paris éd. J. P. Gisserot. (bibliographie).

Ce vocabulaire, révélateur d'un état d'esprit recouvre des nuances sociales infinies qui vont du pauvre involontaire qui a toutes *« ses hontes bues »* (Charles d'Orléans), des histrions appelés jongleurs, des prostituées, des malades et des infirmes aux pires représentants de l'espèce humaine : escrocs, faussaires, voleurs à la tire, « forceurs de femmes », truands (Chapitre 1). Ce monde se retrouve de préférence dans des endroits isolés ou déserts, dans des lieux mal famés (tavernes, bouges, bordels), dans des hospices ou dans de petits hôpitaux qui s'apparentent davantage à des mouroirs qu'à des lieux secourables (Chapitre 2). Ces gens de *petit estat*, sont tolérés, dans la mesure où ils ne portent pas préjudice à la sécurité des personnes et des biens par leurs activités ou leurs facéties. Les clochards qui se contentent de faire la manche, les artistes, les petits marchands et *crieurs* de la rue, les représentants de professions jugées viles, en rapport avec le sang, le sexe ou la saleté, le sous-prolétariat des *brassiers*, des journaliers ou des jardiniers sont des figures familières des rues, des places, des parvis des églises, des traverses (Chapitre 3). D'autres sont au contraire rejetés pour la menace qu'ils font courir à l'économie, à la société et à la morale : les escrocs, les travailleurs clandestins, les batailleurs, les fous *frénétiques*, les blasphémateurs, les *larrons et larronnes* (Chapitre 4). Avec le temps qui s'écoule, la baisse démographique après les famines et les pestes, le manque de bras, l'opinion publique accepte avec difficulté, les oisifs, les faux malades, les individus dévoyés qui échappent aux structures sociales habituelles. La *paupertas*, n'est plus synonyme de dépouillement volontaire d'un saint, elle est décrite comme une déchéance physique et morale, comme un état d'infériorité, d'humiliation, d'exclusion. (Chapitre 5). Cette vision négative détermine chez les témoins de cette déchéance, chez les nantis des attitudes contradictoires qui vont de l'action charitable cachée ou ostensible au rejet, à l'agressivité. Les autorités princière, seigneuriales, municipales sont animées par une volonté de punir les déclassés pour l'exemple, de les isoler, de les employer de force sur les chantiers, de les brimer (lépreux, juifs), de les sanctionner. Les travaux forcés, les amendes pénales, les marques au fer rouge, les peines de mort par la pendaison, le bûcher ou l'ébouillantage constituent le niveau extrême d'une répression qui se veut dissuasive et à grand spectacle (Chapitre 6).

Chapitre 1

« GENZ DE PETIT ESTAT »,
«GENZ DE MAUVÈS GOUVERNEMENT »

La *microstoria* des couches inférieures, des « *petites gens* » des *Unterschichten* des Allemands (Ph. Braunstein), ne recouvre ni un milieu ni une classe sociale déterminée, mais une foule bigarrée où se distinguent ou se confondent les indigents, de « *povres hommes chargiés de femmes et de petiz enfans* », les ouvriers et les *brassiers* aux salaires de misère, les infirmes, les malades, les femmes abandonnées prêtes à accoucher ou *gésineresses*, les vieillards dans le besoin, quelques déviants. Cette troupe hétéroclite, en situation précaire, est vite assimilée, par les bourgeois nantis, à des déshérités plus inquiétants pour la société : les « *gens oyseuls et les quémandans* » ou *caimans* pourtant « *puissans de leur corps et membres* », les vagabonds habitués à *rapiner* et refusant de « *gaignier leur vie* » honorablement, les escrocs, les voleurs, les faussaires et les criminels de tout crin. Ce monde de la misère, issu des couches inférieures de la société, peut atteindre 10 à 20 % d'une population en temps de paix, bien davantage en période de guerre, de crise économique, de famine, d'épidémie. Nous les classerons en grandes catégories : les pauvres errants ou secourus, les parias habituels des villes et des campagnes, les délinquants primaires ou professionnels.

La connaissance de cette humanité méprisée émerge, non sans difficulté, de diverses sources : des Vitae ou biographies de saints, des coutumiers des monastères, des poèmes d'Eustache Deschamps ou de Villon, les porte-parole des plus démunis, des chroniques qui mettent l'accent sur les misères d'une époque. Elle revit aussi à travers les archives officielles, les ordonnances royales ou princières qui stigmatisent et répriment la mendicité, les dénombrements énumérant les feux ou unités fiscales et familiales, des actes judiciaires comme le registre d'écrou du Châtelet de Paris des années 1389-1392, les suppliques ou les lettres de grâce du roi, des archives de la Chambre des comptes en Bretagne, des testaments au chapitre des distributions d'argent, de vivres ou de vêtements, les archives et comptes hospitaliers qui donnent des informations sur les aumônes pour Dieu, les lits occupés, l'alimentation ou les linceuls à usage de draps mortuaires.

« Povres homs, inutiles au monde »

La fiction littéraire comique et moralisatrice, les archives judiciaires évoquent volontiers les *misérables personnes* stables ou itinérantes, les indigents sans ressources, « *les povres hommes qui mendient touz nuz* », ou « *qui aboyent à la faim* », « *les ignobles, les abjects, la merdaille(sic), les impotents et grabataires, les gisans es liz, à grant povreté et misère* » etc. Tous ces laissés pour compte, ces humiliés, ces stigmatisés par la pauvreté et la souffrance, ces affamés que les autorités ou les nantis ne songent même pas à dénombrer, à enregistrer ou à décrire font partie de la population vulnérable, livrée à elle-même. [1]

L'ambivalence de la notion de pauvreté

La pauvreté n'est pas la même selon qu'elle est spirituelle et volontaire ou une réalité sociologique subie, provisoire ou définitive (M. Mollat), selon qu'il s'agit d'un saint homme, un *pauper Christi*, ou d'un individu que l'opinion publique juge inférieur, abject, ignoble, responsable par sa paresse, de sa déchéance matérielle, physique et morale.

Précisons pour nos lecteurs que le mot *pauper* a eu longtemps une connotation plus morale que sociale et matérielle, que le mot clochard n'a rien de commun avec le clocher de son village ou de son quartier mais que son appellation a comme origine le latin *clopus* ou *claudus* désignant l'éclopé, le claudicant, le bancal, l'individu sans logis, sinon un vague refuge digne d'un vagabond, allant par les rues et par les chemins comme un chemineau.

Il existe une *sancta paupertas*, une forme de compassion ou de spiritualité, valorisante si elle est consentie, une expérience citée en exemple pendant plusieurs siècles et un moyen de salut admiré. Cette *paupertas*, le contraire de l'*avaritia* maudite, plonge ses racines profondes dans les premiers temps du christianisme évangélique de l'époque où le *pauper*, détaché des biens matériels et pareil au Sauveur, est dépouillé

---

1 – B. Geremek, *Les pauvres au Moyen Âge*, Études sociales, Paris 1978 – J.L. Goglin, *Les misérables dans l'Occident médiéval*, Paris, éd. Du Seuil, collection Point Histoire n°H 25 1976 – M. Mollat, *La pauvreté au Moyen Âge*, étude sociale, Paris, éd. Complexe, 1978 – M. Mollat, *Histoire de la pauvreté,* Paris, P.U. Sorbonne, 1974.

de tout bien personnel. Les prêtres, respectueux des canons des conciles, les missionnaires, les prédicateurs, usant d'*exempla* de vie édifiants, citaient, comme modèles, les ermites, les saints, qui se condamnaient par humilité, à vivre au milieu ou à côté des riches dans un dénuement absolu. Ils faisaient aussi référence à des individus fortunés, des *potentes*, d'anciens pécheurs, que la charité conduisait un jour à se purifier par une « conversion » (sic), par un retour à une vie évangélique, après avoir renoncé, au profit des pauvres, à la possession des biens matériels de ce bas monde, les pèlerins à la recherche de la perfection morale et d'un moyen de salut. « Ils ne possédaient rien mais avaient tout en commun comme les Apôtres suivant nus le Christ nu » disait-on alors des pauvres de Lyon, disciples de Jean Valdo, avant que leurs excès ne les condamnent dans l'opinion publique. Un Robert d'Arbrissel et ses disciples, réfugiés dans la forêt de Craon, avant d'aller fonder l'abbaye de Fontevraud, le Lyonnais Pierre Valdo, au XIIᵉ siècle, considéré plus tard comme hérétique, ont atteint ce degré supérieur de l'échelle spirituelle par réaction contre la soif de richesse et contre l'abandon des pauvres.

Des hommes et des femmes, des familles entières ont choisi l'option d'un mariage mystique avec Dame Pauvreté, imitant dans cette attitude saint Antoine, père et modèle des moines († 350), des Pères du Désert orientaux, saint Césaire d'Arles, saint Martin l'évangélisateur des Gaules, saint François le *Poverello*, que tout semblait favoriser, pressés par un brusque désir de *conversio* ou, au contraire, au terme d'une réflexion et d'une vocation mystique, séduits par l'idéal de pauvreté des cisterciens, des chartreux, des frères Mendiants.

La Vie ou la biographie de la comtesse Delphine de Puimichel (1284-1360), racontée par les *articuli* de son procès en canonisation, montre comment cette dame de la noblesse, mariée contre son gré à Elzéar de Sabran fils du comte d'Ariano, réussit à convaincre son mari de respecter un vœu de chasteté et de pauvreté, pratiqua, le reste de son existence, une ascèse à domicile en accomplissant les tâches ancillaires les plus rebutantes. Elle décida, dans les années 1331-1353, d'extérioriser sa foi en devenant mendiante dans les rues d'Avignon, d'Apt, de Cabrières et de Cavaillon. Elle subit alors les tourments de la part de ses voisins qui ne la reconnaissaient plus et des autres mendiantes pour concurrence déloyale.

Au nombre de ces exemples de pauvreté absolue, admirés par le peuple, figurent des évêques miséricordieux, comme Nicolas Gellent, évêque d'Angers de 1260 à 1291, des reclus et des recluses, des *donnés* comme ces nobles devenus par humilité frères *convers* au service des cisterciens ou journaliers sur les chantiers, des pèlerins dans le plus total dénuement, des veuves ou de pauvres filles restées des modèles de chasteté.

Différente de la pauvreté voulue, une forme d'ascèse réservée à une élite réfléchie et volontaire, détachée des biens d'ici bas, célébrée par les courants franciscains comme le *summum* de la vertu apostolique, la pauvreté subie et offerte aux regards critiques est soit associée à l'obligation de travailler de ses mains pour vivre selon la règle bénédictine soit, au contraire, au refus de gagner honnêtement sa vie, au vagabondage, à la faiblesse faute de nourriture substantielle, à l'absence de protection, de logis, de chauffage, à la frustration, à l'insolvabilité. Des auteurs de traités politiques et économiques de la fin du Moyen Âge comme Philippe de Mézières ou Nicolas Oresme dénoncent, sans complaisance et au nom du juste milieu, autant la pauvreté subie que son contraire la cupidité et l'avarice. C'est, disent-ils, un état nuisible à la grandeur et à la richesse d'un pays, un instrument d'asservissement et de tyrannie, finalement une source de péché. Ils reprennent même un vieux débat entre Franciscains sur les biens supposés avoir été détenus par le Christ et ses disciples, allant jusqu'à dire qu'ils avaient disposé d'un minimum vital indispensable pour vivre honnêtement !

Poussant le raisonnement à ses extrêmes, les mêmes dénonciateurs de la misère considèrent les pauvres volontaires, y compris parfois les frères mendiants, comme des inutiles, des êtres malfaisants, des truands en puissance. L'intérêt plutôt que la compassion les incite à vouloir contrôler les victimes involontaires des fléaux, leur présence en ville et leur circulation, les œuvres de charité et les secours temporaires, à permettre aux plus démunis de se relever, à renforcer l'efficacité de la justice.

Pourtant même les plus hostiles à la déchéance des basses couches de la société admettent que la misère s'est répandue dans tous les milieux sociaux, y compris chez les nobles incapables de maintenir leur état sans risquer de déroger, chez les clercs, les curés à la portion congrue, les chapelains sans affectation. C'est une réalité évolutive, née d'une conjoncture économique, sociale, médicale défavorable qui condamne à décliner, à choir, à subir.

Des esprits éclairés reconnaissent aussi que beaucoup d'indigents doivent leur situation dramatique à l'endettement et à l'engagement de leurs biens par mort ou vif-gage qui en découle à la suite de mauvaises affaires, de la crise économique, d'un achat à crédit difficile à supporter, d'obligations contractées pour répondre aux nécessités de la vie quotidienne, du placement d'un enfant ou de la rupture d'un contrat d'apprentissage. Une dette d'environ 5 livres tournois est l'équivalent du salaire total de 50 jours de travail d'un manœuvre parisien, de 25 jours de travail d'un maçon ! Que dire alors pour un manœuvre poitevin à 20 deniers par jour en 1422 ! [2]

Les frontières de la pauvreté

L'analyse du paupérisme médiéval introduit dans la réalité une infinité de nuances reposant sur la nature et l'état du dénuement. Un subtil distinguo est nécessaire entre le petit écuyer ou le bourgeois et sa famille déclassés après une faillite, une maladie ou un drame personnel, le pauvre fiscal ou *nichil habens*, l'exonéré d'impôt par manque de ressources, en état d'infériorité pécuniaire, mais qui peut conserver un logis, un emploi, un salaire et tous ceux qui sont qualifiés de *foibles*. On y met pêle-mêle le domestique ou la servante, sans salaire, obligé de vivre « *à pot et à pain* » chez un maître tyrannique, les « *démunis de tout, sans feu ni lieu* », les jetés à la rue condamnés à l'errance, les pauvres admis dans les hospices, et pour finir une masse de moins que rien, frappés d'incapacités publiques (guet, fonctions municipales), dans l'impossibilité de se marier.

Les historiens, à la suite de M. Mollat, de Br. Geremek se sont efforcés, à partir de maigres informations livrées par les enquêtes (*les serches* à Lyon), par les estimations de biens pour établir l'assiette des impôts (les *vaillants* ou *nommées* du Sud-Est) ou par des dénombrements

---

2 – M. Mollat « la notion de pauvreté au Moyen Âge, position du problème », *Revue d'Histoire de l'Eglise de France* 1966 p.5-23 & *Les pauvres au Moyen Âge*, Paris, Hachette 1978.

de propriétaires et de locataires par feux, de déterminer des pôles ou des seuils de pauvreté, qu'on nomme encore des points de rupture entre la situation préoccupante d'au moins 60 % des paysans et des ouvriers et la détresse des plus vulnérables aux calamités.

On se heurte à trop d'inconnues pour établir des définitions à la fois simples et indiscutables. Comment méconnaître l'évidence que des misères sont occasionnelles ou durables, si honteuses et si discrètes que les textes les passent sous silence ou se bornent à dire : *« Il y avait maintes secrètes grandes povretés »*. L'état de misère est aussi relatif, variable d'une contrée à une autre, sans doute pire aux Indes qu'en Islande, plus visible en ville qu'à la campagne où chacun dispose encore des ressources de la cueillette. Elle est subie avec plus de difficulté par un bourgeois ou par un *« povre gentil homme »* incapable de paraître que par un individu issu d'un milieu habitué depuis sa tendre enfance à tendre la main au coin de la rue et à côtoyer le malheur.

La chute dans l'indigence qui empêche une famille de se soutenir normalement, de résister au dénuement total, d'atteindre le plus bas niveau de la société nécessitent donc la recherche de critères qui sont, dans leur ambiguïté sémantique et matérielle, aussi discutables, aussi sujets à contradiction les uns que les autres. Pourtant certains permettent d'appréhender de manière directe les préoccupations de la vie quotidienne :

• Un statut éclaire souvent davantage sur la précarité que tout autre propos. Les derniers serfs médiévaux sont souvent trop pauvres pour racheter leur liberté et ne trouvent pas, *ipso facto,* à se marier. C'est le cas des plus malheureux de Saint-Gingolph dans le Bas Chablais vers 1500, des derniers asservis du Jura en 1789. Une réalité économique est aussi un indicateur. Des tenanciers vivotent sur des exploitations fragmentées qui couvrent à peine un hectare et sont obligés d'exercer un autre métier, devenir des *chaufourniers* ou récoltants de chaux, des *boisseliers* ou fabricants d'outils en bois, des *brassiers* ou journaliers embauchés à la journée et sur la base de 250 jours en comptant les congés forcés et non rémunérés le dimanche et à l'occasion de fêtes religieuses. Ces gens ont des salaires de misère, de10 à 30 deniers par jour ! Les chansons de geste, les enquêtes livrent aussi de *« povres gentils hommes »*, des cadets et des bâtards de grands lignages, totalement démunis, dans l'incapacité de faire adouber leurs fils aînés. Le père d'Énide dans la chanson qui le met en scène avec Érec reprend le cours de sa pauvre existence sous la plume de Chrétien de Troyes.

• Un seuil alimentaire, biologique, est rappelé par une définition de Gerson : *« le pauvre est celi qui crie à grant rage de famine, »* celui qui crève de faim comme ce fut le cas dans beaucoup de régions frappées par la famine en 1316. La pauvreté est atteinte, disent des chercheurs, quand un individu ne reçoit plus le minimum de 2000 calories par jour, un kilogramme de froment donnant 2500 calories. Il est arrivé qu'on tombe au dessous de 1000 calories, de 750 durant la famine de 1346. La menace de disette pointe chaque fois qu'un travailleur consacre les 4/5ème de ses ressources à se mal nourrir. La situation frise alors la catastrophe. On est en droit de s'interroger comment peut vivre un journalier agricole du Lyonnais payé 24 deniers par jour quand le moindre pot de vin ou une volaille atteint 15 deniers, un pain une dizaine de deniers. Mais cette observation ne prend pas forcément en compte les à-côtés, les fournitures de vivres sur un chantier, les dons alimentaires des confréries, des *tables* paroissiales.

• L'habillement ou l'absence de pièces du vêtement (les chaussures), l'usage de guenilles, le logement déplorable ou son absence, d'autres nécessités courantes figurent aussi dans le calcul d'un niveau de vie. Des inventaires montrent la misère à travers de pauvres fripes, d'ustensiles de ménage dépareillés, un mobilier misérable. Des malades décédant dans les hôpitaux ne laissent même pas un drap ou linceul pour les ensevelir. A contrario, il est de bon ton qu'un testateur aisé affiche sa charité en léguant des pannes de tissu, des chaussures et des aliments aux 13 ou 24 « pauvres du Christ » présents à ses obsèques.

• On a retenu aussi le critère d'exemption fiscale par nécessité, l'absence des registres nominatifs. La misère se déduit quand une partie de la population d'une ville ou d'un village, dans un état d'impécuniosité total, est dans l'incapacité de payer la dernière tranche d'imposition, de contribuer, au minimum requis, au fouage, aux tailles. Le pauvre fiscal bourguignon, le *nichil habens* toulousain, est, malgré sa situation, comptabilisé par les receveurs. L'endettement qui peut conduire à la contrainte par corps, à l'emprisonnement occupe une grande place dans une étude sur la condition du menu peuple, même s'il n'a pas l'exclusive dans le rôle de débiteur et s'il le partage avec les grands, avec les clercs. Mais le procédé fiscal d'identification demeure bien aléatoire. Dire par exemple que la moitié des feux de Toulouse à la fin du XIVe siècle sont déclarés *nichils*, c'est méconnaître les écarts de situation réels (P. Wolff). Il arrive aussi que des individus, des paysans surtout, soient victimes de la rapacité des percepteurs d'impôts, que des receveurs eux-mêmes, des fermiers, des *péagiers* (receveurs de péages), des *moulniers* (meuniers) subissent, à leur tour, les aléas d'une infortune.

• L'examen des détresses au grand jour ou voilées conduit aussi à inscrire parmi les nécessiteux, les indigents, les secourus par les tables des pauvres (Saint-Omer), les bénéficiaires de *confrères* ou parts de vivres dans les villages savoyards, les assistés et les hébergés dans les hospices, les éclopés, qui fréquentent des sanctuaires réputés pour soulager et guérir les maux ; c'est le cas de la plupart des 20000 à 30000 visiteurs annuels qui adressent leurs suppliques à saint Vincent Ferrier dont le tombeau est situé dans la cathédrale de Vannes. Le déclassement de certains débouche sur la prostitution, sur l'hérésie (les Vaudois, les Lollards anglais), sur l'asociabilité dans un quartier réputé chaud. Des troupes d'errants, de vagabonds, des révoltes, provoquées par la misère, contribuent à perturber la paix sociale au XIVe et XVe siècles ; ce sont des réactions violentes contre les milieux privilégiés, contre des receveurs d'impôts. [3]

Sociologie de la marginalité

Le malheur frappe donc une infinité de malchanceux, de démunis, de tarés, par certains égards l'équivalent des intouchables de l'Inde actuelle, un sous-prolétariat que nous répartirons en deux catégories qui se rejoignent parfois mais pas nécessairement : les économiquement faibles d'une part et les victimes d'une déchéance physique de l'autre avec

---

3 – *Les niveaux de vie au Moyen Âge,* Actes du colloque de L'Université catholique de Louvain-la-Neuve, Louvain 1999 – J.P. Leguay, *Vivre en ville au Moyen Age,* Paris, éd. J.P. Gisserot, 2006 (bibliographie p.171).

les *chenus, caducs, cassés, contracts(tés)* par la paralysie, les aveugles, les claudicants, les fous, et autres déshérités. La folie douce ou violente, la maladie de longue durée, l'accident, les déformations provoquent ou aggravent aussi l'incapacité de « *gaigner son pain* » en l'absence de secours mutuel.

> Un tailleur de Montélimar en 1389, brutalement atteint de paralysie qui l'empêche d'accomplir les gestes élémentaires de sa profession, n'a plus qu'à mendier le restant de ses jours et à prier dans l'espoir qu'une visite dans un lieu de pèlerinage lui rende la motricité! La rupture d'un échafaudage, un coup de sabot de cheval, une chute de pierre ou de poutrelle causent des lésions irréversibles.

Les économiquement faibles ont une origine plus conjoncturelle que structurelle puisqu'il est arrivé dans le passé que des *ministériaux* asservis vivent mieux que des colons libres. Ils sont les victimes d'un période marquée par des « *mortalités aberrantes* » (H. Neveux).

Aucune période, aucun pays, aucune localité ne sont à l'abri de la misère y compris le siècle de saint Louis, considéré par les chroniqueurs comme un âge d'or de progrès économiques. Il ne fait guère de doute que la condition de nécessiteux a sérieusement empiré à l'époque de la guerre de Cent ans et partout où des catastrophes naturelles, liées à des modifications climatiques accompagnées d'inondations, de tremblements de terre, de mauvaises récoltes, des incendies, des épidémies ont frappé une humanité où l'entraide ne fonctionnait plus, où l'inquiétude générale, l'affolement, les rumeurs, le relâchement de la morale et des mœurs ont entraîné un manque de compassion et de protection. [4]

Une longue phase d'instabilité attribue aux gens de bas état, une importance numérique qu'ils n'ont pas en temps normal et qui peut dépasser le seuil fatidique du tiers d'une population déterminée. Au terme de leur déchéance, des individus, des familles entières sont condamnés, à des degrés divers, à mener une existence, faite d'ignominie, à tout abandonner, à « *déguerpir* » (sic). Des ouvriers sans qualification, de *pauvres valets*, des domestiques, privés de salaires fixes ou de revenus

---

4 – J.P. Leguay, *Les catastrophes au Moyen Âge,* Paris, éd. J.P. Gisserot 2005.

suffisants, des sots, des débiles, des ratés irrécupérables sont placés dans l'incapacité physique et mentale d'exercer un métier, de payer le loyer d'un galetas ou d'une cave, et vivent de mendicité comme des loqueteux.

Qui n'a pas en mémoire le début de la complainte des tisseuses de soie dans le *Chevalier au Lion* de Chrétien de Troyes († 1185) :

> « *Toujours draps de soie tisserons,*
> *Jamais n'en serons mieux vêtues.*
> *Et toujours serons pauvres et nues*
> *Et toujours faim et soif aurons.* »

À ces victimes d'un processus d'appauvrissement, à ceux qui subissent de plein fouet les chertés de vivres, des hausses de prix, les effets pervers des mutations monétaires, les *courses* et les pillages de routiers, les évictions de propriétaires ou de patrons s'ajoutent d'autres malheureux que la maladie ou l'hérédité place dans une situation d'infériorité. Les affligés de maux, « *l'aveugle dyort* » (de *ortu*, de naissance), les abandonnés à la générosité et à l'assistance publiques figurent aussi parmi les parias d'autrefois. Ils sont nombreux et diversifiés. Une classification d'après les origines est vite imposée. Ainsi dès le XVe siècle, la municipalité de Bâle énumère-t-elle vingt-cinq catégories de nécessiteux.

• Des enfants abandonnés, rares survivants de carences alimentaires, de maladies, sont condamnés à vivre dans la précarité. Ils sont rejoints par tous ces gueux, de père en fils, qu'évoque Villon. Tous ces exposés ou « *gectés à la rue* », déposés sous le porche d'une église ou d'une maison ont peu d'espoir de survivre s'ils ne sont pas assistés dans les plus brefs délais. L'abandon près d'un domicile ou dans le lieu de culte est pratiqué, moins dans l'intérêt de l'enfant, que pour éviter au coupable l'accusation très grave d'infanticide qui peut conduire au bûcher (Abbeville en 1383). Le nombre des jeunes victimes devient inquiétant pendant un hiver rigoureux comme à Paris en 1420-1421. Les registres des hospitaliers de Chartres indiquent une augmentation sensible à la fin du XVe siècle puisque de 16 en moyenne annuelle on atteint 37 cas en 1483, recensés par l'Aumône Notre-Dame. Davantage de filles sont laissées pour compte que de garçons plus de 54 % ici, et la mortalité est à ce point effroyable qu'elle atteint 73 % des cas ! La majorité de ces enfants décède faute de soins, y compris la plupart ceux qui sont placés en nourrice par la municipalité.

Une poignée d'enfants jetés, de survivants, devenus adolescents, sont livrés à la rue où ils retrouvent des bandes de vauriens, en rupture de foyer et en refus de société. Une pauvreté qu'on peut qualifier d'héréditaire frappe toute une fraction de la population. Le poète Villon se dit gueux, fils et petit-fils de gueux :

> « *Povre je suis de ma jeunesse,*
> *De povre et de petite extrace* (extraction) *;*
> *Mon père n'eust oncq grant richesse,*
> *Ne sont ayeul nommé Orace ;*
> *Povreté tous nous suit et trace ».* [5]

• La crise de l'époque de la guerre de Cent ans précipite la déchéance de tous ceux qui connaissent le chômage ou dont les salaires de misère ne couvrent pas les charges familiales devenues trop lourdes pour supporter la présence d'enfants à la *mamelle* ou trop jeunes pour accomplir de menus travaux.

• Des veuves, seules ou avec des enfants à charge, privées d'une planche de salut masculine, tombent vite dans la précarité et vivotent dans des conditions matérielles misérables.

Les enquêtes fiscales évoquent de *povres veuffves*, des personnes *dépourvues de biens* et demandant *l'aumosne de Dieu*, des *desgrépies (sic)* bretonnes ou des *relaissies* lyonnaises restées fidèles à la mémoire de leur époux. Le veuvage est une situation commune et parfois inhumaine dans une société qui marie, à peine nubiles, des adolescentes à des hommes plus âgés et même à de vieux barbons. Dans certains endroits, on observe une réelle disproportion de décès entre les sexes. La perte du père, du nourricier, débouche sur une angoissante précarité et sur les conséquences matérielles de la viduité, à moins que, devenues séductrices ou concubines, elles n'utilisent à bon escient les faiblesses de la chair d'un voisin aisé

---

5 – F.Villon, *Poésies complètes*, éd. R.Gulette, Paris, Livre de Poche, 1964, p. 69.

ou d'un ecclésiastique. L'une de leurs préoccupations est d'obtenir une remise des arriérés d'impôts, une *amodération* fiscale, *« attendu sa povreté »*.

• Les malades atteints de maux répugnants ne trouvent guère de réconfort dans une société sans compassion.

Les lépreux, frappés d'une maladie endémique, nommé mal de Saint-Lazare, *éléphantiasis* et autres noms, comblent d'horreur les contemporains, pourtant habitués à leur présence depuis le haut Moyen Âge, donc bien avant le retour des pèlerins et des croisés du Moyen Orient. Ces victimes de la maladie, dite maintenant de Hansen, du nom d'un savant norvégien contemporain, se caractérise par une évolution lente qui agit sur la peau et sur les nerfs. Elles souffrent, sous des formes tuberculoïdes ou lépromateuses, d'abord d'un froid intense, de l'apparition de taches cutanées, d'ulcères, d'une atrophie des extrémités des membres et d'une destruction des os et des muscles puis d'une lente et inexorable paralysie. Selon le niveau de déchéance atteint et la forme que prend le mal décrit en langue vernaculaire, les individus présentables ne sont pas forcément interdits de déplacement à condition qu'ils annoncent leur présence par un bruit de crécelles, évitent de toucher les denrées exposées, de se mirer dans l'eau d'une fontaine ou de séjourner dans des lieux publiques, sur les places de marché ou dans les tavernes. Les statuts de la maladrerie de Bernay sont plus sévères puisqu'un article de 1307 déclare que les malades de la lèpre ne devront pas être vus *« en lieu publique ou commun fors deux fois en la semaine et non pas au jour dimanche »*.

D'autres malades qui ne sont pas forcément des lépreux sont en but à la rumeur, menacés d'exclusion comme les malheureux atteints de psoriasis, de *suette* ou de fièvre persistante et odoriférante, de dysenterie ou *caquesangue* sanguinolente, de tuberculose ou d'ergotisme, un fléau, appelé mal ou feu de Saint-Antoine dont nous reparlerons.

• Au nombre des indésirables, souvent moqués figurent les débiles mentaux, les fous surnommés, par dérision, *babons* (niais), *déments, lunatiques, fols, folastres* ou *folaciés* (les doux dingues), *frénétiques* (les violents), *enragés*. *« Tout est perdu par default de raison »* fait observer

Jean Meschinot dans une ballade qui lui sert à déplorer les vices de son temps. [6]

L'individu, atteint de vésanie « *a pour propriété de ne jamais s'apercevoir qu'il est des autres la risée* », disait Sébastien Brant. Il n'est jamais plaint à moins qu'il ne s'agisse d'un roi, de Charles VI, d'un prince ou d'une princesse comme plusieurs membres de la famille de Bourbon). La *chaude maladie* n'est pourtant pas ignorée des écrits, des coutumiers (celui de Normandie), des Lois qui font autorité depuis le traité de Philippe de Beaumanoir, des testaments, des farces et des poésies de jongleurs. C'est un des thèmes artistiques les plus représentés sur les sculptures, sur les stalles des églises, sur les gravures avec la nef des fous de Sébastien Brant. L'art assimile volontiers le malade au coq… ou à la poule et est représenté avec un bec, un plumage, une crête ou un nid avec des œufs de… cane ! Tous les attributs du déséquilibré, familier de la rue, de l'hospice, ont une profonde signification. Leur tunique ample et grossière, faite de losanges jaune safran et vert, deux couleurs sensées agir sur le système nerveux, soulignée de bordures en dents de scie, fait désordre. Les braies sont en lambeaux ; elles ont été déchirées au cours des crises ou à la suite des coups reçus. Le capuchon rabattu dissimule mal une *hure* ravagée et poilue. Les cheveux du fou sont à demi rasés ou « *haut tondus ou en croix* » (sic) et il n'est pas rare qu'il ne leur reste qu'une moitié de barbe ou de moustache. L'individu peut aussi se déplacer tout nu ou en sous-vêtements, ce qui donne un plus au spectacle et à la raillerie. Des oreilles d'âne émergeant d'un coqueluchon suggèrent la sottise, la crête de coq, voire un phallus, une virilité débordante, la lubricité. Le grelot, destiné à signaler un danger, écarte aussi les démons. Le fou brandit souvent un miroir, expression d'un narcissisme évident. La cornemuse et la flûte, ses instruments à vent favoris, ont des sons qui paraissent aux uns vulgaires, à d'autres sensuels. Le visage est lunaire, la langue tirée reflète la bêtise. L'assimilation de la folie à l'astre nocturne, rendu responsable des variations du comportement, a donné en langage courant l'expression lunatique pour désigner une attitude extravagante,

---

6 – A. Mary, *Anthologie poétique française*, *Moyen Âge II*, Paris, éd. Garnier-Flammarion 1967 p. 264.

digne de la représentation du Jacquemart de Hesdin en 1385. Les écrits mettent l'accent sur une allure insolite, déraisonnable. Les *fols*, compagnons naturels des *filles folles* (prostituées) ou de jeunes garçons sont proches du primitif, du sauvage dont ils ont le regard inquiétant ; ils rient sans raison ; on dit qu'ils mangent du safran ou qu'ils ont le rire safrané ; ils éternuent sans cesse et flatulent. La plupart brandissent un bâton ou *marotte*, terminé par une tête de bouffon en vessie de porc, gonflée et remplie de pois secs évoquant la tête vide du fou, ou tiennent une massue qui fait office de sceptre. *« Au plus fol, la massue »* rappelle un dicton. Ils engloutissent d'énormes quignons de pain, de la viande crue, des portions d'un fromage qui a la propriété de guérir de la folie, des écuellées de pois, une nourriture roborative et indigeste que la charité publique veut bien leur donner… pour qu'ils se livrent à des incongruités intestinales ! Le fou quémande et récupère dans sa besace, marmonne un vague remerciement ou injurie le chaland. Les prédicateurs ou les auteurs de farces relèvent des propos incohérents, des *coassements* importuns, et pour mieux se moquer les comparent à des disputes scolastiques.

Les ouvrages de médecine classiques n'en parlent guère ou se bornent à constater un état qui se dégrade et crée des humeurs mélancoliques ou colériques, de la dépression, de la *folie chaude* ou violente. Les praticiens ne cherchent pas à connaître les raisons et les manifestations des troubles psychologiques. On devine maintenant, en s'appuyant sur la description d'attitudes spécifiques, de beaux cas d'angoissés chroniques, de schizophrènes, de paranoïaques. Les seuls remèdes restent des bains froids, l'usage de certaines plantes (le souci par exemple) et on recommande d'éviter de consommer de la viande crue ou trop assaisonnée. Les bourgeois, les municipalités financent quelquefois un voyage dans un sanctuaire réputé pour ses guérisons comme ceux de Gheel en Belgique et de Saint-Hildevert de Gournay près de Besançon. [7]

7– M. Laharie, *La folie au Moyen Âge XIᵉ-XIIIᵉ siècles*, Paris, Le Léopard d'Or, 1991.

Différent des simples mortels par sa tenue et sa nourriture, l'inconstant est coupé du monde par son mode de vie. Le *dervé* vit en marge de la communauté, couche à la belle étoile, dans la forêt ou dans une guérite des fortifications, se conduit en bête, s'assimile au crapaud, ne tient pas en place, erre dans la rue, s'arrête sous les porches, devant les fenêtres et les portes des maisons pour supplier, chanter, sermonner, déraisonner ou se livrer à des excentricités qui en font un individu dangereux pour lui-même et pour autrui. On craint son agressivité, ses morsures et ses griffures, des coups de massue ou de couteau qui nécessitent la détention et l'isolement dans une tour. L'échevinage d'Amiens condamna au bannissement perpétuel une jeune folle qui accablait d'injures les notables.

« Un grand baston en sa main porte ;
Si tost com il entre en la porte,
Fiert et cort et saut et henist ». [8]

Des gens souffrent de troubles mentaux, de cette *« douloureuse maladie mettant le sujet hors de bonne mémoire »* (Monstrelet), en ces temps d'horreur de la guerre de Cent ans et de la peste noire. Rejetés du monde des normaux, ils sont l'objet de la dérision, de la moquerie, de la méchanceté des enfants et des adultes, y compris des autres marginaux, misérables ou lépreux ! En 1455, le dauphin de passage à Amiens libère un ancien avocat qui gémissait depuis quatre ans dans un cachot *« parce que la maladie de frénésie lui tenait la tête »*. Le passage d'un fou délirant, d'un forcené, sa *parade (sic)* précipitent le public aux fenêtres ou sur le pavé. D'aucuns incitent le passant à la noise, par la huée, l'envoi de crachats, des cris « au fou, au fou ! au sot, au sot » ! Il n'est pas rare alors que, dans cette sorte de corrida, le malheureux souffre-douleur soit roué de coups, repoussé à coups de pierre par une humanité cruelle qui ne tolère pas l'Autre, le maudit de Dieu.

« Pleines de fous rues et venelles
Ne sachant faire que folies
Mais on en refuse le nom...

---

8 – Extrait de Robert le Diable, éd. E. Löseth, Paris 1903 - Texte cité par Ph. Ménard, *Les fabliaux, contes à rire au Moyen Âge*, P.U.F. 1983, p. 440

Fous et déments montent en foule
J'ai fait leur portrait au passage… »
dit un instant l'auteur de la Nef des fous. [9]

Le *fol, l'insensé*, laissé divaguer, si son état l'autorise, est, dans le cas contraire, enchaîné dans une salle basse de tour réservée à ces malades (une tour aux Fous de Caen ou une tour du Châtelet de Melun) ou dans un hôpital, parqué dans des cabanes situées dans une portion des fossés à sec (Rennes) ou banni s'il est étranger à la cité. Un des thèmes récursifs de la littérature ou de la peinture du Moyen Age fut un bateau supposé servir de lieu d'internement. C'est une allégorie que reprend Joss Bade dans ses *Stultiferae Naves* (fin XVe), Sébastien Brant dans son *Narrenschiff*, Érasme de Rotterdam dans son *Éloge de la Folie* ou le peintre Jérôme Bosch. Il ne repose sur aucune réalité, si ce n'est l'organisation d'un pèlerinage par voie maritime dans un lieu sensé guérir les *folastres*.

• L'âge lui aussi est synonyme de déchéance dans une société où les rapports entre gens âgés et jeunes générations peuvent être tendus. Des vieillards se pressent couramment dans les rues, aux portes des églises, croupissent dans l'incertitude du lendemain si personne ne vient à leur secours :
« Aussi ces povres famelettes
Qui vieilles sont et n'ont de quoy » dénonce F. Villon

Ces misères individuelles et collectives, structurelles et conjoncturelles, qui transforment des gens en sous-hommes, ne posent guère de cas de conscience aux riches et aux bien portants, sauf peut-être à la veille de comparaître devant Dieu quand ils se croient obligés de faire, par testament, quelques menus legs en monnaies, en vivres ou en habits.

De vagues données numériques
Le manque de statistiques explicites, la difficulté de faire la distinction entre les vrais et les faux indigents, les autochtones et les forains, les

---

9 – S. Brant, *La nef des fous*, traduction et présentation de N. Taubes, Paris, éd. José Corti 1997, p. 84

« *déguerpis* » qui convergent vers des lieux d'accueil rendent les déductions malaisées.

Peut-on se fier aux chiffres donnés par les chroniqueurs ? Guillebert de Metz déclare que Paris hébergeait 80 000 miséreux du temps de Charles VI... alors que la population totale a chuté de moitié et se situe aux environs de 100 000 âmes ! Trop bas, par contre, est le total de 4000 mendiants en temps de paix avancé par les plus optimistes, soit 2% de la population. Il semble que le bilan parisien oscille entre 10 000 et 20 000 selon le degré d'infortune du moment. Philippe Van Artevelde déclare pour sa part que 30 000 Gantois n'ont pas mangé de pain depuis une quinzaine de jours !

Plus probantes sont les déductions d'enquêtes fiscales. Partout, les études démographiques soulignent des restrictions. Il y aurait eu à Troyes, en 1432, 3 000 mendiants sur une population tombée à 18 000 et à Reims en 1482, 2 000 « *misérables quérant leur vie* » sur seulement 10 678 personnes recensées. A Bâle en Suisse, 25 % des citoyens sont dans l'incapacité de contribuer en 1439, 32 % en 1453 ! Un tiers également des feux du Chablais en Savoie sont occupés par des exonérés fiscaux. Un petit cahier des archives de Rennes, ville d'environ 13 000 habitants comptabilise les pauvres par quartier après le siège de 1491. Il énumère 549 secourus et précise leur localisation : 53 dans la Ville Neuve à l'Est, 66 à Toussaints au sud de la Vilaine, 34 rue Saint-Hélier route d'Angers etc. L'Aumônerie apostolique d'Avignon nourrit, en temps normal, un millier de miséreux, 4500 en 1343-1348.

La pauvreté que montrent les enquêtes fiscales, les récits pittoresques, réunit donc une masse de déclassés temporaires ou définitifs : des gens privés de travail et de foyer, des nobles ou des clercs dans le dénuement, des secourus dans les hospices où les places s'avèrent vite insuffisantes (à Paris en 1362)... Elle se gonfle aussi de « va nus pieds », de ruraux, de soldats démobilisés et d'oisifs qui refusent tout travail normal.

L'univers extravagant des « martinets » et des « filles lubriques »

Des personnes, rencontrées dans la rue ou dans les galetas, occupent une situation marginale, regardée avec suspicion par les honnêtes gens. À la différence des précédents, ils ne sont pas forcément tous démunis.

Nous y plaçons les saltimbanques, les prostituées, les cacous ou descendants des lépreux et d'autres habitués de la chaussée qui se dissipent à la moindre occasion et sont prêts à échanger des horions.

Les « fars » (farceurs), jongleurs et tabarins, aux marges de la société policée

Les clercs nomment jongleur, avec un dédain pour des individus aux fonctions mal définies ou jugées inutiles, « *quiconque a une activité ludique répétitive et variée destinée à amuser le public* ». [10]

Des artistes itinérants, des acrobates, des mimes, des *tabarins*, des bateleurs, des ménestrels, représentants d'une culture de la rue, accompagnent leurs chants, leurs bons mots de contorsions du corps, de culbutes, de grimaces, pour amuser la galerie. De simples saltimbanques, des auteurs de *subtilités*, des diseurs de bonne aventure, des musiciens itinérants se révèlent parfois être des compositeurs géniaux de poèmes ou de pièces de théâtre qu'ils récitent et miment sur la place publique. Des écrivains ont laissé un nom dans la littérature jongleresque comme Jean Bodel, Rutebeuf et Jean de Condé, Raimbaut d'Orange dit le Rossignol ou le *senhal*, un surnom utilisé entre amants ; d'autres encore ont livré des séries de « *risées, de mokeries et de trufles pour s'esbattre* », inspirées des traditions du passé, d'aventures authentiques, de faits divers.

Beaucoup de ces histrions, de ces perpétuels errants, frivoles sans foi ni loi sont réputés vivre dans le péché. On les dit amateurs de ripaille avec de joyeux copains ou *compagnons,* des habitués de la taverne, du bordel, de la *puterie* comme le veut le *fabliau Saint Pierre et le Jongleur*. Ce sont le plus souvent de pauvres hères tourmentés par la faim et la soif parmi lesquels se glissent d'autres étranges personnages ; des ermites et des moines gyrovagues, des curés sans paroisses, des écuyers sans fortune.

---

10 – L'esprit du genre a donné matière à plusieurs publications parmi lesquelles figurent : J.C. Aubailly (éd.), *Fabliaux et contes moraux du Moyen Âge,* Le livre de Poche, Librairie Générale Française 1987 – J.Bédier, *Les fabliaux,* Paris, E.Bouillon, 1893 – M. Cailly, *Les fabliaux, la satire et son public,* Paris, La Louve, 2007, p.19-41 – E. Faral, *Les jongleurs en France au Moyen Âge,* Paris, Champion, 1964 – M. Th. Lorcin, *Façons de sentir et de penser : les fabliaux française,* Paris, Honoré Champion 1979 – P. Nykrog, *Les fabliaux,* Nouvelle édition, Genève, Droz 1973 – J. Rychner, « Les fabliaux : genre, style, pubic », dans *La littérature narrative d'imagination,* actes du colloque de Strasbourg de 1959, Paris, 1961, P.U.F. p.41-54.

On a vu à Rouen des prêtres trublions imiter les artistes, s'affubler de chaussures rouges, danser en public, un jour de la Saint-Martin d'hiver !

Il serait vain de vouloir ramener ces marginaux, représentés parfois sous un aspect démoniaque, au rang de contestataires du pouvoir, de la morale, de la religion, d'en faire des modèles de philosophes anarchistes. Le but final est d'amuser le public en se moquant des travers d'un nanti, d'un juif ou d'un plus misérable que l'artiste lui-même. Des bourgeois aisés, un peu masochistes, sont prêts à payer pour entendre leurs quatre vérités ! Chacun apprécie le ton persifleur, l'irrespect, le suspense habilement entretenu dans le déroulement de l'histoire, la misogynie feinte, la critique des clercs vue à travers quelques peintures de prêtres ou de moines rapaces et libidineux.

Les autorités municipales et religieuses, les conciles, les prédicateurs n'apprécient guère ces rigolos, ces sangsues des rues, ces agents de la perversion. Ces instances dénoncent leurs frivolités qui frisent la monstruosité (sic), la paresse étalée sous les porches des églises, le trouble à l'ordre public et au bon déroulement des offices, la musique dissolvante, la passion pour les jeux de dés et de hasard, les attitudes osées, la pauvreté dérisoire. Les spectacles que montent ces suppôts de Satan, les chants qu'ils exécutent sont des provocations, des obscénités. Le pire est atteint avec l'usage de masques et de déguisements qui dissimulent la vraie nature de l'homme, cachent le mal, rendent anonymes des paroles grivoises ou contestataires, des gestes obscènes et font assimiler ces artistes de la rue à des hérétiques. Leurs facéties, leurs bouffonneries accompagnent les concerts, les représentations théâtrales, jusque dans la cour du Palais royal de Charles V à Paris, sur le perron des hôtels princiers ou dans les cathédrales.

L'histrion, le *monstrum* (le qualificatif est utilisé) a donc mauvaise presse ; c'est un égaré, un *simplex* (simple d'esprit), un *ydiotus*, dont les vices sont autant de comportement diaboliques aux yeux de l'Eglise et de la bourgeoisie.

La turbulence estudiantine

Le bourgeois a du mal à supporter également la turbulence de jeunes *Artiens*, des étudiants de premier cycle en grammaire, en rhétorique et en dialectique, nettement moins sérieux que les théologiens, les juristes et les médecins.

Beaucoup de jeunes étudiants, venus de tous les horizons, se maintiennent avec difficulté dans la société de l'époque. Ils ne disposent pas de solides bénéfices ecclésiastiques et doivent se contenter pour vivre de l'argent envoyé par les parents, de maigres bourses, du produit de collectes, de grappiller les gains de menus travaux. Ils ont beaucoup de mal à se nourrir, à se loger, à payer les professeurs et à faire l'acquisition d'un écritoire :« *les bons enfans, oyez crier du pain* » dit-on en oubliant qu'ils consomment davantage de fèves que de froment !

La simple vue de ces *pauperes studentes,* pareils à des mendiants indispose les bourgeois ; les désordres qu'ils causent aussi. Car ces adolescents sont des fauteurs de troubles, les auteurs de « folies » diurnes, se battent entre eux, font du tapage nocturne ou des farces de mauvais goût. Ces éternels fêtards quand ils ont deux sous, « *rompent, heurtent huy ou font autres fractions, noise ou excès* ». Ils chantent à tue-tête, décrochent les enseignes, conspuent le guet, multiplient les *momeries.* Parmi eux se glissent, volontiers, de « *mauvais garçons qui se disent escoliers et sont ribleurs* », des *braguards* à Angers, connus pour leurs « *esbatements deshonnestes* », *des connards* à Rouen. [11]

« *Les fillettes joyeuses et lubriques* »

Les « *femmes de vie* », « *fillettes, filhetas, ribaudes, putasses* et tous les rufians et *abbesses (sic)* », les « *dyables de chamberières* », accusées de « *vivere de posterioribus meretricum* » (Ol. Maillard) baignent aussi dans un milieu où « *l'immondicité* » dénoncée par les prédicateurs devient une source de revenus et une « *risée pour esbatre* » des auteurs de fabliaux. Les mauvaises langues prétendent que des bourgeois louent volontiers des chambres aux filles de joie pour en tirer de menus profits. On raconte aussi qu'une foule nombreuse se presse à Beaucaire pour assister, une fois par an, à une course de putains dans un pré avec un prix à la clef comme pour une course de chevaux ! [12]

Si certains monarques ou princes à l'instar de saint Louis en 1254 ou du duc Amédée VIII de Savoie au XVe siècle, se sont montrés répressifs,

---

11– S. Cassagnes-Brouquet, « La violence des étudiants à Toulouse à la fin du XVe siècle et au XVIe siècle », *Annales du Midi,* tome 94 n°158, 1982 p. 245-262 –Y.M. Bercé, *Fête et révolte,* Paris, Hachette, 1976.

12 – J. Rossiaud, *La prostitution médiévale,* Paris, Flammarion, 1988.

la tolérance l'a emporté dans la grande majorité des comportements princiers ou communaux.

L'attrait des putes, de Richeu la fille de joie d'un fabliau, qui autorise leur intégration partielle dans le milieu urbain ne s'explique ni par une ouverture d'esprit ni par l'indifférence, mais par pur intérêt.

La femme est, dans un monde violent, une proie facile et risque, dès qu'elle franchit son *huis*, une agression sexuelle collective ou un acte de détraqué sexuel. Une vingtaine de viols sont commis chaque année dans la seule ville de Dijon au milieu du XVe siècle. La séduction est aisée même dans des milieux réputés honnêtes ; elle est le fait d'une majorité de jeunes gens, membres de joyeuses compagnies, poussés par une mauvaise impulsion, par « *misère sexuelle* » ou pour s'affirmer par un acte de virilisation ; elle est commise aussi par un maître qui abuse de sa jeune servante, par un curé tenu au célibat ou par un moine en goguette. Les tribunaux, les officialités ont à traiter quantité d'affaires sordides qui font les délices des auteurs de farces et de poésies grivoises. Séduire est un fait, user de violence, *forcer* comme on disait alors, en est un autre. Le curé de Bagneux en Anjou écope d'une lourde amende de 20 sous pour avoir eu des rapports non consentis avec une de ses paroissiennes. Le cas de « *force* » est toujours brutal ; la fille est « *traînée* », « *connue charnellement par force* » dans une endroit isolé ou dans une ruelle « *sur l'herbette* ».

L'histoire de la pauvre Margot Simmonet déflorée « *oultre sa voulenté* » près de Rennes en juin 1466 par deux fils de bonnes familles, un Le Vallays et un Moriou, et par un jeune Espagnol Jehannico Darbieto est à ce point particulièrement édifiante mais se termine par un non-lieu ! [13]

D'aucuns, issus de milieux aisés et bien pensants, estiment alors que les filles de joie, les « *foles de leur corps* », les « *fillettes communes ou amoureuses* », les *follieuses*, les *galloises*, les paillardes, « *les ribaudes de petit état et de gouvernement dissolu* », les *meschinettes*, les paillardes « *montrant tétins* »… jouent un rôle social, contribuent à leur façon, « *en vendant l'amour à détail* » au maintien de l'ordre, à la protection

---

13 – J.P. Leguay, « un cas de force au Moyen Âge, le viol de Margot Simmonet » dans *Violences sexuelles*, éd. Imago, Rennes, 1989, p.13-33.

des épouses et des mineures. L'amour tarifé, pour le seul plaisir en dehors de la procréation, canalise en quelque sorte les instincts débridés d'adultes insatisfaits ou trop entreprenants, de jeunes coqs célibataires, de fêtards éméchés pris *« sous la chaleur du vin »*. Plutôt que de pervertir le saint sacrement du mariage par des abus sexuels, par des pratiques et des plaisirs jugés pernicieux, des confesseurs conseillent aux maris de fréquenter de temps à autre ces lieux de copulation collectifs transformés en abcès reconnus de fixation.

Souvent, les autorités préfèrent fermer les yeux plutôt que d'engager des poursuites, à condition toutefois que les dames de petite vertu exercent leurs talents dans des rues spécialisées, dans des maisons closes ou « bonnes maisons », et qu'elles pratiquent la retape sans ostention, loin des églises et des couvents, en dehors des lieux convenables, des écoles. Sous cette forme d'hypocrisie, la prostituée devient protectrice des femmes honnêtes, limite les débordements des individus amoureux et est utile à la préservation des bonnes mœurs ! Malheur par contre à celles qui outrepassent les règlements, qui troublent l'ordre public par leur agressivité, des vitupérations ou cherchent querelle entre elles ou avec les passants. Il arrive pourtant que ces dames soient ramassées sur leurs lieux de racolage familiers, le pavé à défaut de trottoirs, les quais (Marseille), le pont d'Avignon.

Un jongleur Marcabru a laissé vers 1140 un petit poème scabreux intitulé *la pute* qui dépeint une fille fragile et vulnérable, qui choque le bourgeois en portant *« harnois tant le jour que de nuict sans aveu »*. Le nombre des filles débauchées, de garces *« abandonnées de leur corps »*, *« vivans en vilité »*, *«désordonnées en amour »* et autres périphrases de la même veine est impossible à déterminer en l'absence de statistiques médicales et policières. On sait qu'elles sont nombreuses et qu'elles s'exhibent sans vergogne :

« Testins aiguz, membres blancs et charnuz
Puis très gros culz pour l'amoureuse affaire
Si bien troussez qu'il n'y a que refaire » écrit Jean Marot dans l'Epître des Dames de Paris.

Villon a bien parlé de 3 000 *belles filles* qui « *se habandonnent à fere péché de leur corps* » et de citer les plus célèbres aguicheuses de son époque : la Grosse Margot, Marion l'idole, la Touchaille- au- dur- téton, la Grande Gilette, la Grande Hallebardière, la Chancellière–aux-talonscourts, la Jeanne de Bretagne, la Lingère du Palais, la Vieille aux cheveux (encore) blonds. Le total n'a rien de choquant pour les nécessités de 200 000 citadins (1, 5 %), des marchands, des soldats et des pèlerins de passage. Mais à côté des professionnelles, d'Isabelle la Poussine, de Beau Front, de Michelonne la Bretonne, la Pigolette à Troyes, fin XVe siècle, opérant en lupanar ou *prostibulum publicum*, combien y en a-t-il dans les *bordelages* privés, en « *chambres retirées* », dans des endroits douteux ? Combien d'occasionnelles, de pauvres fileuses ou de *texières* solutionnent-elles ainsi leurs fins de semaine difficiles ? Combien pratiquent dans les tours des enceintes, dans les latrines, proches des boucheries à Troyes, dans une église ? À l'inverse, les *inorganisées (sic)*, l'équivalent en moins relevé des call-girls, des femmes mariées, des filles de famille, se prostituent « *en chambre secrète* », dans un appentis ou une grange, en compagnie d'un riche seigneur, d'un chanoine, d'un prêtre…. avec l'accord d'un mari consentant mais à l'indignation des voisins !

On a supposé que la majorité des *putasses* de ces temps reculés est d'origine rurale et d'énumérer des filles de ferme « *montées en ville* », des « *déguerpies* » réfugiées de la campagne, des délinquantes primaires, des fillettes abandonnées ou placées sur le pavé par des familles indigentes et indignes, de pauvres malheureuses séduites par un *ruffian*. La règle est pourtant loin d'être générale ; à Dijon, une ville connue par de belles archives, les deux tiers des filles sont nées en ville et aux abords immédiats et beaucoup perpétuent l'activité de leur mère (J. Rossiaud). Cette réserve apportée, il est certain que la prostitution débute tôt, dès l'adolescence, plus par nécessité, contrainte physique ou morale ou suite à un viol que par vice.

Passé la trentaine, la femme qui survit à des années de misère et de danger, est devenue une vieille qui doit, sous peine de sombrer, se caser en ménage ou servir de domestique à moins de devenir une *repentie* dans un hospice ou un couvent de clarisse, ou d'être promue *abbesse* de lupanar.

Il n'y a pas de prostitution, de paillardises sans « protection », sans « maquerellage », sans « *maistresse de lecherie* ». Les maquereaux notoires, les maquerelles, connues et occupant le haut du pavé, se distinguent par leur attitude provocatrice, leurs atours voyants et de la fortune, des petits proxénètes de quartier, des ruffians, des *fiancés,* des *putiers* et des tenancières flétries par les ans. Il n'est pas rare d'entrevoir un prêtre ou un chapelain, un chevalier inciter les filles à la débauche, les héberger dans le presbytère ou dans une location, retenir l'argent des passes, vivre du commerce de leurs charmes.

La violence, le larcin, le crime crapuleux, le jeu de dés, la boisson sont inséparables de ces endroits de débauche, dans les rues chaudes sur lesquelles nous reviendrons.

Des marginalités singulières

Beaucoup de membres des communautés juives, une population estimée à environ 100 000 dans tout le royaume vers 1300, sont condamnés, par nécessité, à croupir et à végéter dans un quartier, bientôt transformé en ghetto (Carpentras, Orléans). Il s'agit bien plus d'humbles artisans que de riches marchands, d'usuriers et d'intellectuels rencontrés dans les villes du Midi, à Paris, en Aquitaine ou en Champagne. Leur sort a empiré à l'époque de la première croisade et au XIIIᵉ siècle sous Philippe Auguste, saint Louis et Philippe le Bel avec des expulsions, des brimades, les premiers pogroms. [14]

Les *cacous* ou enfants de lépreux signalés en Bretagne peuvent être encore sains de corps contrairement à leurs parents. On découvre aussi parmi les déchus, des célibataires *« apovrys »* en temps de crise et *« n'ont riens ou du moins bien peu »*, des bâtards nés de pauvres filles séduites et engrossées, dénoncées comme filles publiques. Les premiers gitans appelés *égyptiens* ou *boemians* arrivés en Occident de l'Inde et de l'Europe du Sud-Est en France vers 1420 ont été regardés avec sympathie par les uns qui voyaient en eux des victimes des Turcs, avec méfiance par la majorité des bourgeois sous prétexte qu'ils étaient sans domicile fixe et réputés voleurs. Des esclaves noirs et leurs enfants voués à la précarité dans les ports du Midi, des bâtards ont leur place dans cette nomenclature d'exclus où figurent aussi parfois des étrangers, des Lombards par exemple, des Lucquois et des Florentins.

---

14 – P. Blumenkranz, *Histoire des Juifs en France*, Toulouse, éd.Privat, 1972 – M.R. Cohen, *Sous le croissant et sous la croix*, les Juifs au Moyen Âge, Paris, Le Seuil, 2008.

Les « déviants » auteurs de transgressions

Déviants ! Voici encore un mot complexe qui recouvre au Moyen Âge des réalités fort différentes les unes des autres mais a donné aussi matière à des confusions regrettables. Le titre désigne des individus ou des communautés accusés d'hérésie, de débauche, de sorcellerie, de sodomie, des délits difficiles à analyser et à évaluer parce qu'ils échappent très souvent à la connaissance faute de dénonciations et de répression. *« Voici donc des hommes dissimulés, pervers et agents de perversion qui longtemps cachés ont corrompu de manière occulte la foi chrétienne »* dit un moment Eckbert de Schönau dans un de ses *sermones contra Catharo »*. [15]

Des endurcis, perturbateurs de l'ordre religieux

Certains individus sont soupçonnés ou accusés devant un tribunal inquisitorial de porter atteinte à l'ordre religieux, de mettre en péril la sainte Mère l'Église et ses représentants dans leur personne, leurs biens et leur morale. Évitons d'utiliser des expressions anachroniques pour désigner la majorité des cas rapportés par les tribunaux ecclésiastiques, de parler d'athéisme, d'anticléricalisme ou de contestation dogmatique qui réclame un minimum de réflexion et de savoir.

La plupart des affaires jugées ne dépassent pas, dans le menu peuple des villes et des campagnes, le stade du blasphème, de la moquerie portant sur l'église, ses cadres, le déroulement des offices, de profanation d'hosties. Rares sont les « théologiens de village », des ivrognes qui disent que Dieu est trop vieux ou est devenu fou et qu'il faut le remplacer par un plus jeune (en Champagne en 1487). Que dire encore de ces mauvais sujets qui prétendent avoir visité le paradis ou l'enfer, qui s'identifient au Christ, de tous ces sceptiques qui réforment le ciel et le monde !

15- N. Cohn, *Les fanatiques de l'Apocalypse*, Paris, Julliard, 1962 – D. Nirenberg, *Violence et minorités au Moyen Âge*, Paris , P.U.F. 2001- H. Zaremska, *Les bannis au Moyen Âge,* Paris, Aubier, 1996.

Plusieurs historiens ont souligné l'ambiguïté du mot *hérésie* qui sert de pivot à des accusations ; ils ont dénoncé, dans les témoignages, les raccourcis ou les erreurs, sous couvert de stigmatiser les errances. Ainsi les disciples lyonnais de Pierre Valdo ne sont pas des hérétiques à proprement parler quand ils se bornent à critiquer la hiérarchie enrichie et encore moins des manichéens, adorateurs d'un Dieu du Bien et d'un Dieu du Mal. L'accusation relève d'une totale méconnaissance d'un mouvement qui reste présent en Provence, dans les Cévennes, dans le Dauphiné, dans le Valais, en Piémont. L'opinion publique confond vite, dans le même opprobre, les hérétiques qui, selon le décret de Gratien, prêchent et professent un dogme pernicieux, fruit d'un choix délibéré, contraire à la foi catholique et mettent en cause les rites et la hiérarchie comme les cathares, les schismatiques qui, en contestant une élection pontificale ou épiscopale, nuisent à l'unité de l'Église, les individus aux mœurs jugés diaboliques, les sorciers et les sorcières, des intellectuels auteurs de propos ou d'écrits discordants, les délinquants de tout crin. Inversement, on n'a pas toujours mesuré avant les travaux de Br. Geremek, les rapports entre les hérésies et les déplacements de population, avec le phénomène de déracinement, avec les facettes d'une crise économique et sociale.

Des emprisonnés qualifiés de *pervers* (sic), des groupuscules vivant en marge des structures sociales habituelles, des déracinés, des prédicateurs itinérants, des théologiens de taverne perturbent l'ordre religieux ancestral, contestent les cadres laïques et ecclésiastiques, remettent en cause la moralité publique et ses garants, bafouent les bonnes mœurs et l'univers de ségrégation sexuelle.

Le soupçon ou l'accusation d'hérésie revient, à tout propos, dans les sermons ou les écrits des prédicateurs et des prélats, dans les jugements des officialités, qui dénoncent, en chaire, l'action des suppôts de l'Antéchrist. Leurs critiques visent de vrais hérétiques appelés *démoniacles, buffones* (à Arras en 1461), *ensorcelés,* mais aussi des hommes et des femmes, simplement soupçonnés d'offense à Dieu et d'erreur ou, selon l'auteur d'une dénonciation envoyée à l'archevêque d'Auch, des malheureux, classés comme « insensés » considérés atteints « *d'une maladie contagieuse* », d'une sorte de « *lèpre volatile* » pernicieuse (sic). Le sort qui leur est réservé est de disparaître dans les pires tourments, de subir sur terre le supplice du feu, prélude à l'Enfer, qui anéantit les corps et les âmes.

Les accusés autochtones ou itinérants, qui se disent toujours chrétiens forment un ensemble disparate de gens de basse extraction où se mêlent des asociaux, des simples d'esprit, des fous et de réels prédicateurs ou des ermites marginalisés par leurs idées hétérodoxes et leurs façons de vivre, usant à bon escient de langues vernaculaires. Il est difficile de savoir pourquoi et quand « *une hérésie condamnable se répand de proche en proche comme la gangrène* » (concile de Tours en 1163). Dans les villes, les places, les porches, les espaces privés, ont toujours été des foyers de fermentation culturelle, propices à rassembler les auditeurs de prédicateurs improvisés, des gens tenant des propos pathétiques, apocalyptiques, des perturbateurs dont les paroles sèment le doute et la confusion dans les esprits. Au pire les autorités locales prétendent que ce sont des déséquilibrés affublés de sobriquets qui mettent en évidence leurs vices ou les assimilent aux démons dignes pour le moment des Évangiles des Quenouilles et plus tard, des contes de Grimm : Lucifer, Malin, Abonde du Four, la Foudre, Succube, Tutevillus. D'autres, très efficaces, ont occupé une position sociale élevée, sont des notables dotés d'un minimum d'instruction.

La plupart des discours de ceux qu'on désigne comme « novateurs » ne font que prolonger un débat entamé depuis des lustres, repris dans le passé par les cathares et les vaudois. Ils s'insurgent, par mépris des biens terrestres et au nom d'un idéal d'une pauvreté évangélique génératrice de vertus et moyen de perfection, contre le luxe ostentatoire étalé dans les églises, récusent l'autorité pontificale et épiscopale incapable de servir de modèle, dénoncent les pratiques de simonie et de nicolaïsme répandues dans les rangs du clergé. Leurs critiques plus anti-sacerdotales qu'anticléricales au départ se transforment vite chez certains et plus encore dans les propos de leurs dénonciateurs en un dogme pervers, inspiré par d'un mauvais choix délibéré. Mais qui est capable, de nos jours encore, de faire la distinction entre ce que veulent les *ketters*, les *pifles* flamands, les Amauriciens, disciples d'un savant professeur Amaury de Bène à Paris vers 1206, accusés de déviances intellectuelles qui évoquent le règne du saint Esprit et interprètent au premier degré l'amour du prochain, les disciples de Siger de Brabant vers 1270 et les sectaires, les purs ailleurs ? Des survivants du mouvement lyonnais lancé par Pierre Valdo (†1205), des adeptes de mouvements d'inspiration évangélique, d'autres appelés *fraticelles*, des frères franciscains spirituels eux aussi défenseurs d'une pauvreté intransigeante, ont survécu aux persécutions. Le valdéisme des *pauvres de Lyon* associé au départ à la ville, aux petites gens, aux auditeurs de la rue, remet en cause la famille, l'enrichissement par des activités commerciales ou artisanales, la nécessité des sacrements conférés par des prêtres indignes et ignorants, la valeur du pédobaptême, de l'eucharistie, la morale et la hiérarchie. L'attitude critique de ces gens dénoncés dans les sermons et dans les actes des conciles (Latran IV en 1215), qualifiés *d'idiotae et d'illitterati,* les condamne, à défaut de persuasion, à l'exclusion, à l'excommunication et plus tard à l'extermination.

Malgré l'action de l'Inquisition, malgré la « destruction de la souillure hérétique » par la flamme, malgré des autodafés pratiqués au XVe siècle dans les Pays ibériques et en Italie, les diverses formes d'hérésies survivent dans les esprits, donnant matière à des mesures coercitives laïques et ecclésiastiques, à des accusations sans fondement jetées à l'occasion de procès, à un horrible dénouement qui répond à un raidissement des autorités religieuses et à une montée de l'intolérance au XIIIe siècle (R. I. More). Des Vaudois sont brûlés sur la place publique de Montaison en 1230. En 1460, les membres d'une secte, dirigés par un Empereur et une Impératrice, s'installent à Grasse et se mettent à prêcher dans les rues. Le peuple les appelle les Sacheries et les assimile à des « *catolica denientes, malefici et matematici* ». Chacun soupçonne son voisin, se méfie de l'étranger. « *Un jour, je sortais de Tarascon* », raconte un voyageur de l'Ariège, « *et près d'un pont je rencontrai les hérétiques Pierre de Cyrons et Pierre de Belfort* ». L'hérésie qui entend régénérer l'Église par la prédication des laïques continue de faire des adeptes à l'initiative de prêcheurs itinérants, de marchands, de pèlerins. Plusieurs foyers existent dans les Alpes du Sud-Est, en Suisse, en Maurienne, en Dauphiné où on met sur le même plan, dans une affaire de 1428, le valdéisme et la sorcellerie. Les positions des dissidents se sont même durcies contre une église catholique mère de tous les vices et une église hérétique se forme avec un dogme, des structures particulières, des fidèles, une morale austère. Des orateurs et des confesseurs, sortes de parfaits, tiennent des assemblées, visitent leurs fidèles, se réunissent chez des particuliers pour célébrer la Cène une fois par an. Les pièces de théâtre, des sotties, des poèmes de jongleurs ou de goliards, des propos de compagnons de sociétés ludiques, de turlupins, renferment des connotations hérétiques, font état d'un dieu Valdat dans la Moralité de saint Eustache, multiplient les allusions aux pratiques diaboliques.

Mais la confusion, née d'une religion trop rigide ou d'une mauvaise interprétation, conduit aux pires excès. On voit les officialités épiscopales et les tribunaux de l'inquisition expédier au bûcher, sous l'accusation d'hérésie et de sorcellerie, aussi bien des simplets ou des montre-cul soupçonnés de perversion, des homosexuels, des incestueux, des avorteuses… que de véritables adorateurs du diable et d'autres dissidents indéfinis. Les instances judiciaires signalent aussi l'existence de profanateurs de tombes, de blasphémateurs récidivistes, dont la langue a été auparavant percée au fer rouge ou coupée. On a brûlé des consommateurs de chair humaine en période de famine, des incendiaires en Franche-Comté ou en Bretagne, des individus coupables de parodier la messe en faisant des sermons blasphématoires, des messes à reculons (sic) ou sataniques.

Les perturbateurs de l'ordre moral

« *Le péchié de luxure régnoit moult fort* » constate un témoin nordique horrifié par ce qu'il voit dans son voisinage ou inspiré par ses fantasmes sur le sexe.

Hérésies, sorcellerie, transgressions sexuelles et autre « *orde luxure* » sont couramment amalgamées dans les dénonciations des actes conciliaires, dans les sermons des prédicateurs ou dans les ordonnances royales. Une forme de translatio heresis est présentée en ces termes par Henri de Clairvaux : « *Il a surgi des cendres des Sodomites, le ver de l'antique luxure ; émergeant du lac de la damnation après les pluies de feu et de soufre, il a infecté les régions occidentales des souffles de sa puanteur* ». Dans beaucoup de seigneuries, presque la moitié de mises à mort sanctionnent des transgressions sexuelles.

C'est l'image mentale de l'autre, de l'isolé, de celui qui n'entre pas dans le moule social, qui importe dans ce paragraphe.

Des individus, accusés ou seulement soupçonnés de se livrer à des actes contre nature, d'avoir entre eux des rapports anormaux risquent à la fin du Moyen Âge le bûcher pour un non-conformisme sexuel. On évite ou on ignore le mot homosexualité, remplacé par d'autres termes qui deviennent vite des injures. Traiter, dans une dispute, quelqu'un de *bougre* désignant à la fois un hérétique, un sodomite et un zoophile, peut avoir, pour la victime, d'atroces conséquences dans un monde d'intolérance et d'invective. Si la phobie des déviances sexuelles, regroupées sous l'appellation de lubricité, n'est pas récente, la méfiance et l'hostilité à l'égard des accusés se sont aggravées aux XIIᵉ et XIIIᵉ siècles. Le concile œcuménique de Latran III en 1179 désigne, pour la première fois, le péché mortel, passible d'excommunication et d'exclusion de la communauté des fidèles : « *Quiconque aura été reconnu coupable de s'adonner à l'incontinence contre nature qui a provoqué la colère de Dieu sur les fils de rébellion et consumé cinq villes dans le feu* (allusions à l'Écriture sainte) *sera, s'il est clerc, expulsé du clergé ou relégué dans un monastère pour y faire pénitence, s'il est laïc, excommunié et totalement retranché de la communion des fidèles* ». [16]

L'horreur qu'inspire la sodomie ressort de certains écrits de pénitenciers, d'ouvrages de morale qui ont plutôt tendance à attiser le feu érotique, de fabliaux, prétextes à la gaillardise, du genre *le prêtre et le chevalier* ou *le sot chevalier,* de coutumiers. Aux simples dénonciations du pape Grégoire III (731-741) ou de Pierre Damien dans son *livre de Gomorrhe* vers 1050 et d'autres écrivains s'ajoutent bientôt de virulantes condamnations et des sanctions de la faute pour impureté ou des basses impulsions de la chair par des conciles dont un canon de Latran III en 1179. Le châtiment est devenu plus rigoureux aux XIIᵉ et XIIIᵉ siècles, dans la Coutume d'Anjou et de Touraine, reprise par un Établissement de Louis IX puis, plus tard, par le juriste Philippe de Beaumanoir. Le fouet, la castration, au pire la peine de mort par le feu sanctionnent « *l'horrible atrocité* » qui assimile son auteur aux pires ennemis du chrétien, aux Musulmans : « *Se aucuns est soupçonneus de bougrerie, la joustise le doit prandre et l'envoier à l'evesque ; et se il en estoit prouvez, l'en le devroit ardoir et tuit se mueble (biens) seront (confisqués) au (bénéfice du) baron* ». Les prédicateurs considèrent les « infects du crime de sodomie » comme des êtres pernicieux, coupables de désordres moraux par leur agissements contre nature. Si la prostituée est tolérée dans la mesure où

---

16 – J. Boswell, *Christianisme, tolérance sociale et homosexualité : les homosexuels en Europe occidentale des débuts de l'ère chrétienne au XIVᵉ siècle,* Paris, Gallimard, 1985 – A. Gauthier, « La sodomie dans le droit canon médiéval » dans *l'Erotisme au Moyen Âge,* 3ᵉ colloque de l'Institut d'Etudes médiévales, Montréal 197 p.111-122 – M. Lever, *Les bûchers de Sodome,* Paris, Fayard, 1985.

elle contribue à assurer la paix sociale et celle des ménages, les gîtons n'ont pas la même utilité publique et sont poursuivis au titre d'homosexuels et de pédérastes, à moins que l'existence des bordels masculins soit murmurée dans des lieux réputés (Venise).

Le crime de bestialité, abordé dans les pénitentiels celtes, dénoncé par des auteurs comme Burchard de Worms, mène au bûcher. Laissons le Registre criminel du Châtelet de Paris raconter une singulière affaire qui arrive à Jaquet de Lyembois, condamné à la pendaison pour vol. Le malheureux, parvenu au pied du gibet, veut libérer sa conscience et confesse avoir eu des relations sexuelles avec un animal, une levrette, puis... avec une juive ! Il est descendu de l'échelle, et placé, illico presto, sur un tas de fagots : « *conduit le samedi 28ᵉ jour de may l'an dessus dit (1390), à son derrenier tourment, lequel estant prez de la justice, et en adjoustant à la confession cy-dessus escripte, dist et confessa . . . . . que au temps que monseigneur l'évesque de Paris et monseigneur Ernauld de Corbie estoient à Pavie en Lombardie, led. monseigneur l'évesque avoit une levrière qui estoit en chaleur et à un soir que tous les varlez estoient alez en esbatement à la court du seigneur dudit lieu, se print à jouer à ycelle levrière qui estoit demourant en l'ostel où estoit logiez monseigneur l'évesque, la coucha à terre et ot compaignie charnelle à ycelle levière une fois seulement. Item confesse que, eulx estans logez en la ville d'Avignon, il ot (eut) par 10 ou 12 fois, ou plus, compaignie charnelle à une juive »... « Ce jour de samedi, le dessus nommé Jaquet de Lyembois fu(t) ars prez de la justice pour la cause cy-dessus escripte ».* [17] Détail sordide, il n'est pas rare que le bougre soit brûlé avec l'animal du délit... avec une génisse à Arras en 1465, ailleurs avec une jument, une ânesse ou un chèvre !

L'inceste entre frères et sœurs, entre parents et enfants, est parfois sanctionné par le feu comme les transgressions sexuelles précédentes ; le cas s'est produit, en tout cas, durant le haut Moyen Âge.

---

17 – Extrait du registre criminel du Châtelet, texte cité par R. Lavoie, « Justice, criminalité et peine de mort en France, essai de typologie et de régionalisme », dans *Le sentiment de la mort au Moyen Âge*, Actes du 5ᵉ colloque de l'Université de Montréal, éd. Univers 1979, p.45.

Et pourtant d'étranges rumeurs circulent dans les rues, entre voisins, dans des sermons sur la tolérance coupable vis à vis de ces actes jugés abominables qui caractérise certains milieux. Déjà du temps de Notker, auteur d'une biographie de Charlemagne, on évoque le cas « *d'un certain diacre qui, suivant l'habitude des Cisalpins se livrait au péché contre nature* ». Malgré la répression des sodomites qui s'intensifie, les risques encourus ne sont pas les mêmes partout fait observer l'archevêque de Tours « *colonne de son église* », Hildebert de Lavardin vers 1130. De singulières distorsions entre les usages et leur application trahissent, ici ou là, l'arbitraire ou le laxisme à l'égard des *Ganymèdes*.

L'origine sociale a une incidence sur la rigueur de la peine et les gens de bas étage risquent davantage que les haut placés dans la hiérarchie sociale... à moins que ces derniers, les Templiers par exemple, ne soient chargés par vengeance ou pour des raisons politiques. Des fils de bonnes familles, des notables, des prêtres homosexuels, prêts à « souiller » leur église, s'en tirent à meilleur compte qu'un pauvre hère. La sanction se limite à une flagellation publique, à une amende à peine plus lourde que celle qui frappe l'adultère et le concubinage ou au bannissement qui n'exclut pas un retour au bout de quelques mois et une reprise des activités antérieures. Un sous-diacre de Pamiers, Arnaud de Verniolle, forniqua en toute impunité avec des adolescents consentants ou forcés sous la menace d'un couteau ; les actes sont commis n'importe où, dans un cabanon de jardin mais aussi... à un coin de rue, sur un tas de fumier (sic). Pour se justifier, il argue que beaucoup de notables ont les mêmes penchants que lui dans une ville où il y aurait eu plus de mille personnes coupables ! Il cherche à se justifier et raconte comment il fut initié dans son enfance à l'âge de douze ans par le fils du chevalier Pierre Auriol de La Bastide-de-Sérou et devint un pédéraste actif. « *Dans la chambre commune du maître et des élèves, j'ai couché pendant bien six semaines dans le même lit qu'Arnaud Auriol... A la quatrième ou cinquième nuit que nous passions ensemble, comme Arnaud pensait que j'étais en plein sommeil, il a commencé à m'embrasser, à se mettre entre mes cuisses et à s'y mouvoir comme si j'étais une femme* ». Il termine en disant qu'il « *fit ensuite la chose avec une prostituée* » de Toulouse mais que l'expérience lui fut traumatisante : « *Après la perpétration de ce péché, mon visage a commencé d'enfler. J'ai bien cru, alors, terrifié, que j'étais devenu lépreux ; du coup, j'ai juré qu'à l'avenir je ne coucherais plus avec une femme et pour rester fidèle à ce serment, je me suis mis à abuser des jeunes garçons ».* [18]

Aucun détail n'est épargné dans ce témoignage et dans d'autres de même nature : les « cibles » sont de préférence choisies parmi les écoliers naïfs d'origine rurale ; les gestes et les danses préludes à l'amour, les baisers échangés, l'acte proprement dit, les réticences des uns, le bon vouloir des autres, les dates qui correspondent à des fêtes religieuses chômées, les petits cadeaux en récompense, tout y passe !

Des historiens comme J. Boswell s'interrogent si les pratiques homosexuelles, considérées avec indulgence à l'époque féodale au point de laisser deviner « une gay culture » (sic) à l'ombre des cathédrales n'avaient pas fait davantage d'adeptes à la fin du Moyen Âge, période de crise morale. N'est-on pas allés, dans les milieux lettrés, jusqu'à comparer les mérites des diverses amours dans le poème intitulé *« le débat entre Ganymède et Hélène »* jusqu'à vanter l'hétérosexualité sous prétexte qu'elle n'interdisait pas la procréation ! N'a-t-on pas célébré comme hauts lieux de la prostitution masculine : Chartres, Orléans, Sens *« où Adonis se vend selon la règle du bordel où les mâles se prostituent ».* On donne alors plusieurs justificatifs : les exemples des Anciens (Plutarque dans ses Moralia), la promiscuité dans les habitations, l'habitude de recevoir un hôte dans son lit, une éducation par trop rigide sur le respect des interdits bibliques, et surtout l'allongement de l'âge du mariage pour des raisons matérielles, le besoin de trouver un emploi.

Cette indulgence toute relative aurait pris fin à l'époque de saint Louis. La phobie du vice socratique ou musulman qui s'empare des autorités civiles et religieuses, associée à l'hérésie, s'accompagne d'une dénonciation systématique et de poursuites qui conduisent les réprouvés sexuels au bûcher… et, disait-on alors, à l'enfer. Mais ne s'agirait-il pas tout simplement d'une question de sources dont le nombre croît en même temps que les registres judiciaires, les recueils de sermons et les comptabilités ?

---

18 – E. Leroy-Ladurie, *Montaillou, village occitan de 1294 à 1324*, collection folio histoire, Paris, Gallimard, 1975, p. 522-542.

Les auteurs de maléfices et de diableries, une spécificité plutôt féminine

Des hommes et des femmes marginalisées surtout, se rendent coupables d'atteinte à l'ordre naturel, à la religion, de crime de lèse-religion en usant de « *sorcelerie et art dyabolique* » et sont passibles des tribunaux ecclésiastiques. L'enquête reste délicate car, en démonologie, la frontière entre la vérité, la supposition et le fantasme est mince et les accusations souvent légères, le fruit d'une vengeance ou d'une rumeur. Les sanctions, appliquées par le bras séculier à ces « *possédés du démon* », sont encore rares et localisées, pendant la majeure partie du Moyen Âge mais ils tendent à s'accroître dans les années 1460-1480. La grande époque de l'exécution des sorciers et des sorcières par le feu se place pourtant au XVIᵉ siècle, du temps de la guerre de Trente Ans. [19]

L'étude des sciences occultes souffre de la rareté des sources et de la difficulté à identifier les manifestations. Trop souvent hérésie et sorcellerie sont confondues dans un même opprobre par l'Église et l'opinion publique.

Les études démonologiques n'établissent pas toujours la distinction entre les pratiques paranormales, la magie appréciée dans tous les milieux y compris dans l'entourage des papes et des rois, la divination naturelle ou expérimentale, l'astrologie et les « *infectes superstitions* » des sorciers et des sorcières, appelés encore *malefici*, mages, *facinières*. On confond aussi parmi les responsables « *d'une épidémie de sortillège* », les lanceurs de tempêtes ou tempestaires, les chamanes, les auteurs d'actes « pernicieux et damnables » et tous ceux qui sont soupçonnés, à tort ou à raison, de communiquer avec les esprits ou avec les démons. Des charlatans, des jeteurs de sorts, des devins de passage, de pauvres femmes crédules sont incriminés. Rares sont les manuels d'inquisiteurs, semblables à celui de Bernard Gui en Languedoc, les ouvrages d'intellectuels formés à une véritable culture cléricale comme celui du juge dauphinois Claude Tholosan (vers 1430-1440) ou le Livre de tous les arts interdits de l'allemand Johan Hartlieb qui ont su faire une distinction entre les manifestations d'une superstition dépourvue de signification profonde,

---

19 – G. Bechtel, *La sorcière et l'Occident*, Paris, Plon 1997- J. Caro Baroja , *Les sorcières et leur monde*, Paris, Gallimard 1985-N. Cohn, *Démonolâtrie et sorcellerie au Moyen Âge*, Paris, Payot 1982- R. Muchembled (dir.), *Magie et sorcellerie en Europe du Moyen Âge à nos jours,* Paris , A.Colin 1994.

les usages ancestraux qui se perdent dans le tréfonds des vieilles religions païennes, et les pratiques inspirées par des forces occultes. « L'art diabolique », tel qu'il apparaît de la maigre narration de ses manigances, se pratique chaque fois que des individus, dévoyant les sacrements et la pratique religieuse habituelle à des fins magiques et superstitieuses, agissent sur la volonté d'autrui en l'envoûtant, nuisent à sa réputation, à sa santé, à ses biens, à son cheptel.

La rumeur soupçonne des gens d'imprégnation magique, de pactiser avec le diable pour détruire l'humanité et sont donc assimilés à des hérétiques dans les actes conciliaires et dans les sermons. Le sorcier est volontiers comparé au vaudois dans les provinces où subsistent des communautés hérétiques (Champagne, Savoie, Dauphiné).

Si les accusés appartiennent à tous les milieux, y compris à la noblesse et à l'Église, la plupart des sujets soupçonnés puis identifiés par les enquêteurs et plus tard par les chercheurs férus de psychanalyse, viennent plutôt de milieux modestes ou du monde de la misère et de la marginalité. Les exploitants des tourbières de la Montagne Noire en Bretagne sont réputés communiquer avec l'enfer par l'intermédiaire d'un chien noir (Ki du) et par un orifice le Yeun(n) Elez. Les paysans bretons ont longtemps redouté les forestiers, les charbonniers, accusés de maléfices, des pires turpitudes et les traitaient de *« merdes de chien noir »* ! Des sages femmes, des prostituées, des guérisseurs ont été aussi fréquemment dénoncés à tort ou à raison, pour des maladresses, des menaces du genre *« que le diable te puisse rompre le col et les jambes »,* plus souvent victimes de la vindicte ou de la mauvaise foi que d'une juste accusation. Une parisienne de petite vertu des années 1391, Jeanne de Brigue, dite la Cordière, est accusée d'avoir jeté le mauvais sort sur un dénommé Hennequin de Ruilly, avec l'aide de Haussibut (le diable). Un cordier de Troyes, nommé Jean Marnot, est poursuivi pour usage de sortilèges en 1487.

Les suppôts du diable sont accusés de nuire à leurs voisins en leur jetant des sorts, de propager des maladies, des fièvres inexpliquées, des enflures, des jaunisses, de créer un état fébrile, d'utiliser des figures qualifiées de magiques, des amulettes, des filtres, de la cendre, des peaux de vipère, du sang d'enfants sacrifiés, de profaner les hosties sacrées.

« Prenez du sang de troys corneilles
et la fiente d'ung coqu

et puis luy soufflés tout au cul » déclare un possédé dans une farce.

On prétend aussi que les sorciers et les sorcières fricassent dans une forge, sorte de gueule d'enfer, les âmes, des langues, des sexes, qu'ils poussent des cris effrayants au cours de véritables concerts sataniques, mènent des batailles nocturnes montés sur un balai et le visage recouvert d'un masque. Beaucoup pratiquent les incantations, frappent leurs clients, s'adonnent à de véritables orgies sexuelles sur les tombes au cours d'assemblées sabbatiques. Le sabbat, de connotation antijudaïque, le jeu de la Valpute ou fête de la sexualité désignent les messes noires entre initiés au cours d'assemblées baptisées « conciles ». Les séances s'accompagnent de danses endiablées, de beuveries sur un tonneau, d'attouchements, de prostitution rituelle, de baisers sur le derrière ou *« au bout de l'échine »*, de potions magiques, de tisanes à base d'herbes mystérieuses, de sang, de salive ou d'urine !

Le péril vient qu'une dénonciation vise aussi parfois des innocents, une pauvre folle, un désaxé comme ce carme de Carcassonne nommé Pierre Recordi accusé d' hypnotiser les femmes, des gens qui dérangent et dont on aimerait se débarrasser comme Louis d'Orléans, le frère de Charles VI, l'évêque de Cahors, Hugues Géraud, en 1317, des bourgeois d'Arras soupçonnés de *vauderie* (valdéisme), un moine (à Pamiers). L'opinion publique transforme en sorcières les faiseuses d'anges ou avorteuses, voire, dans le pire des cas, de singulières guérisseuses de femmes qui souffrent de la *marris* (organes génitaux féminins). Le crime associé ou non à l'avortement, est un des rares délits imputés en priorité aux femmes, réputées moins violentes que les hommes et parlant plus qu'elles n'agissent.

> Une statistique récente, fondée sur des jugements rendus à Paris sous Charles VI, montre que la criminalité féminine se cantonne au simple vol (48 % des affaires) à la sorcellerie (15%), aux avortements et aux infanticides qui viennent ici en troisième position (8%,) aux conflits matrimoniaux (4%).

Des faiseuses d'anges, des jeunes filles célibataires qui ont fait disparaître leur *enflure de ventre,* assimilées aux « sorciers vaudois » subissent la peine du bûcher ou d'enfouissement vivantes, selon la *keure* ou ban de plusieurs villes du Nord (Cambrai), de Flandre et du Brabant. Des enquêtes, conduites par des sages-femmes, recherchent, en se fondant sur la rumeur publique et un examen des seins et de la matrice, toute personne suspecte d'avoir eu une « *conversation charnelle* » qui a porté ses fruits et d'avoir utilisé une décoction d'herbes abortives. Tout aussi fréquent que l'avortement est le meurtre d'un enfant à sa naissance par étouffement dans le lit des parents ou de toute autre manière. Un prédicateur breton, Olivier Maillard, disait dans un de ses sermons de Carême qu'en écoutant bien, on pourrait entendre sortir du fond des latrines, des étangs ou des fleuves les gémissements des enfants jetés dedans. Ce crime prémédité, accompli « *à son escient* » est d'autant plus impardonnable pour des croyants que l'enfant n'a pu recevoir le don du baptême. La femme Hoeson de Beaumont-le-Roger est « *arse en 1460 pour avoir par elle mis a mort et soy delivree secretement de deux ses enfans sans estre portez au fons de baptesme* ».

Des femmes coupables d'adultère et meurtières, si elles ont aidé leur amant à tuer le mari et à faire disparaître le corps, accusées de fornication, disait-on alors, des pères incestueux ont connu aussi le bûcher. On raconte que saint Louis condamna une dame de Pontoise à « *être arse el chastel de Pontoise* » pour s'être rendue complice de meurtre.

Truands occasionnels et élite des criminels

Des rues, des coins dissimulés du Moyen Âge accueillent aussi des vauriens sans foi ni loi, des délinquants, souvent multi récidivistes, à l'image du malaise social, de l'amoralité et du déclassement observés pendant la période de la guerre de Cent ans qui a multiplié les larrons *(latrones)* opérant au grand jour, les robeurs plutôt dissimulés, les agresseurs de rue et de chemin *(grassatores viarum)*, les auteurs de violences *(latrocinores)*, les *latrocinii* ou *latrones* et autres spécimens de la gueuserie et de la roberie. Les textes de l'époque parlent constamment de « *toutes manieres de gens* », des « *personnes de petit estat, gens oiseux et autres de petit et de mauvais gouvernement qui (sont) coustumiers d'aler rever de nuy parmi la ville* ».

Seuls les plus notoires, plutôt ici des hommes que des femmes, les professionnels du vol *(larrecin, furt)* multiforme, toujours jugé « *détestable* », associé à l'abject, à la dissimulation (d'où le mot furtif), les pires criminels seront retenus dans cet exposé. Les délinquants occasionnels qui ont l'outrecuidance de commettre des délits au-dessus de leurs moyens, le domestique indélicat, le mari jaloux devenu un assassin, ne constituent pas une menace pour la société. [20]

Les « incorrigibles et « irrécupérables », tous membres de la « truandaille »

Une étiquette regroupe dans le monde de la criminalité « *des garnements malvais, outrageux, dampnables* », des larrons, *laronnesses* ou *laroncheaux*, des voleurs ou *furteurs* isolés, des bandes bien organisées de *coquillards* ou porteurs d'une coquille (Bourgogne), de *tricoteurs* ou manieurs de tricot, un bâton ferré, des *écorcheurs*. Une ordonnance du 4 octobre 1395 évoquant ce monde interlope, désigne « *plusieurs personnes de petit estat, gens oyseux qui, la nuit, dans Paris, avaient accoustumé de rompre huis et fenêtres, de battre les gens, et de piller les barreaux de fer sur la clôture et sur les murs de la ville* ».

Un relâchement moral qui se manifeste en temps de guerre et d'incertitudes, contribue à déstabiliser une société éprouvée. De l'expérience quotidienne de la souffrance résultent des méfaits, des violences physiques et verbales, des assassinats. Il n'est pas rare que de braves gens, devenus des *faillis, des desbatifs, des déguerpis,* chassés de leurs tenures et de leurs maisons, des ouvriers au chômage, des adolescents livrés à la rue, des proscrits, des soldats sans solde entrent, à leur tour, dans l'illégalité et se constituent en bandes redoutables.

En partant du plus banal parmi les délinquants ordinaires, agissant par « *instigation du diable* » aux récidivistes, aux plus déterminés, exclus de la société normale, une distinction peut être faite entre les simples parasites, les individus de nature violente et les professionnels de la truanderie. Mais ils ont tous des points communs. Les bourgeois détestent ces individus désocialisés, dénoncent des êtres violents, dissimulés, rapaces, nuisibles à l'ordre social. Tout délit, même le simple vol d'un menu objet, est considéré comme une tromperie, une perte de la confiance et du respect qu'un maître est en droit d'attendre de son domestique, de son voisin, d' un client, d'un passant. C'est aussi un péché puisqu'il

---

20 – R. Muchembled, *Une histoire de la violence*, Paris, Le Seuil, 2008 – V. Tourelle, *Vol et brigandage au Moyen Âge,* Paris éd. Aubier, 1996 (bibliographie).

porte atteinte à un commandement de la loi divine, une offense, une atteinte à la morale, une agression. Bref, vol, vagabondage et violence sont de même nature et se rejoingnent (V. Toureille). Les termes utilisés sont lourds de signification et ont quelquefois perduré dans leurs transcription postérieure : *furt* (furtif), *magna forefacta* (forfait), *latro* (larron, bandit).

Les « *oyzeulx* », pauvres de profession

Les archives judiciaires, les ordonnances princières ou les règlements municipaux, les sermons des prédicateurs dénoncent fréquemment des oisifs, des fainéants notoires qui refusent la stabilité du travail sous l'appellation de loudiers (gueux), de *oyseulx* [21]. La paresse des *lécheurs* de taverne, fustigée par les uns comme un outrage aux bonnes mœurs, devient par contre une source de rigolade dans les *dits* et poèmes des jongleurs.

Pour cette catégorie d'individus qui font journellement la manche, leur état est soit la conséquence de leur fainéantise, soit un moyen de survie pour éviter de crever de faim. Là encore, l'ambiguïté est de mise. Ne rien faire est honorable quand la possibilité résulte d'un privilège nobiliaire ou clérical, d'une fortune héritée du travail d'un ancêtre, de l'existence de solides rentes. L'attitude devient suspecte quand elle n'est déjà plus justifiée par l'âge ou par l'infortune au sein du troisième état d'une société tripartite. Guillaume Masse est emprisonné à Évreux en 1467 : « *pour ce qu'il avoit esté trouvé quérant sa vie sur le païs faignant estre ladre, et que de sa cornette il couvrit son visaige qui estoit brouillé de terre* ». [22]

Le refus de travailler, à la différence du chômage involontaire ou d'une infirmité, est condamnable à plus forte raison quand un individu, sain de corps et d'esprit, préfère tendre la main au détour d'une rue plutôt que d'accomplir l'effort de gagner sa vie. Il devient source de tous les péchés.

21– Bibl. Nat. ms. Fr. 25090 f° 564.
22 – *Le mesnagier de Paris*, éd. G.E. Brereton et J.M.Ferrier, Lettres Gothiques, Paris, Librairie Générale Française, 1994, p.91-99.

« *Pour ce que plusieurs personnes, tant hommes que femmes, se tiennent oiseux parmi la ville de Paris et es autres villes de la prévosté et viscomté d'icelles, et ne veulent exposer leur corps à faire aucunes besognes, ains truandent les aucuns, et les aultres se tiennent en tavernes et en bordeaux ; est ordonné que toute manière de telles gens oiseux ou joueurs de dez ou enchanteurs es rues, ou truandans ou mandians, s'exposent à faire aucuns besoignes de leur corps ou vuident la ville de Paris* ».[23] L'opinion publique, les autorités voient dans ces fainéants des êtres vils, dangereux pour la paix sociale, pervers et « *inutiles* » en phase de récession et de baisse démographique.

Le fainéant « *qui en folastre s'en va vivre* » est, malgré la menace du pilori, une figure familière du monde médiéval. Le clochard connaît les bienfaits de la sieste récupératrice, a une connaissance de l'orientation des rayons solaires, une aptitude à repérer les sources de chaleur et l'art d'attirer l'attention et d'apitoyer le passant. Il est un des héros involontaires des fabliaux, des poésies goliardesques, Rutebeuf, Villon, Eustache Deschamps et biens autres ont transmis le souvenir de *caïmans,* de familiers du pavé et du ruisseau.

« *Chascun est la par leur fait deboutez (repoussés)*
Ilz sont puissans, larrons, atruandez,
Oyseux, faillis (méchants) dont nu bien ne puet ystre ».[24]

Du « *larronage* » aux « *crimes atroces* »[25]

La frontière entre les cas précédents et les délits que commettent des criminels endurcis, des larrons et des « *larronnes* » n'est pas toujours évidente dans une justice au fonctionnement sélectif. Où situer parfois les auteurs de « *boutemens de feu* » (les incendiaires), de crimes de mœurs ? Combien de délinquants sont des fils d'honorables familles, de

---

23 – Br. Geremek, *Truands et misérables,* Paris, archives Julliard, 1980, p 72-73.
24 – Eustache Deschamps, *Œuvres complètes* éd. du marquis Queux de Saint-Hilaire et de G. Raynaud, Paris, SATF 1878-1904, volume I, p.231
25 – N Gonthier, *Le châtiment du crime au Moyen Age,* P.U. Rennes, 1998.

valeureux écuyers ou chevaliers couverts de gloire sur les champs de bataille, qui finissent par bafouer la morale et la loi à la tête d'une clique d'hommes de main ?

L'insécurité règne dans le royaume à l'époque instable de la guerre de Cent ans, où trop de rebuts de l'humanité, de jeunes désœuvrés, de gens de guerre, de paysans, ruinés par les conflits, de routiers des grandes compagnies se muent en « *brigans des bois* », circulent et commettent des actes délictueux , pratiquent bientôt le grand banditisme. Les récits des chroniqueurs, les suppliques, les jugements montrent clairement les relations étroites qui unissent les gens de guerre avec les malfaiteurs et les époques où se manifestent davantage les individus les plus redoutables, des récidivistes « *essorillés* », reconnaissables à leurs oreilles ou à leur nez coupés. Signe des temps également, il n'est pas rare que des clercs, des tonsurés, instruits, se transforment en criminels endurcis qui osent revendiquer ensuite le privilège du for ecclésiastique ou du droit d'être jugé par l'officialité, réputé plus clément que le tribunal civil. Leur conduite est pourtant indigne de leur rang, de leur formation, de leur instruction. Les chevaliers criminels, les prêtres indignes tuent sans pitié, « *lardent en gehine* » leurs prisonniers, pillent, brûlent, violent, pressurent sans égard pour les officiers du roi, pour l'âge et le sexe des victimes, pour la misère des paysans.

De leurs habitations, les citadins ont la possibilité d'observer les *subtilités des froarts* (filous), des *ruffiens*, de « *gens estranges et de mauvais gouvernement* » qui se glissent dans la foule, un jour de fête ou de foire, des coupeurs de bourse, spécialistes du « *vol de poche* » qui sont l'équivalent de nos actuels pickpockets. Ils aperçoivent aussi des individus aux mines patibulaires, des « *garnements malvais, outrageux, dampnables* », des larrons ou *laroncheaux*, des *furteurs*. Ils entendent parler des membres de la bande de Lebrun à Paris en 1389, de celles de Jourdain de Lisle dans le Périgord, de Mahiu du Houssoy dans le Vermandois, du sire de Rigny en Lorraine, de l'association des « *faulx visaiges* » qui écument en Ile-de-France en 1448, d'un millier de coquillards ou porteurs d'une coquille en Bourgogne vers 1450, en Champagne et dans le Lyonnais en 1455, des tricoteurs dans le Val de Loire en 1467, des écorcheurs ou d'anciens mercenaires démobilisés par le traité d'Arras en 1435. Une « *secte de crocheterie* » (sic) réunit 500 associés à Paris et aux environs, pratique dans les années 1469-1470 des « *larrecins, pilleries, roberies, sacrilèges, agresseries, crocheteries et piperies* », bref, tous les aspects de la délinquance. Presque au même moment, une autre bande opère près d'Agde, des *oyzeulx* et vagabonds, mais d'un tout autre standing que les parisiens, « *habillez de plusieurs robbes et riches habillemens, portans espées et grans cousteaulx* ».

Le soir venu, quand le couvre-feu oblige les braves gens à se calfeutrer chez eux, les jours de grande presse, de marché, la rue, les enceintes, les tripots accueillent une foison d'individus suspects qui se déplacent « *sans candelle et sans lanterne* », portent des armes et sont la recherche du mauvais coup à faire.

Les autorités de Verdun doivent prendre des mesures pour interdire aux vauriens le port de « *coutel a point, broche (armes pointue), baston de couvre (cuivre) ne de fer ne d'acier* ». Leur réputation n'est pas à faire :

« *A moins de porter culottes en cuir de Cordoue*
Jamais aucun fils de chrétienne
N'eut aussi vilaines moeurs que vous ! ». [26]

Ces individus bâillonnent leurs victimes, les soumettent aux pires supplices pour qu'ils avouent l'endroit où ils cachent leur magot, pratiquent leur art de la *crocheterie* sur les serrures des coffres.

Les bas-fonds des villes et des quartiers portuaires, responsables de regroupements par affinités, sont des viviers où prolifèrent les pires malfrats. Une bande de fils de bourgeois, de « *bons enfants de La Rochelle* » pille la campagne poitevine dans les années 1484-1485. S. Brant déplore la mauvaise éducation de beaucoup de jeunes gens :

« *Qui devant femmes et enfants*
Tient propos lestes et osés,
Celui-là s'attende à les voir
Se conduire comme il l'a fait.
Honnêtes mœurs ont disparu :
Femmes et enfants sont dévoyés
Par faits et dits et par l'exemple ». [27]

26 – Guilhemde Berguedan, cité par R. Nelli, *écrivains anticonformistes, dans l'érotique des troubadours*, Toulouse , Privat 1963 p. 131.
27 – S. Brart, *La Nef des Fous*, traduction et présentation de N. Tauben, Paris, éditions José Corti, 1997.

Un marchand de Perpignan, dépouillé par des malfaiteurs en 1499, est tout surpris de reconnaître parmi ses agresseurs un prêtre de sa connaissance. Ici aussi, un bourgeois essaie d'assassiner un de ses voisins avec une arbalète tirant... des flèches empoisonnées. Christine de Pisan et les chroniqueurs déplorent les violences commises aux XIVᵉ et XVᵉ siècles par les grands de ce monde, les règlements de compte, les crimes politiques perpétrés au plus haut niveau. Charles de La Cerda, favori du roi Jean II, est assassiné le 8 janvier 1354 dans le château de Laigle par des serviteurs de Charles et de Philippe de Navarre, Louis duc d'Orléans l'est aussi par des spadassins payés par Jean-sans-Peur le 23 novembre 1407. Même le corps respectable des notaires sécrète des agités, des trublions et des bagarreurs.

À force d'agressions, des villes ont acquis une fâcheuse réputation ; des rues sont qualifiées de chaudes. Ce n'est pas par hasard si ces lieux criminalogènes sont remplis de *bordaus* et de lieux « *de paillardie et de putacerie* », la rue Saint-Cyrice à Rodez, la Servillière à Avignon, la rue de la Fosse à Nantes, les abords du pont Morens à Chambéry, la rue de la Fange ailleurs. Les spécimens de cette faune redoutable se reconnaissent entre eux, utilisent des signes ou un argot spécifique, le jargon jobelin de François Villon.

« Les hoirs de deffunct Pathelin
qui sçavez jargon jobelin
Capitaine de Pont à Billon,
Tous les subjectz François Villon ».

Dame Pauvreté qui sévit sous des apparences diverses suscite davantage de méfiance à la fin du Moyen Âge qu'au XIIᵉ siècle, pour des raisons qui s'expriment en termes de sécurité, d'équilibre économique et de morale. Elle est culpabilisée comme synonyme de dégradation, de turpitude, de honte, de menace pour les familles bourgeoises et l'ordre public. L'Église qui prônait jadis le dépouillement évangélique va jusqu'à opter pour de singulières révisions en prétendant que Jésus et ses disciples ont vécu de leur travail, des gains de professions honorables !

La tolérance n'a jamais été grande à l'égard des artistes de la rue, des prostituées, des pauvres étudiants et d'autres catégories d'individus qui se maintiennent avec difficulté dans le système établi. La crainte et la haine se manifestent surtout à l'égard des oisifs, des quémandeurs et des loubards. Les édits de Jean II le Bon de 1351 et de 1354, semblables à ceux que publient le gouvernement anglais, les villes italiennes et allemandes, dénoncent comme mère de tous les vices, l'inaction, la mendicité. Les tribunaux ne traitent pas le désœuvrement comme un délit répréhensible en soi mais y voient une explication du crime, une circonstance aggravante en cas de *furt,* de *larrecin* ou de viol. La littérature, les écrits moraux, l'iconographie médiévale reflètent un tel état d'esprit en représentant les mendiants sous les aspects les plus grotesques ou les plus repoussants (Jérôme Bosch, Breughel).

L'insécurité règne partout. Le journal d'un bourgeois de Paris résume un climat guère propice à la quiétude : « *Les uns truandent qui soulloient donner, les autres servent qui soulloient estre serviz, les autres larrons et meurdriers par desespoir, bonnes pucelles, bonnes proudes femmes venir à honte par effors ou autrement, qui, par neccessité sont devenues mauvaises* ».

Un tel climat se justifie, nous allons le voir dans le prochain chapitre, par le nombre de lieux jugés dangereux, dans la présence de bas-quartiers où prolifèrent les tavernes, les *bordaux* et autres lieux isolés fréquentés par les couches inférieures de la société.

CHAPITRE 2

LIEUX DE RENCONTRE
LIEUX DE PERDITION

Le mendiant est tantôt sédentaire et confiné dans un lieu déterminé, tantôt vagabond, momentané ou toute sa brève existence. Comme marginal il a rompu ou s'est séparé de ses cadres familiers, de sa famille conjugale, de son clan, de sa paroisse, de son village, de sa seigneurie d'origine pour choisir en ville une rue, un abri temporaire, un lieu de rassemblement ou d'isolement volontaire, un asile. C'est un désencadré, un asocial dans un milieu et dans un monde qui requiert plutôt la stabilité et le conformisme que reconnaissent les sources littéraires stéréotypées, narratives et normatives, traitant de la « *manière* » du délit.

Les extrêmes de cette société si particulière se côtoient dans ce triple phénomène de séparation, de transfert puis d'agglutination. Des clochards, vivant sous une arcade ou sous un porche une partie du temps, retrouvent de temps à autres des chemineaux, des migrants et convergent avec eux vers des lieux d'accueil privilégiés ou vers des endroits propices à la quête ou au larcin que sont des rues, des habitats sommaires, des auberges ou des tavernes, des hôpitaux.

Rues et lieux mal famés

Les villes, loin d'être ces havres de paix qu'on décrivait dans le passé, favorisent la marginalité, constituent au contraire un terreau propice à toutes les formes de violence depuis les rivalités, les vengeances ou les guerres privées entre lignages ou *paraiges* à Metz jusqu'aux délits de droit commun commis par les natifs ou par les individus de passage et les déracinés.

Les cadres de vie communautaire contribuent à rendre les « cours des miracles » et la criminalité familières. Beaucoup de rues médiévales, apparues au terme d'une lente évolution du paysage urbain au cours des siècles, semblent conçues, par leurs recoins, leurs zones obscures, pour accueillir toutes les misères du monde, les actes délictueux, la recherche de l'anonymat. [1]

Les coupe-gorge

Les rues et les autres voies, grandes charrières, ruelles, passages, qui serpentent et divisent un quartier, un lotissement sont autant de lieux publics où le chaland passe et s'arrête. L'artisan et le boutiquier y travaillent derrière un étal ; les enfants jouent et s'égaillent, les femmes peuvent, le soir venu, papoter en filant à la quenouille ; chacun a le loisir de regarder, commenter, juger, propager une rumeur. La rue est l'endroit, par excellence, où des querelles naissent de façon fortuite et dégénèrent, où ont lieu les vols « de poche », les règlements de compte, les attentats, les guet-apens.

Nous avons consacré une étude à décrire les chaussées qui quadrillent un tissu urbain. Un rapide survol suffira donc pour le couloir qui est la forme habituelle d'une voirie accueillant les déshérités.

Le déplacement ou le séjour des riches comme des pauvres est toujours mesuré. Des voies principales, à peine deux ou trois par ville, les *maîtresses rues* héritées du passé, restent des exceptions. Ces *Grandes Charrières*, ces *Grand'Rues* ou *Rues Grandes*, ces *Pavés ou Calade*, ces *voies Publiques,* les *Grandes Fosses* ne dépassent pas, sauf exception notoire, dix à douze mètres de large et autorisent tout au plus le passage et mieux encore le croisement de chariots et de charrettes. Une chaussée est considérée comme normale quand elle atteint de six à dix mètres de large. Il est plus fréquent encore de parcourir un labyrinthe de boyaux de moins de deux mètres, qualifiés de *santes*, de sentiers, de *ruettes*, de ruelles, d'impasses, de traverses ou de *ruelles traversaines,* de traboules

---

1 – J.P. Leguay, *La rue au Moyen Âge,* Rennes, Ouest-France Université, 1984. – J.Teyssot, « La rue médiévale : un espace nommé et délimitéé », dans *L'Historien en quête d'espaces sous la direction* de J.L.Fray et de C. Pérol, P.U. Blaise-Pascal, 2005, p. 317-328.

ou de passages obliques ou perpendiculaires à la chaussée et conduisant à des hôtels particuliers, à des ouvrages de défense ou à des ports privés (Lyon, Quimperlé), desservant des courettes, des jardins. Existe-t-il pire dans un paysage de misère, loin des représentations idyllique montrées sur les miniatures des dessins de l'Armorial de Revel en Auvergne, que ces zones de marginalité qu'on nomme dans le feu de la conversation ou dans les écrits des *coins menteurs,* des culs-de-sac, des rues Creuse ou Crabe, des ruelles à pipi, des merderons.

La rue médiévale est rarement droite, sauf quand un souci urbanistique précoce ou temporaire s'est manifesté dans un quartier récent ou rénové, dans les villes neuves d'Aquitaine ou dans des lotissements voulus par l'autorité seigneuriale (Caen, Reims). Une chaussée normale n'est, dans la réalité, qu'une succession d'élargissements et de rétrécissements provoqués par les contraintes topographiques, les avancées de constructions parasitaires. Lorsque la pente est forte, ce qui est souvent le cas en Bretagne, dans le Massif Central ou dans les Alpes, les rues, adaptées aux courbes de niveau, sinuent ou escaladent la pente par paliers successifs et par des escaliers qu'on appelle *degrés*. Ces espaces rétrécis, si importants dans la sociologie de quartier, deviennent à l'occasion des endroits dangereux, où le voyageur ne s'aventure qu'avec précaution, où le vol et le meurtre sont monnaie courante. Le terme de coupe-gorge n'est pas surfait sous les « *avant-soliers sur posteaulx »,* sous les couverts ou cornières des villes d'Aquitaine constituant des successions de galeries et de passages complémentaires.

Les places publiques existent contrairement à des affirmations gratuites mais sont davantage des *placettes*, des *placis* ou *placetos*, des *plans*, des élargissements de chaussée que des espaces où se tiennent de préférence les marchés et les foires, le jeu de paume, les tournois, voire des « meetings » politiques, pareils à ceux que Paris connut du temps de Charles le Mauvais et d'Étienne Marcel. La vaste place communale de Gand, la place des Lices à Vannes où saint Vincent Ferrier s'est exprimé devant des milliers de personnes, les futures places d'armes sont plus aisées à surveiller par la patrouille de nuit des sergents, digne de celle que peindra plus tard Rembrandt. Les portails des églises, les cloîtres, les porches des hospices sont également des lieux de ralliement, de préférence les dimanches, les jours de fêtes et à l'occasion de pèlerinages. Il se produit même des déplacements de mendiants en même temps que ceux des pèlerins et des visiteurs à l'occasion d'une cérémonie, d'un transfert de reliques (à Saint-Rémi de Reims en 1145). [2]

Les recoins, les passerelles, les « *entrées et yssues* », le « *devant soi* » des maisons, les *rives* des rivières attirent aussi les indigents et les larrons.

Si *l'huys* des maisons particulières donne souvent de plein pied sur un pavé dépourvu de trottoir, d'autres lotissements sont bordées d' étaux permanents, d'avancées, auvents ou couverts dans le Sud-Ouest aquitain, d'un *dôme* ou *caborne* dans le Sud-Est, de couloirs sous arcades ou piliers sous lesquels on peut s'installer pour mendier et dormir. Le miséreux se niche sous un escalier ou se dissimule sous un soubassement en creux (Auxerre, Amiens), à l'orée du soupirail d'une cave communiquant avec la rue par une trappe (Espalion). Des maisons riches, des *ostels* ou *ostals* dans le Midi disposent même d'un passage voûté (Montpellier), d'un vaste hall (Morlaix), d'un espace privatif à l'abri des regards indiscrets, d'un quai particulier (Lyon). Ce qu'on nomme dans les écrits, les appentis, les courettes offrent bien des possibilités d'hébergement et d'agression.

Les *avant-corps* des maisons sont des éléments architecturaux pratiques pour la vision, le commérage et l'isolement. Les pires endroits pour commettre des délits sont les angles des tourelles privées engagées dans le mur ou en encorbellement (Strasbourg), les cages d'escaliers à vis, les portiques *(portica),* les galeries ou *coursières*. Une passerelle en surplomb, un pontet, un *arceau (Avignon)*, un travers de rue relie ou épaule parfois deux corps de maison situés de chaque côté de la chaussée. Leur généralisation contribue avec les encorbellements à assombrir une rue. Des *chambres de nécessités* (alias *privés, retraits*) font saillie sur la rue et constituent un décor fort peu accueillant avec leur conduit à même le pavé pour l'évacuation des matières organiques.

Encore des endroits où la racaille « *tient son estat* »

D'autres secteurs attirent volontiers le vagabond et le vaurien.

Un « *devant soi* » est un espace de quelques mètres, en pente douce, devant la façade des maisons dont il peut être éventuellement séparé par

---

2 – J.P. Leguay, *Terres urbaines. Places, jardins et terres incultes dans la ville au Moyen Âge,* Rennes, P.U.R. 2009.

un caniveau ou *gazilhan*. Les piétons y circulent volontiers pour éviter de s'embourber. Mais longer les murs pour éviter la boue en hiver peut se révéler dangereux si un particulier vide par sa fenêtre le contenu d'un « *pot à pipi* ». Cet endroit, mesuré en toise (de 2 m) ou en pied (0, 33 m) est vital pour la vie quotidienne des riverains et pour les piétons qui y étalent ou y stationnent volontiers. Les particuliers le considèrent comme leur propriété et le transforment en annexe de leur atelier ou y entreposent un tas de bois, du fumier, une ou deux barriques de vin, des outils. Les municipalités ont une position plus ambiguë ; elles le revendiquent quand il s'agit de statuer sur l'alignement des façades des maisons et de condamner les débordements mais elles l'abandonnent volontiers au privé pour qu'il prenne à sa charge l'entretien et le pavage.

Les abords des églises attirent volontiers des impotents ou des simulateurs, couchés sur des brancards qui attendent le secours du divin. Les rives des ports avec des entrepôts, des chais, des bouges à matelots constituent aussi un secteur mal famé. Une ville médiévale française comporte aussi une ruelle de ceinture au pied des remparts, des terrains vagues qu'on appelle des « *places vuydes, frostes, desbaties, desgatées* » avec parfois des pans de murs et des abris, entre les contreforts des églises (Angers, Bourges, Saint-Brieuc).

Les halles ou *cohues* de certaines villes ont mauvaise réputation, attirent les vauriens des bandes de jeunes délinquants, des soldats désœuvrés. Ces bâtiments, largement ouverts sur le côté, offrent, sous leur nef principale et sous les ailes couvertes d'un toit à coyaux, des renfoncements, des zones obscures, permettant de préparer et d'accomplir un mauvais coup. Quatre individus de la petite ville d'Aumale trouvent refuge en 1367 sous la halle « *as sueurs* » (aux cordonniers) après avoir commis des agressions. Une autre fois, en 1452, un villageois traverse la localité de Touques pour se rendre à une noce. Au moment où il passe près du bâtiment commercial, il est attaqué par un soldat « *surgi (de) sous la halle, armé d'une dague* » ; il reçoit un coup et perd son chapeau dans l'algarade. Venu récupérer son bien à la caserne, il est à nouveau battu et attaqué. Ces lieux publics permettent, à d'autres occasions, les rassemblements politiques, les manifestations d'une hostilité collective contre une autorité, servent de point de départ ou de ralliement à des émeutiers (Louviers en 1346). Il se déroule aussi des choses malhonnêtes, des attentats, des attaques à main armée, près de certaines boutiques, à côté des étals de charcutiers, de poissonniers, aux abords d'un abattoir ou d'une taverne.

Le pire est atteint dans les bas-quartiers où « *ordure aimons, ordure nous assuit* » (F. Villon), dans les zones qui servent de réceptacles aux marres et aux bouillons et où les places vides, les bicoques en ruines accueillent davantage de nuisances, d'ateliers polluants chassés des centres, de forges avec leurs fumées et le bruit. Ces zones plutôt insalubres sont aussi des lieux d'instabilité, de mauvaises rencontres, de disputes, d'échanges de coups, où la gueuserie se manifeste sans contrainte.

La saleté attire en effet la vermine de toute origine. L'hygiène publique a accompli sans aucun doute des progrès avec la pose de toises de nouveaux pavés, de *calades*, de *minutis lapidibus* d'abord dans les villes du Nord (Saint-Omer) et du Midi (Avignon dès 1246), puis partout ailleurs à partir du XIIIe siècle. L'usage des égouts antiques (Paris, Vannes), l'installation de nouveaux réseaux de conduits (Rennes, Riom) et la présence d'un service de curage ou de nettoyage hebdomadaire (Angers, Nantes) ont contribué aussi à sortir des quartiers « *de l'ord, des bouillons et immundices* » dans lesquels ils étaient plongés.

Mais le résultat n'est pas toujours à la hauteur des espoirs. Les récriminations des riverains y compris à deux pas d'une résidence royale (Paris), l'usage des mots *curage* et *purgation* quand une œuvre de salubrité publique est entreprise, les détails donnés par les comptes pour l'évacuation des ordures laissées par des collectivités ou des garnisons (Tours), les témoignages tardifs de visiteurs étrangers, d'un Dubuisson-Aubenay sur les localités bretonnes encore au XVIIe siècle … en disent long sur l'état des lieux et sur les limites de l'œuvre accomplie. Car la réalité est connue et dénoncée par les contemporains eux-mêmes ou déduite de l'impossibilité pour un véhicule de respecter un itinéraire. Les villes médiévales restent, dans l'ensemble sales, plus les ruelles et les impasses que les *charrières*. Le *merderon* est omniprésent avec la rue du *Touat* ou de l'Égout (Rodez), le chemin poissonnier (Pézenas). S'y accumulent les excréments et d'autres nuisances d'origine humaine ou animale, les gravats, les eaux croupissantes ou polluées par l'alun, les oxydes métalliques, l'argile putréfiée ou les déchets venant des ateliers de cuir ou de la laine lavée. Personne ne veut balayer devant chez soi à moins d'y être expressément contraint par des édits municipaux. Les conduits, quand ils existent, ce qui n'est pas toujours le cas quand la pente est forte, se bouchent facilement et l'eau des puits est menacée par les infiltrations venues des fosses, des *tous,* ancêtres de nos déchetteries.

Déjà des esprits éclairés, l'élite du corps médical, estiment que c'est dans ces lieux insalubres, d'où s'exhale une odeur putride, que réside la principale cause d'épidémie de peste.

Galetas, loges et taudis

Les taudis, les « *mesons de rien* » qui proliféraient au Moyen Âge ont disparu depuis longtemps avec les incendies ou les mesures de salubrité publique. Leur examen repose donc pour l'essentiel sur de courtes allusions dans les registres fiscaux, dans les censiers ou dans les archives judiciaires. Le logis « *loué à menus hostes* » (Reims) n'est presque jamais représenté sur les miniatures qui sont des vues idéalisées de nos anciennes cités.

Cet habitat précaire de plain-pied avec la rue est construit en matériaux fragiles et peu coûteux. Il est davantage voué à la résidence que plurifonctionnel comme les maisons cossues ou moyennes, comme les immeubles, qui étaient à la fois des lieux de travail et de vie. Les chambres hautes, les mansardes, les caves débouchant sur la rue par un soupirail, les appentis constituent, malgré leur précarité, une location de rapport pour un propriétaire sans scrupules, pour un digne successeur de Wérimbold de Cambrai qui fut jadis le modèle du requin avant sa *conversion...* à la piété et à la bonté !

L'évocation des tanières humaines

Les rares textes qui en parlent usent de termes qui témoignent par leur variété d'un réel problème urbanistique. Ils énumèrent dans les censiers ou livres-rentiers, dans les compoix, des « *mesons basses et pauvres* », des places (d'habitat) *ruyneulses,* des « *bouges de maison* » (sic), des *heudes* ou *maisonchielles* à Douai, des *maisoncelles* (Calais, Saint-Omer), des *masures* dans l'Ouest, des *masuages* (Caen,) des *logettes*, des *camerae* dans le sens de petits logis (Lyon, Paris), des *appentis* ou des *maisons appentisées*, habitats d'arrière-cour, des « *camerae delez* (à côté de) *domus* ». On parle encore dans le Midi de *borda*, l'équivalent d'une cabane, expression qu'on retrouve dans une rue ou place du Bordel (Nice)… d'où une méprise totale sur le sens de l'expression !

Les noms de certaines rues suggèrent aussi un environnement de misère, particulièrement malsain : la rue des Tripières de Saintes, les traboules lyonnaises, ces innombrables rues du Merderon, de la Merde, de la Fange, des Latrines ou la rue Latrinale à Villefranche ! Mais si beaucoup s'entassent dans des quartiers populeux, force est de constater à l'examen des cas que le pire peut fort bien voisiner avec les plus beaux *ostels* dans une socio-topographie fortement contrastée, où l'opulence côtoie la misère. C'est le cas à Vannes, autour de la place des Lices. Les informations tirées des recueils de toisé (un impôt sur les façades) des villes du Sud-Est, des cadastres anciens permettent de faire de singuliers rapprochements.

Les baraques ont souvent surpris les voyageurs les plus blasés. Un voyageur italien du XVIe siècle, l'architecte Scamozzi, s'étonne de découvrir tant de taudis dans le si riche royaume de France. Il dresse une liste des pires abominations entrevues à Saint-Denis aux portes de Paris, à Vitry-le-François, à Châlons-sur-Marne dans une Champagne restée vraiment pouilleuse. Des dessins à la plume, des peintures jusqu'aux premières photographies du XIXe siècle représentent des maisons à pièce unique, sur le point de s'écrouler place Saint-Michel à Quimperlé, rue du Jerzual à Dinan, le long du Thiou et des canaux d'Annecy. Le vieux Chambéry parut longtemps bien sale avant les aménagements et les ravalements de ces dernières années (le quartier du Reclus).

De rares spécimens de bicoques, tout de guingois

La plupart des bâtisses, élevées à moindre frais, sont des constructions légères, sans unité ni caractère, dépourvues de confort.

Peu d'informations nous renseignent sur les logis sans étage, étroits, de plein pied sur rue, aux structures en bois liaisonnées à la terre ou formées d'un mélange de moellons grossiers, de silex et de terre, à peine recouverts d'un faible remplissage de torchis. Ce type de construction a été révélé dans un îlot de taudis, examiné récemment dans le sous-sol voisin de la cathédrale de Fréjus. Il avait été conçu du temps de saint Louis pour héberger les domestiques de la *familia* des chanoines du « cloître » voisin.

Des sortes de baraques, de niches ou *tuguriola* faites d'un assemblage de planches à peine bouvetées, de moins de 5 m², sont tassées entre les contreforts d'une cathédrale comme ce fut longtemps le cas à Angers ou à Saint-Brieuc ou plaquées contre la façade d'un immeuble. La municipalité de Strasbourg, craignant en 1475 une attaque de Charles le Téméraire ordonne la démolition, pour des motifs stratégiques, de cabanes à jardin de gens aisés et de bicoques ou *hütten* recouvertes de bardeaux et de chaume, tassées contre les remparts. Ces tanières atteignent pourtant 20 à 25 pieds de long sur une douzaine de large pour 18 pieds de haut. Quand le sol est instable, il n'est pas rare de rencontrer de tels logis montés sur pilotis ou *pilotins* dans le Sud-Est. Les toits sont en paille, en *ancelles (tavaillons)* ou en jonc.

Pire encore est ce qu'on découvrait au fond des impasses, dans les caves ou au dernier étage des immeubles. Un habitat d'arrière-cour s'identifie aussi avec des *achaintes* (Cambrai), des *clouyères* (Rennes), des *chais* dans le Bordelais (qui sont aussi des entrepôts à vin), des *stagia* (Périgueux) et autres variétés d'appentis. Ils occupent les arrières des maisons bourgeoises, tapissent une allée, trouvent refuge dans un jardin clos de feuillages ou de palissades qu'on appelle *paufis* dans des villes nordiques. De petits ateliers s'y glissent, celui d'un *mulquinier*, ou fabricant de fines étoffes de lin, d'un serrurier, d'un cloutier. Des greniers, des caves ou *sotols* à Espalion, des celliers transformés en boutiques, en logements, donnant sur la rue par un soupirail envahi par les eaux à la moindre averse ou d'une inondation du Robec à Rouen, de la Bièvre à Paris, servent pourtant de logements de fortune à de pauvres hères, à des compagnons et à des domestiques.

Ces tanières de poitrinaires qui se contentent de fentes d'éclairage existaient encore au XIXe siècle à Nantes, à Paris à l'époque des travaux d'Haussmann, à Chambéry au siècle dernier. Elles ne sauraient être confondues avec de somptueux aménagements, des caveaux à voûtes d'ogives transformés en lieux de réception, à la mode dans les milieux aisés d'Angoulême, de Bayonne, de Genève ou de Provins ! On cite le cas à Paris, fin XIIIe siècle, du concierge de l'hôtel du comte d'Artois qui loue pour son maître 28 *estages* insalubres, rue Pavée, pour la somme de dix livres par an. Jean Froissart a laissé le souvenir d'un habitat de pauvre à Bruges : « *une povre maisonnette enfumée, ossi noire que atremens de fumier de tourbes et 'ny avoit en celle maison fors le bouge devant et une povre ceute de vei!le toille enfumée pour esconcer le feu, et par dessus un povre solier auquel on montait par une eschelle de VII eschellons. En ce solier avoit povre litteron où li povre enfant de la femmelette gisoit ».*

Le hasard d'une enquête laisse entrevoir des situations effroyables dans le quartier de Toussaints, en bordure des ruisseaux pollués de Chauculet et de Théhel à Rennes, rues des Blancs-Linceuls (sic), dans les quartiers de Blanches-Nappes, des Feutriers, des Tanneries à Cambrai. Un conflit ou *dissensio* oppose à la fin du XIIe siècle le chapitre cathédral et la Commune de Rouen au sujet de cabanes et d'échoppes construites à la hâte et louées à des gagne-petit qui y pratiquent le commerce, sans payer de taxes et au détriment des marchands qui accusent les chanoines de tirer parti de la situation.

Les capacités domiciliaires sont évidemment limitées. Les pièces, minuscules de 10 à 15 m^2, s'apparentent à des cellules. Des clayonnages, relevant de la technique de la vannerie, sont utilisés pour constituer des cloisons. Ce n'est pas ici que les chercheurs risquent de découvrir beaucoup de conduits d'évacuation des eaux usées ou des pavés, des lieux d'aisance, de beaux carrelages ! Il n'est pas rare que de telles « cages à poules » soient encore subdivisées, on ne sait trop comment, en moitié, tiers ou « parties » ! Les archives parisiennes, comme le cartulaire de la Sorbonne ou les livres de comptes du collège d'Autun signalent des *« camerae sine latrinis »*. La pression démographique était telle dans le Paris de la fin du XIVe siècle, qu'il fallut édifier de toute urgence des baraques et des masures sur les terrains libres subsistants.

De tels séjours sans confort, mal entretenus, ne valent que quelques livres monnaie, entre 5 et 20 livres à Toulouse, à Reims où 30 % des bâtis de labour se paient moins de 25 livres au XIVe siècle, le prix d'un cheval !

Ces locaux sont à ce point délabrés que des voyeurs profitent d'un bois vermoulu ou disjoint, d'un mur fissuré pour assouvir leur curiosité. Les indiscrétions, sources d'histoires, scabreuses, fleurissent alors.

Rappelons cette farce de 1485 mettant en scène Marion grosse du beau Colin qui avait promis de l'épouser. Colin nie les faits devant l'official du tribunal ecclésiastique mais un témoin a tout vu et tout entendu :

« *Par l'oreille*
Car on n'oyt point du bout du nez.
J'avoys rompu le bout d'un ays
D'entre leur maison et la mienne
Et par là voyois clerement

Tout leur joly contentement
Que je vous au cy raconté ». [3]

Les amants profitent d'ouvertures pratiquées dans les murs pour se retrouver, les cambrioleurs pour opérer, les assassins pour mieux manier le surin. Il est inutile de fracturer les huis pour pénétrer chez autrui et un lacis de traboules facilite la fuite !

L'historien de Poitiers, R. Favreau rapporte une bien singulière histoire. Il existait fin XIVᵉ siècle, entre l'église Notre-Dame-la-Grande et la place du Pilori, tout un secteur où la circulation par des *« rues fouraines »* était impossible. Les marchands, les artisans ne s'y étaient même pas installés et seuls de *« pouvres genz laboureurs de braz »* osaient y louer des abris au milieu des étables à chevaux, du fumier et des ordures. Au début du XVᵉ siècle un avocat tenté par l'aventure ou par souci d'économie s'y installe et fait construire. Cette initiative curieuse est sans doute motivée par les prix des terrains ; elle est imitée par d'autres, tant et si bien qu'une zone insalubre devint un siècle plus tard un des lieux les mieux fréquentés de la capitale poitevine.

Lieux « d'opprobe et de scandal »

Des « terres d'asile », des *minihi* de type breton mais qui n'ont rien à voir avec la religion, pullulent dans nos villes et campagnes, à commencer par les cimetières, lieux notoires de prostitution (les Saints-Innocents de Paris), les tours des enceintes, les clochers ou les porches des églises, les entrepôts.

Mais les endroits les plus recherchés pour préparer un mauvais coup, fêter une équipée réussie, se partager le butin ou le *caire*, l'argent en jargon jobelin sont les tavernes où on *« croque la pie »*, où l'on boît tout son soul. Parlons plutôt, en langage populaire de caboulots, d'estaminets de bas étage, d'ancêtres des bistrots que d'auberges bien tenues. Ces établissements, situés au bord de la route, à un carrefour, au passage d'un cours d'eau sont signalés ou mieux décrits dans des minutes

---

3 – Extrait de la Farce, nouvelle à cinq personnages : la mère, la fille, le tesmoing, l'amoureux et l'official, selon E. Mabille, *Choix de farces, soties et moralités au XVᵉ et XVIᵉ siècles*, tome I, Genève 1970 p.55.

notariales ou dans des registres d'*estimes*. Leurs propriétaires *(hostellarii, alberguerii ou albergarii, albergadors)* sont davantage des gargotiers que des chefs cuisiniers.

Un lieu interlope par excellence : le bouge

« *Il est tousjours en la taverne* » se plaint le maître d'un valet dans le Mystère des Actes des Apôtres des frères Arnoul et Simon Gréban, composés vers 1452.

Un *croquepie* est un buveur, un *lécheur*, membre de la confrérie des « *gosiez alterez* » chère aux humoristes rabelaisiens. Une dizaine de ballades de Villon a sa place dans une anthologie linguistique du parler populaire, décrivant des lieux de perdition où les bancelles et les tables accueillent des voyageurs harassés, des individus louches, des bandes de chenapans préparant un mauvais coup, des prédicateurs hérétiques. Christine de Pisan dénonce des endroits peu recommandables où des travailleurs dépensent leurs sous, s'adonnent à la boisson avec des compagnons de ripailles et condamnent leurs familles à la misère

« *Gens de mestiers, de tous ouvrages*
Y vi de boire faire oultraiges;
Par ces tavernes, chacun jour,
Vous en trouveriés a séjour
Buvans la toute la journée,
Ou si tost qu'ont fait leur journée,
Maint y a convient aler boire ;
La despendent, c'est chose voire,
Plus que toute jour n'ont gaignié,
Ou s'en la sepmaine espargnié,
Ont, tout sera beu au dimenche » [4]

Pourtant toutes les tavernes ou *albergeries* dans le Lyonnais ne rassemblent pas l'élite des soiffards et des voleurs, ne sont pas des repères de brigands. Les meilleures sont des auberges bien tenues et accueillantes, des hôtels pour des hôtes respectables. Les pires sont des sortes de

---

4 – J. Cerqquiglini-Toulet, la mutacion de Fortune, la ville chez Christine de Pizan, p.19

caboulots, des estaminets, des bouges où le client s'enivre en compagnie des « *putains et des eschors* », des condensés de la ruelle et du quartier mal famé. Cette seconde catégorie est le rendez-vous des femmes de mauvaise vie et de mauvaise conversation, des malandrins qui y préparent leurs mauvais coups, s'enivrent, s'injurient et se déchaînent dans de violentes bagarres. Un fabliau reconte comme un jeune homme est devenu un pillier de taverne et de lupanar ; il est arrêté et condamné à mort comme complice d'une bande d'assassins. Un père raconte à son fils cette triste expérience pour le mettre en garde contre les mauvaises fréquentations de truands et des filles publiques. [5]

Les *albergadors de mercadiers* de Montpellier accueillent volontiers les notables, les agents du roi ou du Saint-Siège en mission, des percepteurs d'impôts, des voituriers, des hommes d'affaires, de riches marchands avec leurs valets. Nos « trois étoiles » correspondent alors à l'hôtellerie de la Couronne rue du Temple à Toulouse ou à la Sainte-Catherine à Montpellier.

Les simples muletiers, les nobles sans fortune, les soldats, les pèlerins, les *romieux* descendent plutôt chez des *albergadors*. Les autres, des moines et des frères mendiants en déplacement, des étudiants, des colporteurs se contentent de moins. Les émigrés recherchent l'établissement d'un familier, d'un *pays* ; les Catalans ont leurs rendez-vous attitrés à Montpellier, les Bretons à Toulouse ou à Paris, les Allemands, les *Tudeschi*, les *Alemanni,* leurs *stuben.* Avignon a au moins une quinzaine d'établissements tenus par des Italiens à la fin du XIVe. On fait ici et là des rencontres fortuites, la découverte de *forains* ou *d'horsains*, des *estranges personnes*, des colporteurs savoyards ou piémontais, des hommes surtout, à l'occasion un couple, jamais de femmes seules.

Les gueux, les vauriens fréquentent de préférence une gargote, tenue par un Thénardier du coin. Les hôtes se vautrent une partie de la journée à la table commune, manient la lourde plaisanterie ou l'injure avec dextérité, diffament les filles, les épouses, usent volontiers de l'argot, et dorment, le soir venu, sur des paillasses à même le sol, tout juste bonnes pour cuver leur vin. Des incidents, des scènes cocasses s'y déroulent entre compagnons de ripailles. L'épouse d'un cabaretier champenois se débarrasse, *manu*

5 – P. Nykrog, *les Fabliaux,* Genève, Droz, 1973 p.60 – J. Rychner, « Les fabliaux », dans la Littérature narrative d'imagination, Paris, PUF,1961 p.42-43.

militari, en 1465, d'un... prêtre devenu violent par abus de boisson, le prend par le collet puis le frappe en renversant au passage quelques tabourets. Les descriptions que donnent des monuments de notre littérature médiévale ne manquent pas de piquant, témoins ces deux extraits :

> « *C'est l'hostel aux trayteurs* (traîtres)
> *Et a trestous ces malfaiteurs.*
> *dit un passage du Renard contrefait* ».

Bourges hébergeait un repaire de gredins qui eut l'honneur du fabliau le renard contrefait qui se réfère aux traditions orales du moment :

> « *C'est hostel de gloutonnerie*
> *Plain de trestoute ribauderie*
> *Recepte de larrons, houlliers,*
> *De bougres, de faulx monnoiers,*
> *Quant tous malvais veullent trichier*
> *Es tavernes se vont muchier* (cacher)
> *Plain de male perseverance* ». [6]

Les débits de boisson, les brasseries à Lille ou à Calais, les auberges qui reçoivent la nuit prolifèrent mais sont difficiles à recenser. On se limite généralement à celles qui sont identifiées dans les archives par leur bonne réputation et des enseignes alléchantes, en oubliant les tripots.

Les plus connues des albergeries lyonnaises bordent le chemin du Royaume près de Saint-Paul, se nomment La Cloche, La Pomme, le Chapeau-Rouge, les Trois Rois, le Dauphin et servent d'étapes aux marchands itinérants. Elles attirent de petits commerces de produits alimentaires.

Des estimations portent raisonnablement sur une vingtaine d'établissements fréquentables à Aix-en-Provence en1450, autant à Dol de Bretagne pour 2 000 habitants mais avec des milliers de pèlerins se rendant au Mont-Saint-Michel ; il y en avait 28 à Toulouse en 1398 et 70 environ à la fin du XVe siècle pour 25 000 habitants, une soixantaine à Avignon. Paris aurait eu, aux dires de Guillebert de Metz, 4 000 auberges en tout genre pour 200 000 habitants en 1434 ! Le potentiel d'hébergement est plutôt réduit.

---

6 – W.Noomen et N.H.J. Van der Bogard, *Nouveau recueil complet des fabliaux,* ou NRCF, Assen van Gorcum 1983

La plupart des auberges se limitent à une demi-douzaine de lits et de tables, au mieux à une dizaine. Avignon a sans doute mieux avec une forte concentration d'accueils dans le quartier de Saint-Étienne, au passage du célèbre pont sur le Rhône et au voisinage du palais des Papes. La grande agglomération de Toulouse ne dispose que de 5 à 600 lits capables de coucher et de nourrir un millier de visiteurs. Avec 200 lits, les hôtelleries d'Aix-en-Provence ne logent guère plus de 400 personnes. Ces hébergements ont tendance à se concentrer près des principales entrées des enceintes fortifiées, au passage d'une alignée de ponts et dans le quartier du port comme à la Fosse de Nantes, rue de la Grande Fusterie dans la paroisse avignonnaise de Saint-Étienne, au sud-ouest de l'agglomération aixoise. Tout dépend aussi de l'importance du négoce, de la présence de foires et de marchés, des habitudes locales, des réputations d'ivrognerie de certaines populations !

Les hôtelleries sont tenues de préférence par des professionnels, de véritables dynasties familiales. Cette catégorie de biens immobiliers peut être un bon investissement pour un voiturier trop vieux pour voyager, pour des commerçants aisés, un professeur d'université (à Aix-en-Provence), un *chanvrier* ou producteur de chanvre (à Avignon), des notaires ou des changeurs qui y investissent leurs honoraires et leurs gains (Montpellier). Un bon fond de commerce coûte jusqu'à 500 florins en Provence. On devine que les 25 à 50 florins d'une gargote n'attirent pas les mêmes investisseurs !

Des inventaires et des contrats notariés définissent quelquefois les aménagements intérieurs.

Une auberge moyenne comprend donc entre cinq et sept chambres équipées soit d'un grand lit, capable de coucher deux à trois personnes, soit de plusieurs lits individuels, soit de *carriolae* à Aix ou lits roulants et démontables. Elle renferme très peu de mobilier, des tables creuses dans leur partie supérieure pour mieux retenir les verres, des perches pour suspendre les vêtements, des barres coulissant dans des anneaux pour soutenir des sacs remplis de linge ou de vivres. C'est du luxe à côté des bouges dignes de l'auberge de Peyrebelle en Ardèche au XIXᵉ siècle ! La salle commune avec cheminée, éventuellement une cuisine avec des pichets, des gobelets, des hanaps, des verres à boire et une réserve où l'aubergiste entasse du matériel et des vivres est le point de ralliement des hôtes et des vauriens.

A l'inverse, un hôtel bien fréquenté peut offrir à chaque client un ciel de lit, un couvre-lit brodé, une couverture, des tréteaux pour poser ses affaires, un bassin-lavabo pour se laver. Il sert dans de la vaisselle d'étain, avec des verres et des flacons et propose des jeux à sa clientèle.

La nourriture élaborée fait aussi la différence et justifie les écarts de prix. Comme il y a parfois moins de tables que de lits, on peut supposer que des repas n'étaient pas toujours servis. « S'offrir une franche lichée » de vin aigrelet était sans doute la vraie raison de descendre dans certaines tavernes. Eustache Deschamps est déçu par la qualité du vin qu'il y consomme.

> « De boire vous veuillez garder
> Gros vin vermeil, trouble, qui saiche
> La fumée de la douleur
> Au chief, et fait au cœur ardeur
> Es costez, et en la vessie
> Et les reins gendre la maladie
> Souvent de pierre et de gravelle ».

Des bouchons de bas niveau tenus par des *bouchonniers* sont des « tord-boyaux » où les chalands naïfs peuvent être abusés par les propositions alléchantes. Le fabliau des *Trois aveugles de Compiègne* dit qu'on entendait crier sur le seuil des cabarets de la ville « *Excellent vin, vin de Soissons, vin d'Auxerre, poisson, bonne chère et à tous prix, entrez* ». On y servait plutôt d'épais ragoûts, des potées roboratives que des plats raffinés. Villon raconte comment on déménageait à la cloche de bois de ces endroits fort peu fréquentables.

> « C'est bien disné quand on s'échappe
> Sans débourser pas un denier
> Et dire adieu au tavernier
> En torchant son nez à la nappe ».

Détail significatif. Des voyageurs préféraient faire venir leur nourriture de l'extérieur, d'un traiteur voisin ! Pourtant ce même Villon semble connaître quelques bons coins au quartier latin, « La Croix du Trahoir », « Le Lion d'Argent », « l'Asne rayé » « le Gros Figuier », le « Bœuf couronné » célèbre aussi pour ses fins ragoûts. On dit aussi que certaines auberges de la capitale vendaient des pâtés, du poisson, « *une charbonnée d'un gras bacon »*, des écrevisses, des volailles et, mieux encore, de l'oie grasse à la sauce à l'ail. Des petites villes ont des auberges réputées comme le « restaurant » de Denis le Pastichier à Valognes où descendait régulièrement le sire de Gouberville au XVIᵉ siècle. Faire *« franche repue »* est possible à condition de savoir où trouver *« Une perdrix ou un poisson*

> *Avec une pinte de vin*
> *de Beaune, qui soit frais tiré »* !

La taverne permet d'étancher sa soif en toute quiétude, en dehors de toute réprobation, de satisfaire son penchant pour la soûlographie, d'y retrouver des filles faciles. C'est un lieu de repli, un foyer de substitution, le quartier général d'une bande de coquins de *« compaignons de la coquille »*, de *« compaignie armée »,* un bordel déguisé, un dépôt de butin, d'huile, de vin, de peaux non déclarés au fisc. Des hôteliers servent d'entremetteurs, de répondants ou de correspondants à des transporteurs auvergnats ou armoricains comme au Mulet ou à l'Écu de Bretagne à Montpellier. L'auberge accueille aussi des délateurs ou des témoins de procès, des gens qui ont tout vu derrière la fenêtre. On y signe aussi volontiers des contrats notariés et des chevaucheurs apportent de bonnes ou de mauvaises nouvelles.

« En ce bordeau où tenont nostre estat »

Les maisons dites closes, témoins *« de paillardises et de putaceries »* ne se différencient guère des établissements précédents comme éléments de fixation des activités marginales et sont concentrées, de préférence, dans les rues dites chaudes, ces endroits publics, où le sexe institutionnalisé et commercialisé, restreint la violence débridée.

Les connards de Rouen chantaient dans les rues au moment du carnaval :

> *« Allons à Binette*
> *Duron la durette*
> *Allons à Binette*
> *Au Château-Gaillard »*. [7]

---

7 – La farce *Le Batelier,* dans Farces du Moyen Âge éd. A. Tissier, Flammarion 1984 p.405

Les *prostibula publica* autorisés, appelés encore, selon les idiomes vernaculaires, *bons hostals, bourdel, burdels, bordeaux, bordelages prostibula, lupanars, clapiers, claps, étuves,* accueillent, en toute légalité, les bourgeois désireux de faire « *compaignie charnelle* ». Les tarifs tiennent compte de la qualité des prestations. Il faut compter 20 sous la passe à Rennes vers 1500, le prix d'une robe, seulement quelques piécettes ailleurs, un blanc à Lyon ou l'équivalent d'une demi-journée de travail d'une vendangeuse ! La fillette, appelée encore, « *la fiancée, la fille vagabonde, la femme vaine, la vile femme* » y fait, « *avec les compaignons de son corps, leur volonté et plaisir* », moyennant une rétribution fixée d'avance. En plus des habitués, notables, officiers, soldats, souteneurs ou *houliers*, les maisons publiques reçoivent volontiers des notables, des malandrins de passage, des coquillards au retour d'une expédition. Un document de 1494 évoque « *pluseurs estuffes (nantaises) et aultres maisons d'envyron les caves et ailleurs en ladite ville, esquelles y habandonnent et tiennent résidamment pouvres filles, abandonnez de leur corps et y vont et viennent grant numbre de gens tant estrangiers que aultres à eulx estuffez et passez temps o lesdite pouvres filles* ». Tout est indiqué dans ce passage où transparaît le mépris sous-jacent du secrétaire de mairie : les lieux de perdition, la clientèle habituelle d'une grande ville portuaire, la déchéance sociale des pauvres filles sans doute issues des basses couches de la société ou de la campagne.

Une maison close est révélée par une miniature ou une enseigne, par une brève allusion (Cavaillon en 1326, Apt en 1364, Tarascon en 1374), déjà mieux dans des comptabilités de taxes perçues sur les « *bonnes dames* » (de Besançon) ou dans un testament. « *Receu de Jehan du Port Sergeant de la ville (de Besançon) pour l'émolumenz du bourdel pour l'ordonance de messeigneurs le gouverneurs ad ce commis... XII gros viez* ».

La ville de Troyes fait l'acquisition en 1309 d'un immeuble dans la ville haute pour la somme de 200 livres monnaie. L'intention des édiles est d'aménager des étuves d'un genre spécial et de consacrer 914 £ivres monnaie tournois en équipements et décorations. Les chambres sont pavées en belle pierre de Paris, les murs blanchis à la chaux, le toit couvert de tuiles et un puits assure le ravitaillement en eau qui est chauffée par une chaudière et un fourneau, diffusée puis évacuée par des canalisations. Les locaux sont équipés de mobilier, de bancs, de chaises, de lits confortables et, bien sûr, de cuves pour se baigner à plusieurs.

Un zonage sexuel se précise, avant même une série de mesures restrictives sur lesquelles nous reviendrons, dans des rues spécialisées, une « bonne rue » dit-on couramment et répond à la volonté autoritaire de regrouper, au nom de la morale, les activités « *deshonestes* » dans des secteurs isolés, loin des lieux de culte, des couvents et des écoles. Ce n'est pas toujours le cas ! À Tarascon, « *les femmes publiques et les gens malhonnêtes ont coutume de se promener dans les rues. Ils parlent fort et professent de vilains mots. Le lupanar est en effet tout près* (du couvent des Dominicains)*, de sorte que l'office divin, quand il est célébré par les frères en est perturbé et que c'est un objet de scandale à bien des égards »*.

Paris a bientôt huit secteurs bien déterminés : l'un est situé rive gauche près de l'Abreuvoir de Saint-Séverin, un second dans la Cité rue de Glatigny qui a donné son nom aux « *fillettes de Glatigny* » et dans cinq rues rive droite dont la rue Tiron, avec aussi ses habituées connues sous cette appellation et les alentours des églises Saint-Merri, Saint-Nicolas-des-Champs, Saint-Barthélemy. Les Templiers, dont le quartier général, la Tour, est proche du Marais n'ont pas été les derniers à s'intéresser à cette source de revenus ; d'autres seigneurs laïques et ecclésiastiques également.

Des noms truculents ou familiers en disent long sur les activités de certains quartiers populaires : le secteur de Richebourg et la Fosse à Nantes, la rue de la Grande Fosse à Lille, la rue des Dames à Rennes, Saint-Cyrice à Rodez. Les lieux de prostitution d'Avignon, ville d'ecclésiastiques, de notables et de voyageurs ont été cartographiés. Les étuves spécialisées et les lupanars sont concentrés dans le quartier de la Servilllière, au Bourg-Neuf et près du pont « *qu'on ne peut traverser sans rencontrer deux moines, deux ânes et deux putains »* ! On se prostitue aussi dans des cimetières comme aux Saints-Innocents à Paris, chez des particuliers, dans des hôtels princiers et à la cour où un responsable, *le roi des ribauds* s'occupe de recruter des *fillettes amoureuses* à l'usage du roi et de son entourage.

Même si la législation s'est efforcée de mieux contrôler l'exercice de la prostitution sous le règne de saint Louis, le commerce des charmes des « *filles joyeuses* » (Besançon) reste encore dans l'ensemble toléré à partir de 13 à 14 ans, sans trop de contraintes et mêmes les plus petites bourgades ont leur *prostibulum publicum*, les grandes plusieurs et des étuves réservées au même usage. Il n'est pas rare qu'une mère offre sa fille, encore adolescente, au premier venu à condition qu'il ait de quoi payer ! Beaucoup de filles abandonnées, de bâtardes, de célibataires violées, de servantes d'étuves n'ont pas d'autre avenir que la prostitution. Une jeune veuve, originaire de Picardie, partie en pèlerinage pour échapper à un remariage forcé, tombe, dans une auberge sans doute mal famée, sur un chef de bande et un rufian notoire nommé Drouhet qui profite de la situation : « *Drouhet lui fit entendre qu'il voulait la mener chez des gens de bien dont elle serait contente, mais il la mena par derrière certains murs, en une méchante rue où étaient assises devant une maison plusieurs femmes qui ne faisaient rien; elle les salua et leur demanda de quoi elles vivaient, croyant qu'elles travaillaient la soie, mais elles se mirent à rire contre elle et lui dirent qu'elles gagnaient argent des hommes qui venaient à elles. Et elles lui dirent en outre que ledit Drouhet qui la menait savait bien de quoi elles vivaient et qu'il n'y avait pas deux jours, il avait été en leur hôtel. Drouhet dit alors à la demoiselle que c'était le lieu où il voulait la mener et laisser et il fallait qu'elle y demeura et qu'elle y gagna argent avec les autres femmes pour eux deux; elle fut si ébahie, triste et honteuse qu'elle ne savait que dire ni que faire. Elle se mit à pleurer et à embrasser ledit Drouhet, et le pria pour l'amour de Dieu qu'il la mit hors de ladite rue. Mais il la mena en une autre maison près de là où se tient la maîtresse desdites femmes. Il dit à celle-ci qu'il fallait qu'il eut une chambre pour y coucher avec la demoiselle et que celle-ci gagnerait argent avec les autres; et il envoya chercher toutes les femmes, et du vin et les fit boire et leur donna argent et leur dit que la demoiselle demeurerait avec elles pour gagner argent. Elle fut encore plus triste et ébahie qu'avant et embrassa ledit Drouhet, le visage tout mouillé de larmes, et lui remontra qu'il n'était pas homme de bien mais homme de néant, truand, coquin, paillard de l'avoir menée là, et lui dit qu'il ne se trouva plus avec elle, s'il lui faisait ce deshonneur; et elle fit tant qu'il la ramena en son logis, où ils ont demeuré environ XV jours, et où ledit Drouhet lui a depensé ce qu'elle avait. . , et il la menaçait de lui couper la gorge si elle ne gagnait argent* » (1476).

Les « gagneuses », les soi-disant « *chambrières* » les filles de la Fosse ou de Glatigny, faussement dénoncées comme « *secrètes* », ne se cachent pas pour arpenter les rues, raccolent à deux pas des couvents ou du palais épiscopal et « embarquent » des notables qui s'encaillent, des ecclésiastiques en rupture de ban, de jeunes puceaux, voire des malades des hôpitaux comme à proximité de l'hospice de l'Isle-sur-la-Sorgue. Les municipalités vertueuses les accusent de tous les vices, de provoquer les honnêtes gens, de s'injurier, de se battre mais se gardent bien de leur interdire d'exercer ! D'autres péripatéticiennes partent à l'aventure, parcourent les campagnes voisines à la recherche de clients, se déplacent d'un marché à un autre, fréquentent les champs de foire. Il existe même une prostituée officielle à Quimperlé, ville monastique, chargée de distraire les visiteurs de marque. [8]

Le périmètre de la débauche ne se limite pas aux établissements spécialisés. Les archives judiciaires signalent aussi comme refuges de la *paillardise* une chambre à domicile, avec la complicité du mari ou d'une mère servant d'entremetteuse, les tours et les guérites des enceintes, des ruines (celles du château de Carhaix), les cabinets collectifs, des forges ou des moulins tenus par des artisans suspects de proxénétisme, des tripots clandestins. Le chapelain de Saint-James de Rennes signale à des enquêteurs « *des chambrières et femmes de meschant gouvernement ayant parolles et faisant marchez impudiques pour plus et facilement accompliteurs d'impudicitez et villaynies et se retirent en ladite chapelle pour faire grant opprobe et scandale à l'église et terre sainte et immunité* ». Un barbier ne se contente pas toujours de couper les barbes, de « *pignier* » (peigner) et de saigner les malades, mais héberge volontiers des joueurs professionnels de dés, des «*cabuseurs docteurs ès tromperie* », plumant les naïfs, et sert de *houlier* (maquereau) à une ou deux filles de joie, exerçant en « *chambre retirée* ».

Les prisons, des lieux de perdition de courte durée

Un lieu d'hébergement provisoire, un lieu d'apprentissage du vice, la prison, est à peine mentionné dans les comptabilités seigneuriales ou municipales.

Précisons que l'endroit se réduit souvent à une tour ou à un cul de basse fosse, quelquefois à une ou plusieurs salles dans un bâtiment spécialement affecté à cet usage, un local de la ville ou d'un seigneur ou

8 – A.D. Bouches du Rhône E1 20 août 1372, acte cité par J. Chiffoleau, *Les justices du Pape*, P.U. Sorbonne 1984.– J. Rossiaud, *La prostitution médiévale*, Paris, Flammarion, 1988, p.217

une maison louée à un particulier. Autant dire que l'endroit ne se présente guère comme un monument digne d'être visité si on fait exception du palais de l'Île au milieu du Thiou à Annecy.

L'emprisonnement ne constitue pas une peine durable au Moyen Âge. *« L'idée qu'un condamné (puisse) s'amender dans la réclusion ou que la société peut se protéger de lui en l'enfermant est une idée et peut-être une pratique moderne »* fait observer J. Chiffoleau dans son examen de la justice du Pape d'Avignon (p. 225). La réalité carcérale n'est alors que temporaire, provisoire durant quelques jours ou quelques semaines avant l'exécution ou la libération ; elle coûte cher de surveillance ou de garde pour les services qu'elle rend à la collectivité. A Saint-Omer, la durée moyenne d'une incarcération dépasse rarement la dizaine de jours. Plus dissuasifs sans doute sont les amendes, les amputations de nez, de jambe ou de bras, les marques au fer rouge ou d'autres solutions qui s'apparentent plus à une vengeance légale qu'au véritable exercice de la justice. Précisons aussi que les conditions de détention sont loin d'être idéales dans des locaux froids et suintant l'humidité. La nourriture dépend des sommes allouées aux prisonniers et de l'arbitraire du geôlier qui ont aussi une fâcheuse tendance à dépouiller leurs pensionnaires de leurs maigres biens. Le régime du pain et de l'eau, est la ration quotidienne et la botte de paille le lit habituel de la plupart des incarcérés. Si tel est le cas, la mortalité provoquée par la famine, la vermine et les épidémies est élevée. Il y a comme toujours des exceptions ; des délinquants protégés par leurs familles ou par la société ont des facilités pour se nourrir, pour se coucher dans un lit avec draps et couverture ou pour recevoir la visite de filles de joie ! D'autres ont la chance de bénéficier de l'institution d'un impôt spécial, d'un don ou d'un legs, ou de la présence dans la seigneurie d'un *« quêteur pour le pain de prisonniers »* (Avignon).

Retenir le délinquant dans les geôles est une autre affaire. Les prisons bretonnes, pour prendre un exemple régional, même gardées par de solides chartronniers ne sont pas sûres. On s'évade très facilement de Lamballe, un peu moins de Moncontour, quelquefois des forteresses d'Ancenis ou de Nantes. La Nantaise Annette Gamier, poursuivie pour complicité de meurtre en 1464 obtient d'être *« defferée »* avant les fêtes de Noël. Elle en profite pour prendre la clef des champs par une lucarne du Bouffay, donnant du côté de la butte des Arbalétriers: *« elle gicte avant elle les couvertures et linceulx du lit où elle gisoit »*, en fait une corde, se laisse glisser du toit, franchit une muraille et saute dans la rue. Le duc lui pardonne car, précise-t-il, *« il considère qu'il n'est à corps humain nulle belle prinson et que ung chascun emprisonné désire tousjours soit à son droit ou à son tort se mectre hors de captivité et recouvrer son franc arbitre »*. Notons que l'intéressée est la femme de Maître Pierre Gamier, une personnalité locale ! D'autres se sauvent en faisant des *pertuys* (trous) dans les murs, en arrachant les grilles des fenêtres ou les barres des portes, en bénéficiant de complicités… y compris celle de la femme du gardien. Un pilleur de troncs d'églises ne supporte pas la captivité à Guingamp et tombe malade *« d'un flux de ventre »* au point de rendre l'air irrespirable et de nécessiter son transfert dans un hôpital où il succombe peu après. Partout il n'est question que de cadenas ou de fers qu'il faut renouveler, d'ouvertures qu'il faut boucher.

Bref, il est davantage profitable pour une cour de justice de pendre dans les plus bref délais un coupable pour *crime énorme*, de le bannir ou de le mettre aux arrêts chez lui, solution reprise de nos jours avec les fameux bracelets !

Des lieux secourables

L'assistance aux pauvres fait partie des œuvres de miséricorde d'individus ou de communautés d'accueil, vulgarisées dans les homélies et les sermons, décrites dans les comptes hospitaliers et représentées sur les miniatures. *« Benois seront les miséricordieux »* dit en exergue un manuscrit bruxellois de la bibliothèque des chartreux, la chapelle Notre-Dame d'Herines. Ce fut longtemps une prérogative des institutions religieuses avant que des initiatives laïques, individuelles ou confraternelles, ne commencent à se manifester à partir du XIIe siècle.

Les hôpitaux

L'examen des moyens charitables multiformes nécessite des recherches approfondies dans une vaste documentation d'où émergent les règles monastiques (règle du Maître, celle de Saint-Benoît, de Saint-Augustin), les canons des conciles œcuméniques et provinciaux, les coutumiers et statuts monastiques (Cluny, Corbie, Fleury-sur-Loire) et

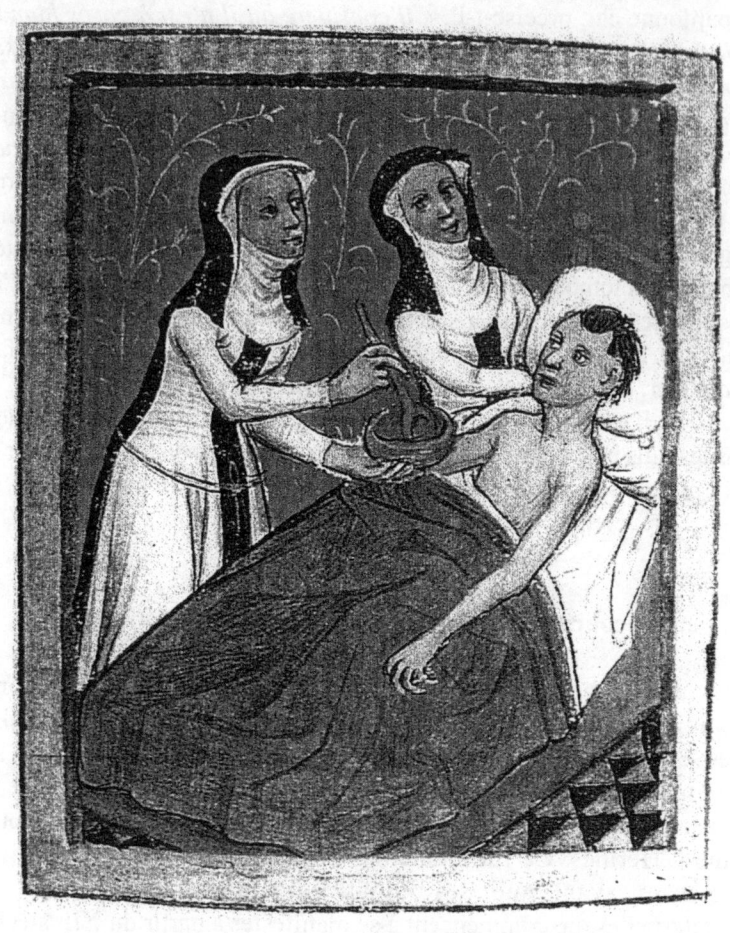

*Des chanoinesses de Saint-Augustin nourrissent un
pauvre malade dans un hôpiyzm.*

les comptabilités des grandes abbayes et des couvents. Des organismes dotés de revenus propres comme les *pitanceries,* les riches archives hospitalières de certaines villes (Laon, Vitré), les *tables* ou *tabliers* paroissiaux réservés aux pauvres (Béthune, Saint-Omer). Les actes de la pratique avec les legs testamentaires prévoient les *donnes,* les *confrères,* les casuels d'un nombre déterminé de secourus.

La charité des testateurs, diversifiée dans ses objectifs et dans ses moyens d'action, s'étend de l'aide à un pauvre, à une famille dans le besoin, à une catégorie de nécessiteux (orphelins, prisonniers, pèlerins, lépreux), à la fondation, quelque peu ostentatoire, d'un hôpital tout entier.

Les études sur la politique sanitaire des clercs, des nobles, responsables des villes médiévales intéressent, depuis des années, les chercheurs. En témoignent les travaux mentionnés dans les bibliographies d'ouvrages généraux sur les secours et les soins donnés dans des établissements spécialisés. Ces institutions, appelées *aumosneries, porteries,* dans les abbayes et leurs prieurés ou dans les couvents, vastes *hostels-Dieu* ou plus petites *maisons-Dieu, domus Dei, hostelleries* (Dinan), *loges, infirmeries, sanitats* étaient des lieux religieux (*loci religiosi*), dont le rôle charitable, soigneusement rappelé dans les archives, répond aux nécessités du moment : « *pour logier, herbregier et recevoir les pouvres allans et passans par ladicte ville, aussy les malades y survenans* ».

Extrait de N. Gonthier, Lyon et ses pauvres, L'Hermès 1978 p. 140
L'équipement hospitalier lyonnais est riche en apparence seulement. Les créations les plus importantes sont situées dans la Presqu'île entre Saône et Rhône, lieu de passage évident avec l'hôpital du Pont du Rhône, l'hôpital Saint-Antoine, celui de Sainte-Catherine plus populaire et celui des Veuves ou l'Hôtel-Dieu. Beaucoup de vieilles fondations sont signalées dans la Cité épiscopale, au voisinage de la Saône et au pied de la colline de Fourvière avec les Deux Amants, La Chana, Saint-Eloi, Sainte-Marie et Saint-Jean de Jérusalem, Saint-Laurent des Vignes et Saint-Just. S'y ajoutaient quatre léproseries ou maladreries, des hospices, des recluseries …. Soit au total une vingtaine d'endroits secourables pour 20 000 âmes en 1320.

Mais ces hôpitaux sont trop petits pour accueillir beaucoup de patients et 200 lits semblent avoir été l'hébergement maximum !

Une goutte d'eau dans l'océan de la détresse

Les hôpitaux médiévaux sont, tout à la fois, des asiles de nuit pour les miséreux *« vergogneux »* (honteux) méritants, pour les blessés, infirmes, les malades, vieillards *« chenus et cassés, »* et veuves dans le dénuement. Ce sont aussi des maternités où des mères nécessiteuses sont *« doucement receues, gardées et gouvernées en leurs couches et gézines et illec doucement repeues et allimentées »,* des orphelinats, des gîtes pour des *pauvres du Christ*, les pèlerins démunis.

On dispense, dans ces maisons, davantage de soins spirituels que de secours médicaux. Les statuts insistent beaucoup sur l'aspect moral de ces imitations de petits monastères. Il n'y est question que de pureté, de chasteté, de l'exemple de ceux qui souffrent et bénéficient d'une grâce spéciale, de rites d'accueil, de rites de passage, de stricte discipline, de séparation des hommes et des femmes ou de célibat, de nourriture frugale, de silence au réfectoire, d'exercices religieux quotidiens et obligatoires, autant de bons principes rappelés par les prédicateurs et les écrivains comme Jacques de Vitry. On rencontre, baignant dans une atmosphère de recueillement et de piété, des postulants reçus selon les rites, des frères et des sœurs, soumis à une discipline quasi monastique et placés sous l'autorité supérieure et sous le contrôle de l'évêque, d'un chapelain plus important que le médecin, d'un conseil ou chapitre.

L'action caritative

La catéchèse et la morale enseignent que le bienfaiteur doit, par amour du Christ et pour son salut personnel et celui des siens, visiter les pauvres et les malades, les nourrir, leur donner à boire, racheter (les captifs), les vêtir, les soigner, les consoler, prier pour eux, leur pardonner, les panser, les ensevelir. Établir un hôpital, réserver un moulin pour la mouture du pain des aumônes au Ronceray en Anjou, livrer du bois *« pour que les pauvres puissent se chauffer et construire leurs maisons »* sont autant d'œuvres méritoires au même titre que fonder une église, que de léguer des biens pour subvenir aux besoins des indigents. L'expression *« pro pauperibus »* revient sans cesse sous la plume des scribes.

La « révolution de la charité », manifestation de piété et de solidarité, inspirée par le souvenir de la fraternité des premiers temps du christianisme, fut longtemps réservée aux évêques, aux chapitres cathédraux et à des établissements monastiques qui se conformaient aux devoirs de charité, rappelés dans les écrits des Pères de l'Église, dans les réminiscences évangéliques des canons des conciles. Il était alors de bon ton de se remémorer les paroles du Christ : « *ce que vous faites au plus petit d'entre eux (les pauvres), c'est à moi que vous le faites* ». Césaire d'Arles allait jusqu'à considérer que le superflu des riches était le bien des pauvres.

Soulager les plus misérables, aider le pauvre, la veuve et l'orphelin, prédisposés à la mendicité car ils n'ont pas assez de force pour travailler, vêtir ceux qui sont nus, visiter les malades, ensevelir les morts sont autant de vertus théologales consignées dans la règle bénédictine qui prévoit un refuge pour l'hébergement de pauvres, des pèlerins et des malades, une cérémonie d'accueil sous la direction du *portarius* ou père hôtelier. Un service dit *de la porta* ou *de la porterie* prévoit, pour *l'hospitale pauperum*, des repas frugaux à base de pain, de potage (potée) et d'un peu de vin, le lavement des pieds des hôtes de toute condition, un minimum de soins. Les statuts et les coutumiers des grands monastères bénédictins, des ordres secourables, des chapitres augustins, les règlements des hôtels-Dieu donnent un large éventail des fonctions de charité. Quiconque veut entrer dans l'établissement de Pontoise en 1265 jouit de privilèges à condition de respecter un minimum d'obligations : « *Avant d'être reçu, le malade doit confesser ses péchés et communier si c'est nécessaire. Après quoi, il sera mené au lit et là, comme seigneur de la maison, traité avec charité et révérence ; chaque jour, avant le repas des frères et des sœurs, il sera charitablement repu ; que la viande et la boisson qu'il demandera, lui soient données, si la richesse de la maison le permet ... Si quelque chose est envoyée ou donnée aux pauvres malades, qu'elle leur soit distribuée, comme l'envoyeur ou le donneur l'aura ordonné* ». [9]

Après le Haut Moyen Âge, créateur de *xenodochia*, localisés par les fouilles dans les groupes épiscopaux, l'époque féodale des Xe-XIIIe siècles, dans un contexte de fondations urbaines et de flambée d'évangélisme, a légué tout un réseau de créations hospitalières, rattachées au clergé séculier et régulier. Les évêques, par obligation, sous peine de

9 – L. Legrand, *statuts d'hôtels-Dieu et de léprpseeries,* Paris, Picard 1901. – J. Imbert (dir.), *Histoire des hôpitaux en France,* Toulouse, Privat 1982.

sanctions canoniques (concile d'Aix de 816), les chanoines réguliers et soumis à la règle de Saint-Augustin ou séculiers, des prêtres fortunés, des moines, les frères et le sœurs des ordres mendiants mendiants ont offert le vivre et le couvert aux indigents. Les Clunisiens, les Grandmontains et les Franciscains ont pratiqué la charité sur une très vaste échelle. D'autres strates hospitalières anciennes dépendent aussi des ordres militaires, Templiers et Hospitaliers de Saint-Jean-de-Jérusalem, des ordres secourables avec les Antonins ou Antonites du Viennois soignant *le mal des ardents* et les Trinitaires. Ces établissements religieux consacrent aussi une part de leurs revenus seigneuriaux, le produit des quêtes à la charité. L'hôpital Saint-Antoine de Chambéry, créé en 1180 par les Antonins, est devenu le plus grand foyer d'hébergement de la capitale de la Savoie. Son église d'une quarantaine de mètres de long pouvue d'un clocher dominant la ville, plusieurs corps de logis, de chaque côté d'une rue, fréquentés et reliés entre eux par une passerelle en disent long sur ses possibilités d'accueil, encore visibles sur les peintures et les plans du *Theatrum Sabaudie* du XVIIIᵉ siècle. Les Antonins sont concurencés ailleurs par les frères de l'ordre du Saint-Esprit apparu dans les années 1170-1180 à l'initiative de Guy de Montpellier. La commanderie d'Auray est l'une des plus riches d'Occident avec 414 propriétés et 24 filiales jusqu'en Gascogne et en Normandie.

Face à la prolifération des indigents en période de rupture et des malades, les particuliers et les confréries qui prolifèrent dans le royaume se sont souciés des pauvres, des malades, des pèlerins et ont fondé à leur tour des hôpitaux et se sont efforcés d'atténuer les souffrances. Les aumônes accordées aux plus démunis, de préférence natifs de la ville, figurent en bonne place dans les plus anciens testaments enregistrés devant notaire ou au Parlement (Paris, Avignon, Cavaillon). À chaque enterrement d'une personnalité, d'un notable, des miséreux par douzaine (chiffre symbolique), par vingt-quatre, par centaines sont invités à se présenter et on leur notifie ou « *préconise* » à Lyon par un crieur public le montant des distributions, fixées par testament, de pièces de monnaie, de pains, de farine, de fèves, de sel ou d'autres vivres, de vêtements, de tissus, de chaussures. Les dons périodiques et les legs répondent à plusieurs intentions. Certains, accompagnés de messes anniversaires, viennent en remerciement d'une guérison ou, en pénitence, pour le rachat d'une faute. D'autres expriment une solidarité et une commisération qui seraient dignes de considération si ce n'était pas, trop souvent, une manifestation d'orgueil de nantis, figurant « *dans une mathématique du salut* » égocentrique, justifiée par la préoccupation du sort du testateur dans l'au-delà. Les confréries du Saint-Esprit, si répandues dans le Sud-Est appliquent sous forme de banquets, de distributions de vivres ou *confrères* en Savoie, un idéal charitable et une volonté de partage fraternel et de redistribution aux plus démunis des biens acquis en conformité avec les statuts de ces associations. Si la majorité des Lyonnais limite ses dons à quelques blancs d'argent (une monnaie), à une dizaine de pains, on en rencontre d'autres capables de compter en florins d'or, en une douzaine de quartes de sel, en 200 aunes de toile, en 100 paires de sandales neuves, en une quarantaine de robes et de laisser des rations alimentaires qui équivalent de 3 000 à 4 000 calories !

Un bilan mitigé au soir du Moyen Âge

Toutes les créations hospitalières n'ont pas été des succès et précisément à une époque où on avait le plus besoin d'elles ! Dès le siècle de saint Louis, des difficultés se font jour dont on a des échos dans les canons des conciles œcuméniques (Latran IV en 1215). Certaines maisons sont devenues des bénéfices trop lucratifs pour des administrateurs peu scrupuleux, mauvais gestionnaires ou engagés dans de coûteux procès. D'autres manquent dès le départ de ressources provenant de l'exploitation de terres, des dîmes et leurs organismes de gestion ou *portae* sont incapables de supporter le montant des dépenses charitables, de créer, comme jadis, des sortes de fonds de pension. Beaucoup d'établisssements ont souffert des destructions et des pillages des guerres féodales puis de la guerre de Cent ans et une « *grande désolation* » (H. Denifle) succède à une brève réussite. L'appauvrissement s'explique aussi par la surexploitation des biens, le manque de personnel compétent, l'afflux de malades, de pestiférés, durant cette phase de cassure économique qui a contribué à faire disparaître les institutions les plus vulnérables, les moins adaptées aux besoins grandissants. Les hôpitaux connaissent donc, un moment donné, une baisse de leurs revenus alors que leurs charges s'alourdissent. On ne compte pas moins de 13 hôpitaux abandonnés, « *frosts et ruyneulx* » sur un total de 32 dans le diocèse de Besançon en 1373 !

Le souci collectif des pauvres, responsable de la floraison de fondations charitables, a tendance à s'essouffler à la fin du Moyen Âge, avec les difficultés économiques. Des décalages s'observent localement dans le temps et dans l'espace. On a évoqué une « *continuité fléchissante de la générosité* » révélée dans les testaments, lente à se manifester en Anjou, dans le Poitou, en Savoie, à Avignon, précoce à Lyon, à Narbonne avec une baisse de moitié des donateurs entre 1300 et 1350. Les familles nobles, les riches citadins se soucient moins de la misère d'autrui et hésitent à disposer de leurs biens personnels, sauf quand ils sont à l'article de la mort et en peine avec leur conscience. Pourtant, les mécènes d'autrefois font encore quelques émules. L'évêque de Grenoble, Aymon de Chissé, patronne la construction d'un hospice Notre-Dame en 1422. L'un des plus grands centres hospitaliers rennais naît, deux ans après un siège particulièrement éprouvant, quand le chanoine Eudon Le Bouteiller, natif de Tréguier, fait l'acquisition à toutes fins utiles d'une maison et d'un jardin en 1358. Chaque couvent de Mendiants héberge une infirmerie capable de recevoir des infortunés. Les Carmes de Lyon facilitent une création dans le quartier pauvre de Saint-Vincent. Les Trinitaires de Rieux et de Dinan mettent des lits à la disposition des infortunés dès 1345. Pierre Dailhé, chanoine et maître d'école de Saint-Hilaire-le-Grand de Poitiers est à l'origine d'une maison hospitalière en 1435, et les confréries de piété, ces « *charités bien ordonnées* » dont parle C. Vincent pour la Normandie, ne sont pas en retard dans le domaine secourable.

Les souverains et leurs lignages, les titulaires d'offices importants se manifestent aussi, par charité sans doute, parce qu'ils en ont les moyens et pour des raisons politiques. Charles de Blois, l'adversaire malheureux de Jean de Montfort, futur Jean IV, finance l'hôpital Notre-Dame de Guingamp en 1351, sa ville résidentielle préférée, le bastion de son autorité dans le Penthièvre. Au XVe siècle, Richard comte d'Etampes, frère de Jean V, tient en apanage la châtellenie de Clisson ; il y patronne en 1433 l'installation d'un hôpital spécialisé dans le traitement du « *mal des ardents* » et lui octroie des moyens d'existence. Le chancelier de Bourgogne, Nicolas Rolin et son épouse Guyone de Salins sont les bienfaiteurs de Hôtel-Dieu de Beaune et d'un autre hôpital à Autun (1441). Les légistes au service de la monarchie soulignent l'intérêt des œuvres hospitalières et en définissent l'identité juridique et les privilèges comme Guillaume de Plaisians sous Philippe le Bel.

L'essor tardif des villes a comme corollaire l'enrichissement d'une fraction de la haute bourgeoisie, des familles de négociants, d'artisans aisés et organisés en métiers, d'hommes de loi, de financiers, de fermiers des impôts qui prennent aussi, dans leur propre intérêt, pressés par leur conscience, l'initiative de secourir les plus démunis.

Chambéry doit une partie de son système hospitalier à de riches bourgeois. La famille Chabod, bien en vue à fondé l'hôpital Sainte-Croix, rue des Nonnes avant 1387 tandis qu'une autre, les Bonivard, lègue son nom à un établissement rue Sainte-Apollonie. L'Hôtel-Dieu dit l'hôpital neuf doit son existence, le 1er mai 1370, à deux notables Aimé de Bignin et Thomas Girard qui avaient acquis deux ans auparavant un terrain et une maison d'un noble, Pierre de Murs, docteur en lois, pour la somme considérable de 1 000 florins d'or. L'hôpital des Pèlerins ou de Notre-Dame de la Consolation du faubourg Maché dans la même ville est dû, fin XIVe siècle, à la générosité d'un marchand pelletier Jehan du Rhône.

Ces mêmes bourgeois animent des confréries de piété, placées sous la protection d'un saint Patron, associées ou non à une profession. Des revenus substantiels permettent à ces institutions de créer des asiles. Un certain Enguerran d'Endin laisse 3 000 florins d'or en 1410 pour fonder un hôpital parisien. D'autres lèguent des terrains, des linceuls, des vivres, des rentes, un moulin. Le grand hôpital Sainte-Anne de Rennes, installé dans le faubourg septentrional, rue Haute, doit son existence en 1340 à l'association de dix métiers. C'est une confrérie bourgeoise de Saint-Yves qui crée l'hôpital de Vitré. La confrérie Saint-Jacques aux Pèlerins, reconnue en 1324, est fondée par les bourgeois de Paris qui ont fait ou se sont engagés à faire le pèlerinage de Saint-Jacques de Compostelle ; elle prend en charge des pèlerins et des nécessiteux d'une maison hospitalière. [10]

Les municipalités exercent enfin une action générale d'assistance, entretenant les aumôneries, jusqu'à une quinzaine à Poitiers vers 1450, distribuent en hiver de la nourriture, prennent en charge des vieillards, des enfants abandonnés confiés à des nourrices rétribuées. La petite cité

---

10 – Nous dressons un bilan dans un article recent « Esquisse d'une politique sanitaire médiévale : les mesures sociales prises dans les villes bretonnes et savoyardes au XVe siècle » , dans *Médecine et Société de l'Antiquité à nos jours* sous la direction d'A.M. Flambard-Héricher et Y. Marec, Cahier du Grhis n°16 P.U. Rouen, 2005, p. 75-96.

épiscopale de Moûtiers en Tarentaise dispose même d'un tronc spécial appelé le « *pain de mai* » ; Annecy a, pour sa part, une « *boîte à aumônes* » ornée des figures de la Vierge et de saint Sébastien, Genève une « *boîte de toutes âmes* ». Ces troncs sont présentés aux fidèles le dimanche et à l'occasion des fêtes religieuses, pour servir à nourrir, vêtir et loger les plus démunis, assurer leurs enterrements, célébrer des messes anniversaires.

Le nombre des établissements est proportionnel à l'étendue, au peuplement, au rayonnement d'une localité, au nombre des testaments (7000 dans le seul Forez) avec cependant des surprises qui prennent en compte les moyens d'action, la « continuité *fléchissante* de la générosité » et d'autres considérations. S'il nous paraît logique que Nantes ait 9 hôpitaux, aumôneries et une léproserie pour 14 000 habitants, Rennes 6 pour sensiblement la même population, Quimper 5 pour 5 000 âmes, Chambéry 9 pour 5 000 citadins, Saint-Brieuc 4 pour 4000 habitants, Dinan et Guérande, deux villes riches et peuplées, fréquentées par des marins étrangers se contentent de 3 pour plus de 4 à 5 000 habitants. Nous avons été surpris par le sous-équipement médical de Fougères, de Vannes, de Saint-Malo qui n'ont qu'un seul établissement, mais qui sont des villes moyennes proches de 5000 âmes.

Les bâtiments sont généralement bien situés au cœur des villes comme le vieil hôpital des Antonins à Chambéry, aux abords d'une porte (Saint-Clément de Nantes, route de Paris), d'un pont ou sur le pont lui-même comme l'aumônerie de Toussaints de Nantes ou l'hôpital de Landerneau sur le pont de l'Ellorn, à un carrefour, au voisinage d'un port où débarquent des marins susceptibles d'être contagieux ou encore à la sortie des portes dans les faubourgs et dans les paroisses limitrophes. Les voies de communication, les voies de pèlerinage sur le chemin de Saint-Jacques-de-Compostelle ou Mont-Saint-Michel, les cols alpins accueillent dans leurs hébergements tous ceux qui souffrent dans leur corps ou dans leur âme. Les hôpitaux constituent, donc dans les grandes agglomérations, une véritable ceinture en relation étroite avec les antiques voies romaines. Ils restent des « lieux religieux », créés avec l'autorisation épiscopale *(licentia episcopi)*, placés sous le patronage d'un saint Patron, inaliénables comme tout bien ecclésiastique, inchangeable de destination, bénéficiant d'un droit d'asile… qui en fait quelquefois le lieu de séjour de vauriens !

De véritables « cités hospitalières » (A. Vauchez), des ceintures d'établissements secourables cernent les villes, pénétrent intra-muros par les portes, les ponts, les églises et les rues principales comme la rue Saint-Jacques à Paris. La capitale du royaume renferme des hôpitaux prestigieux comme l'Hôtel-Dieu reconstruit au XIIIe siècle.

On observe déjà, à la fin du Moyen Âge, une volonté de mise en tutelle des hôpitaux par les municipalités accompagnée « *d'une sacralisation et d'une laïcisation de la charité* » (A. Vauchez) dont nous reparlerons.

Insensiblement les comportements ont changé avec la montée du paupérisme dans les classes inférieures et les manifestations d'inquiétude chez les possédants pendant les deux derniers siècles de crise. Trop de métiers figurent dans ce que nous appelons le sous-prolétariat et leurs membres risquent de sombrer dans le dénuement avec les *chertés*, le chômage, les abus du corporatisme : les *brassiers* qui n'ont que leurs bras pour survivre, les *labaratores* du Midi, les journaliers ou *manouvriers*, les ortolans des tenures maraîchères, les regrattiers ou revendeurs à la petite semaine, *texiers* et *tisserandes* de draps, *escoffiers* travaillant le cuir de chaussure et bien d'autres encore. La proportion des miséreux dépasse les 50% à Lyon entre 1363 et 1417, une ville réputée jadis riche mais où de grosses fortunes connaissent aussi des difficultés (N. Gonthier, R. Fédou).

La façon de percevoir avec indulgence, de juger avec compréhension la misère, de secourir l'indigence n'est pas tout à fait la même qu'à l'époque féodale. La charité est en déclin dans les faits matériels et dans les mentalités comme l'a si bien montré M. Mollat. La pauvreté, la maladie, l'infirmité, la vieillesse même tendent à s'assimiler aux maux et aux fléaux communs. Les situations précaires ne sont plus des vertus d'ermites mais prennent l'allure peccante d'une indignité humaine. Les mendiants sont de plus en plus des coupables, des fainéants irrécupérables, des simulateurs, suspects de désordres. À la philanthropie du passé, succèdent l'incitation au travail ou son obligation, bon gré mal gré, véritable antidote de l'oisiveté, et bientôt le grand enfermement sur des chantiers, dans des ateliers, sur les galères. C'est cette évolution dans le droit et dans les esprits, cette répression que nous examinerons dans les deux derniers chapitres.

Les hospices, les hôpitaux restent, en désespoir de cause, l'ultime recours des plus démunis, des malheureuses femmes en gésine, des enfants abandonnés, des pèlerins pauvres, des souffrants. Leur présence insuffisante, n'a pas empêché beaucoup d'entre-eux de « crever » de faim et de froid, en période de crise conjoncturelle, de peste, de mauvaises récoltes et de *« chertés des vivres »*. L'effort est loin d'être général. Beaucoup de villes souffrent d'un sous-équipement hospitalier dont nous aurons l'occasion de reparler. Les soins restent médiocres.

CHAPITRE 3

LA PRÉCARITÉ DES GAGNE-PETIT

Les suppliques de victimes ou d'accusés qui se disent innocents, les lettres de rémission libératrices qui expliquent les raisons d'une exclusion et justifient les demandes de réintégration au sein du corps social mettent en scène souvent des individus qui souffrent « *moult de pauvreté et de misère* », qui ont des difficultés pour « *la substenciation de leur vie* » ou qui sont « *en péril d'estre mesdians* ». Les conditions de vie de ces hommes et de ces femmes, avec ou sans enfants, « *gectés à la rue* », condamnés à l'errance, sont telles que la plupart de ces vagabonds risquent pour survivre de commettre des larcins.

Les activités honteuses ou viles d'individus situés au dernier degré de l'échelle sociale, les titulaires d'*indecorae artes*, de métiers, incompatibles avec les habitudes mentales du moment ou en contradiction avec la morale des bien pensants, existent et condamnent ceux ou celles qui les pratiquent à une condition de parias. De vieux tabous de sociétés primitives, liés au sang, au sexe, au feu, aux excréments, à l'impureté, plongent en effet leurs racines dans la nuit des temps, se heurtent aux interdits d'une morale judéo-chrétienne, suscitent les méfaits de la rumeur et les dénonciations, poussent les gens de bien, les hommes et les femmes considérés comme honnêtes, à mépriser certains de leurs compatriotes pour leur allure, leur mode de vie, leurs mœurs, leurs vices réels ou supposés.

L'économie et la société sont sources, à toutes les époques, de ce que les Anglais appellent des « poor jobs » et utilisent volontiers pour désigner des emplois instables, sans possibilités de promotion, à l'antichambre de la misère. Ces professions étaient si nombreuses au Moyen Âge que nous devrons nous limiter, dans ce chapitre, à quelques exemples significatifs comme les histrions, les marchandes de la rue, les portaix, les journaliers et les manœuvres des chantiers au nom significatif de *brassiers.* Ces derniers qui pointent le lundi sur les places publiques à la recherche d'une embauche vivent difficilement avec des salaires souvent inférieurs à 20 deniers par jour, susceptibles même de diminuer en hiver.

Faire la manche

« *Gésir sur le pavé* », c'est se *clochardiser,* passer de l'état de nécessiteux temporaire à domicile à celui de stigmatisé comme oisif et dangereux dans les sermons des prédicateurs ou dans les procès-verbaux.

« *Brimber en plusieurs quartiers* » équivaut à mendier dans la langue de Jean Molinet, natif du Boulonnais, au service des ducs de Bourgogne († 1507), dans son « testament de la guerre ».

Des infinies nuances entre « gectés »

La misère et la délinquance sont associés au mouvement, au passage, ce que rappellent des expressions aussi imagées « *qu'estre gecté à la rue* », « *coller au pavé* » et la formule actuelle « *faire la manche* ».

La documentation disparate, d'origine fiscale ou judiciaire, dont dispose l'historien des classes défavorisées reflète bien l'état hétérogène. des miséreux qui cheminent dans la rue en marmonnant des paroles sans suite et qui tendent la main au bon endroit. Certains vivent cette expérience en fin de vie, d'autres dès l'adolescence. Les plus connus de longue date, semblent faire partie du décor de la rue, du quartier ; la majorité vagabonde, se déplace d'une ville à une autre, au gré des espoirs de quête fructueuse. La plupart ont rompu avec leur famille, sont des célibataires, rarement des couples, et ont perdu tout contact avec les structures sociales coutumières, avec une organisation communautaire, avec leur paroisse ou leur seigneurie d'origine. Mais il arrive aussi que des victimes de la misère conservent des assises territoriales, un *ortus* (Lyon), une *place de maison*, une *masure* (Vannes, Rennes).

Le mendiant, le « *demeurant partout »,* le pressé par la nécessité, rejoint, par ses conditions d'existence, l'ascèse cléricale volontaire, valorisée par la sainteté, ce dénuement volontaire qui pousse l'ermite, le moine gyrovague ou le frère mendiant à se déplacer, à quêter sa subsistance. Il se différencie de la majorité des prostituées, une autre catégorie de marginaux, qui ont besoin d'un espace collectif ou privatif, d'une maison dite close ou d'une chambre, mais retrouvent sur les mêmes espaces les *tapineuses* qui se déplacent pour racoler et exercer leurs activités lubriques sous les porches, dans les tours de guet, dans les lieux d'aisance. Autant dire que l'existence de ces malheureux est précaire. La farce *du pâté et de la tarte* décrit les souffrances de deux coquins livrés à la rue et qui qui hument le fumet d'une pâtisserie :

> « *Ouiche !*
> *Qu'as-tu ?*
> *Si froid que je tremble et je n'ai ni tissu ni filé (tricot) …*
> « *Mais moi encore plus, car je meurs d'une faim de loup*
> *et je n'ai pour monnaie pas un sou* ». [1]

Comme la cigale de la fable, ils sont dépourvus de tout quand pointe l'hiver avec ses intempéries. Ils risque en *brimbant* de mourir de froid, de faim, des séquelles de blessures ou de maladies … à moins que, par chance, ils ne se fassent héberger, le soir venu, dans un hôpital ou dans un monastère. Il fut un temps béni, en partie oublié au XVe siècle, où les établissements bénédictins secouraient des milliers de pauvres, où Cluny distribuait du jambon à l'entrée du Carême à…16 000 pauvres ! Des couvents de frères et de sœurs dominicains, franciscains, clarisses font quelquefois œuvre secourable ou rééduquent les pauvres filles repenties.

Aux quémandants du coin, perclus d'infirmités, victimes de l'âge, d'une crise économique durable, s'ajoute un flot migratoire de déracinés. Beaucoup de vagabonds viennent de la campagne pour s'agglutiner intra muros. La perte de tout travail, la destruction de leurs biens, la réduction des exploitations agricoles à la suite de partages, poussent aux départs. La mendicité peut devenir une tradition familiale.

Le poète Villon se dit gueux, fils et petit-fils de gueux.

> « *Povre je suis de ma jeunesse,*
> *De povre et de petite extrace (extraction) ;*
> *Mon père n'eust oncq grant richesse,*
> *Ne sont ayeul nommé Orace ;*
> *Povreté tous nous suit et trace* ».

1– *Farces du Moyen Âge*, éd. d'André Tissier, G.F. Flammarion, 1984, p.119,121.

2– F.Villon, *Poésies complètes*, éd. P. Michel, Librairie Générale française 1972, *Le testament*, p.69. – J.Favier, *François Villon*, Paris, Fayard 1982. – J. Koopmans, *Les démunis mis en scène : satire ou utopie*, répression et contestation, dans les Niveaux de vie au Moyen Age, colloque de 1998 sous la direction de J.P. Sosson et autres, Louvain, 1999.

La gueuserie peut même avoir ses lettres de noblesse. Ainsi le rapporte le *Mystère de la Résurrection* :

« *J'ay nom Saudret*
Qui fut sevré ung pou tendret
Du laict que me donna ma mère
…………………………………
J'ay nom Saudret
Et en mon surnom Tout-luy-fault.
Mon père avoit nom Rien-ne-vault
Et ma mère Mal-assenée
Qui fut fille Lesche-Journée
Et mon parrain sans contredit
Si avoit nom Gaingne-petit… ».

Le « ramasseur de pain »

L'usage du *potencier* ou de béquilles et du *kanepel* (sébile), le port de guenilles sont les distinctifs des *Trois Aveugles de Compiègne,* le fabliau bien connu d'un auteur surnommé Cortebarbe. Les trois infirmes sont les héros involontaires d'un opuscule dont le ressort comique mais profondément immoral consiste à tourner en dérision une situation douloureuse où il est question d'obligation de solliciter l'aumône, de crainte de la simulation, de fausse misère, d'ivrognerie et de gloutonnerie dans une taverne. Même les usages religieux ne sont pas à l'abri de la moquerie !

Quêter avec insistance ne se fait pas dans l'isolement mais en public, dans un lieu de passage fréquenté comme il y en avait tant à cette époque et en importunant le chaland.

Le livre des vagabonds d'un auteur anonyme du début XVIe siècle définit ainsi le « *ramasseur de pain : ce sont des mendiants qui parcourent le pays avec femmes et enfants… Ils ne quittent jamais l'état de mendiant et leurs enfants sont dressés au métier dès le bas âge… Ils voudraient travailler qu'ils ne le pourraient plus. Leurs filles deviennent putains, leurs fils maquereaux ou bourreaux ou écorcheurs* ».[3]

———————
3 – texte cité par Br. Geremek, *Truands et misérables dans l'Europe moderne (1350-1600),* Paris, éd. Gallimard-Julliard, 1980, p.192

Les gens, jetés à la rue dès leur tendre enfance ou venus de loin pour trouver refuge sur la chaussée avec leurs chiens, pourraient certes être tentés de fuir le monde, les sergents, la populace qui veut les berner ou qui se moque d'eux, et de se cacher sous un porche, sous un pont, dans un cimetière, dans ces couloirs de circulation « *sales et infects* » en compagnie des rats. Mais leur intérêt est de se retrouver en mauvaise compagnie sur les parvis, à la porte des églises ou des cloîtres, dans des rues bien fréquentées où chacun espère que les riverains et les passants feront assaut de générosité un jour de fête ou par conjoncture favorable. Les églises attirent les mendiants au point que les fidèles se plaignent, selon Eustache Deschamps, de ne pouvoir faire leurs dévotions en paix, sans être environné de gueux, l'un tendant la main, l'autre présentant l'écuelle :

« De maquerelles, de putains,
Truandes qui font leur divise
De porter enfans en leurs mains
Et d'empeschier le saint service
Par truander ».

Une tendance au rassemblement, à l'agglutination prévaut aux abords des grands sanctuaires de pèlerinage, dans quelques secteurs névralgiques, dans les quartiers de commerçants. C'est le cas à Lyon place du Change, sur le Pont de Saône, sur le parvis de Saint-Nizier, rue du Palais, rues Mercières et de la Grenette. Des migrations de clochards se produisent à certains moments favorables de l'année, aux principales fêtes calendaires, à l'occasion des foires et des marchés, lors d'une exécution. Des querelles entre les individus, entre bandes, provoquent aussi des mouvements passagers, la constitution dans des rues « chaudes » de petites assemblées, de « cours des miracles » dira Victor Hugo, sous la domination de chefs, de « rois » avec des usages propres, des interdits, un jargon spécifique, une morale bien particulière, propre à la gueuserie, interdisant d'escamoter les pièces tombées dans une escarcelle.

Tendre la main, tout naturellement, sans vergogne, est « *un métier de pauvre* » qui exige des dons d'observation, du savoir faire, de la prudence, beaucoup *d'artifices* et de *feintes* qu'évoquait encore en 1580 le procureur du Parlement de Paris dans un règlement du grand bureau des pauvres de la capitale et dans les articles consacrés au « *traicté de l'aumosne* » de Jean Martin. Il faut à coup sûr une solide constitution pour résister au froid et survivre aux bagarres, un peu de réflexion et beaucoup de bon sens pour repérer le « bon coup ». Un professionnel s'informe sur la date des enterrements, sur les itinéraires de processions, sur les lieux où les distributions sont prévues.

La mimique est tout un art qui tend à remplacer par une attitude, des gestes expressifs, des jeux de physionomie, un langage codé ou un tas de sottises qui montrent que le quémandeur a

« la cervelle plus estourbie qu'ung mulet »
« Et feray si bien la grimace
Et le povre et le marmiteus
Que ceulx seront bien despiteus (méprisants)
Qui ne vous donneront quelque chose ».

Chacun a sa méthode pour accaparer l'attention. Pousser la chansonnette sentimentale ou grivoise, s'accompagner d'un instrument de musique, d'une viole, par exemple, raconter des blagues salaces, tenir un discours rendu obscur par une voix pâteuse de soûlographe, soliloquer à longueur de temps, changer de timbre pour produire un effet comique… sont des méthodes, dignes d'une farce bien huilée, qu'il convient d'employer devant un auditoire ébahi. Une chanson à boire égrillarde peut avoir le plus vif succès et inciter le public à faire la charité :

« Medicines fait le vin blanc
Et le cueur réconforte,
Et le vermeil fait le bon sang
S'il est de bonne sorte ».

Inversement un manque de retenue à la porte d'un cabaret, offrir à chacun la vision d'une mine piteuse, chercher querelle, dégobiller sous l'effet de l'ivrognerie et de la gloutonnerie créent un sentiment d'hostilité, poussent les témoins et les victimes à user de la menace, de la force et du bâton. Des bandes de mendiants mènent tapage dans les lieux publics et se disputent sous le soupçon de la tromperie ou sous l'effet de la jalousie. De tristes spécimens d'une humanité abrutie par la boisson se donnent en spectacle dans les rues. Leurs chiens aussi quand ils mordent les passants ou déchirent les robes des femmes. [4]

---

4 – *Le mystère de la Résurrection*, éd. E. van Kraemer, le type du faux mendiant dans les littératures romanes depuis le moyen âge jusqu'au XVIIe siècle, publication de la Societas Scientirum Fennica. Commentationes Humanarum Litterarum XIII, 6, Helsingfors, 1944, p.56. – V. d'Aignan, 25 fabliaux, La Bibliothèque Gallimard 2001, Les Trois aveugles de Compiègne p.24-30- M. Cailly, *Les fabliaux, la satire et son public,* Paris, éd. La Louve, 2007.

Car le mendiant n'est pas forcément « *gracieux homme* », la boisson aidant, et quand la quête n'a pas été lucrative, quand « *les aulmosnes sont si courtes* ». Il a souvent le vin mauvais et est desservi par un caractère « *plein de malice* », « *tracassié* », naturellement méfiant. Une mauvaise querelle ou une *noise* débouche vite sur un échange de jurons et d'horions. Jargonner, duper, « *ramponner* » (insulter), « *rasler* » est dans la tradition « culturelle » du pavé. Son *méchant estat*, sa gueuserie, de mauvaises habitudes de « *conchier* », de cracher le poussent aux pires extrémités.

> « *Truander nous fault en bas ton*
> *Afin que gains ont apporte*
> *Puis nous ferons un bon repas*
> *Se nous avons de quoy pour boire* ».

Reste à savoir si quêter rapporte aux plus malins ! Deux chanteurs d'occasion réussissent à soutirer du public 5 sous pour une chanson qui célèbre les vertus du vin dans le Mystère de la Résurrection ! Comment négliger aussi des activités parallèles comme le renseignement à la police, qui font oublier la précarité d'une situation.

D'autres individus se retrouvent sur le pavé, reconnaissables à leurs activités marginales, à leurs atours, à leur vocabulaire ; ce sont les représentants d'*inhonesta mercimonia*, de professions viles et répugnantes. [5]

Une humanité répulsive, tolérée par la société

La liste des *inhoesta mercimonia,* examinée par J. Le Goff, est infinie. À plus forte raison si on se souvient que des professions devenues honorables avec le temps ont été classées au départ au nombre des activités peccantes, en marge de la société : les poissonniers, les jongleurs, les artistes.

Nous limiterons notre étude à quelques cas, aux *carbonari* des silves voisines, à ceux qui côtoient les matières fécales et qui touchent au tabou du sang.

---

5 – L. Sainéan, *Les sources de l'argot ancien*, Paris, I, 1912. – B. Geremek, *Les marginaux parisiens aux XIVe et XVe siècles,* Paris, Flammarion, 1976.

Les hommes des bois

On peut comprendre à la rigueur la crainte et la répulsion que provoque la vision de ces gens mystérieux perdus dans l'univers naturel, des végétaux, des saisons et du feu : *charbonniers, cendriers, ferriers, fustiers, boquillons.*

Les *carbonarii* sont des producteurs de charbon de bois, des spécialistes très demandés à une époque où le four des métallurgistes est alimenté par un combustible, l'un des produits les plus élaborés de nos forêts. Les meules à cuire des fourneaux ou *fornaces* sont installés dans les clairières, quelquefois à deux pas des agglomérations urbaines (Rennes, Rouen).

Les comptes municipaux qui font état des commandes aux *fosses* ou *fauldres* livrent des noms de producteurs, des *goules noires* sans domicile fixe, établis dans des campements de fortune avec leurs troupeaux de porcs. Ce ne sont pas forcément de *povres gens* vivotant dans les bois six mois de l'année à partir de mars. Ils forment des associations confraternelles, avec des maîtres ou *dresseurs*, des usages très anciens des charités placées sous le patronage d'un saint Patron. Les charbonniers des environs de Saint-Omer disposent même d'un local commun, une chambre, où ils donnent des réceptions. Tous pourtant inquiètent le voisinage, avec leur visage plus noir de suie qu'un cul de chaudron, leurs yeux rougis par le feu, leur mode de vie précaire. Le futur roi Philippe II Auguste, encore adolescent, rencontre un être étonnant, un jour qu'il s'était perdu dans la forêt : « *il regarda à droite et tout à coup il vit près de lui un paysan, qui soufflait sur des charbons ardents. Sa taille était haute, son aspect horrible, son visage hideux et noirci par le charbon ; il tenait une grande hache sur son cou. D'abord, à cette vue, Philippe trembla comme un enfant ; mais bientôt sa grande âme surmonta ses premières frayeurs* ». [6]

La rumeur publique n'est pas tendre avec eux. Elle les soupçonne des pires turpitudes, de se livrer à une frénésie sexuelle, d'être hérétiques, les derniers cathares ou des vaudois déguisés. La rumeur les accuse aussi

6 – Guibert de Noget, *Vita sua, autobiographie d'un moine du XIIe siècle,* éd. M. Guizot et R. Fougères, Clermont-Ferrand, éd. Paléo, sources de l'histoire de France, 2002, Livre I, chapitre IX p.49-50.

d'être des pyromanes, de négliger, par paresse, les saines activités agricoles. Ce métier magique fait du charbonnier un sorcier par excellence.

Les cendriers qui livrent de la cendre, les chaufourniers ou fournisseurs de chaux ont sensiblement les mêmes conditions de vie.

Les individus associés aux tabous du sang et de l'infâme

On peut aussi admettre que les « *écorcheurs de vilaines bestes* », les chasseurs de rats, les taupiers souvent des vieillards, les *tuekiens* (tue-chiens) des villes du nord ou les vidangeurs même, baptisés *maîtres fify* à Paris, n'aient pas soulevé l'enthousiasme sur leur passage. Pourtant ces derniers, souvent d'origine rurale, des Bretons à Paris, ne sont pas forcément des isolés mais sont organisés en une association professionnelle. Les masseurs des étuves sont vite soupçonnés de proxénétisme ou de mœurs contre nature et les crieurs de vin n'ont pas bonne réputation. Mais pourquoi regarde-t-on avec autant de méfiance les colporteurs, les maquignons qui peuvent devenir très riches comme ce marchand de bétail chablaisien à l'aube du XVIe siècle? Est-ce seulement parce qu'on les soupçonne de tromper le client ? Est-ce parce que certains marchands de bestiaux, de bovins *(animalia),* de porcs, de moutons sont des étrangers, des Auvergnats, des juifs en Alsace comme jadis en Pologne ?

L'exécuteur des hautes œuvres personnifie le métier tabou. Le bourreau inspire à la fois la crainte et la répulsion.

Les débauchés, sous le tabou du sexe

La commerce des charmes, perçu comme une nécessité sociale (cf. Chapitre 1) est une réalité permanente de nos villes.

Il n'y a pas de prostitution sans clients. Ces derniers sont de joyeux lurons éméchés qui achèvent au bordel leur virée, des notables, des prêtres ou des moines rasant les murs de honte, des coutumiers, amateurs de *paillardise* allant jusqu'à s'exhiber dans une tour d'enceinte ou dans un lieu sacré avec une femme de mauvaise vie comme à Saint-Étienne de Troyes en 1480 ou dans le cimetière des Innocents à Paris. Personne ne juge scandaleux que 20 % de la clientèle dijonnaise des bordels relève des ordres sacrés. La mémoire des lupanars se nourrit de magistrats en goguette, de juges, y compris ceux de l'officialité, de soldats, de chenapans qui profitent de l'occasion pour brutaliser ou voler les filles. Il n'est pas rare que des habitués aient des liaisons durables avec les prostituées, des enfants avec elles, les épousent ou se ruinent à les entretenir. Une péripatéticienne de Troyes accuse le chapelain de Saint-Liébaud d'avoir abusé d'elle dans son enfance et d'être son amant depuis trois ans ! On s'apostrophe couramment dans la rue ou au bordel d'expressions telles que *« fils ou fille de prêtre » « trouvée sous un moine », « moinesse »*...

Aller au bordel, à condition de ne pas y vivre en permanence et y dépenser le moins possible de sous est considéré comme tout à fait normal, comme une étape d'initiation virile car *« la nature meust »* et le veut. S'amuser et forniquer, entre dans les habitudes des bandes de jeunes agressifs, en quête de femmes, ce qui leur évite de commettre un viol, un cas de *force* déshonorant à tout jamais une adolescente ou une femme mariée. Plutôt aussi le bordel que le devoir conjugal imposé de force. La présence de prostituées n'est pas sans inconvénients pour l'environnement. *Les fillettes amoureuses* sont de redoutables bagarreuses. Ce sont aussi des exhibitionnistes, des cancanières, des *« langues de putes »*. À la fin du siècle, un nouveau danger se dessine, les maladies vénériennes.

Les petits métiers ambulants

Les miniatures, les *dits,* les poèmes des goliards, les nouvelles révèlent souvent dans nos rues une circulation intense de piétons et de véhicules, la présence d'animaux divaguant, une cacophonie de cris des petits métiers, des encombrements dignes de notre temps.

Tout un peuple de colporteurs, de batteurs de pavé, de boutiquiers occupent les lieux et pratiquent des activités qu'on peut considérer comme marginales. Des écrivains, comme Guillaume de la Villeneuve ou Rutebeuf ont transmis à la postérité plusieurs cris de Paris, imités par les auteurs de farces et de contes. Des miniatures, des gravures sur bois montrent aussi des personnages dans l'exercice de leurs professions.

Les *« apportans la nourriture du dehors »*

La mobilité des ruraux, leur migration en ville momentanée ou définitive sont des phénomènes sociaux, économiques, sociologiques qui ont profondément marqué l'histoire urbaine. Pour nombre de familles rurales pauvres, vivre en symbiose avec la ville, lui fournir un approvisionnement en victuailles, en matériaux de construction et en objets fabriqués en bois ou en métal constituent un véritable ballon d'oxygène, tant les conditions de vie et les ressources sont aléatoires. Une distinction apparaît entre les fournisseurs attitrés qui semblent indispensables et qu'on accepte d'autant plus volontiers qu'ils ne constituent pas une réelle concurrence pour les commerçants de la ville et les autres qui sont susceptibles de porter préjudice aux corps de métiers.

Dès potron-minet, des « *revendeurs ou revenderesses à pleine terre* », des regrattiers, des bottiers (vendeurs de pain) se présentent aux portes des enceintes et retrouvent, à l'instant où s'ouvrent et s'abaissent les auvents et les volets de boutiques, les compagnons des ateliers ou des chantiers, les valets et une foule de lève-tôt qui gagnent les églises ou les étuves.

« Oiez c'on crie au point du jor
Seignir, quar vous alez baingner
Et estuver sans délaier ».

Ce sont des vendeurs à découvert, des porteurs de tablettes, à pied, avec leurs sacs sur les épaules, tirant une charrette ou un animal de bât et leurs fardeaux.

Ils se déplacent de rue en rue ou dressent des tréteaux improvisés devant les portes des maisons ou sous les porches. Ce sont les concurrents directs des *ortolans* ou jardiniers locaux, de cette dame Mahaut, « *fille d'une bourgeoise qui vendait souvent des aulx et des oignons à sa fenêtre* » dont parle le fabliau « *le prêtre et Alison* » de Guillaume le Normand. Les « *crieries de Paris* » de Guillaume de La Villeneuve et « *Le dit de l'erberie* » de Rutebeuf décrivent ce négoce pratiqué dans le monde bruyant et coloré de la chaussée.

Des petits producteurs de tenures maraîchères de la banlieue fréquentent en priorité la chaussée.

« Or vous dirai en quele guise
Et en quels manière vont
Cil (ceux) qui denrées à vendre ont », dit en guise d'introduction l'auteur des cris. Les marchandes des quatre saisons, de légumes, de fruits, de poissons, de pâtés s'annoncent à forte voix.

« Puis verrez parmi les rues
Sur chevaux à longues oreilles (ânes)
Paniers pleins d'herbes et de laitues

Et filles criantes belles oseilles ».

Elles proposent des *herbes* et des *racines* des environs de la capitale avec des spécificités locales, du miel et bien d'autres produits naturels : des oignons, des fèves nouvelles, des pois, des échalotes, des carottes, des poireaux, des choux et autres légumes qui poussent dans les ceintures maraîchères. Paris a la chance de pouvoir se ravitailler en cresson d'Orléans, en échalotes d'Étampes, en oignons de Bourgueil, en ail de Gandelu, en poires de Caillaux en Bourgogne, en pommes de Rouviaux, en fromages de Brie ou de Champagne…

« *Aus et oingnons à longue alaine* (dont l'odeur se conserve).

Puis après cresson de fontaine,

Cerfueil, porpié tout de venue (pourpier tout de suite)

Puis après poète menue,

Létues fesches demanois (cueillies)

Vez ci bon cresson Orlenois (d'Orléans)

Les marchandes de laitages proposent à tout venant des œufs, du beurre en motte, des fromages ou de petits angelots.

« *Le beurre de Vanves ! C'est du meilleur*

Qui onc (jamais) entra dedans Paris

Achetez-le, dames d'honneur,

Et le salez pour vos maris ». [7]

Les poissonnières apostrophent les chalands de leurs voix éraillées.

« *De cels qui les frès harens crient.*

Or au vivet (la vive) li autre dient.

Sor et blanc harenc frès poudré (salé)

Harenc nostre vendre voudré.

Menuise (petit poisson) vive orrez crier,

Et puis alètes de la mer (oiseaux de la mer)

Oisons, pijons et char salée

Char fresche moult bien conraée » (coupée).

D'autres sont plutôt spécialisées dans la vente de « *volailles, d'oisons,*

_____

7 – A. Franklin, *Les rues et les cris de Paris au XIIIe siècle*, Paris 1874 p.152-164. – V. Milliot, *Les cris de Paris,* Paris 1995. – J. Seyour, *Métiers oubliés*, Paris, éd. Du Chêne, 1985.

de pons, de char salée », du gibier, des chevreaux, de grau, des plats cuisinés à la sauce à l'ail, de fruits.

« Or au miel, Diex vous doinst santé !
Et puis après, pois chaus pilez (purée de pois),
Et fèves chaudes par delez » (à côté).

Puis viennent, aussi, au hasard de la vente ou en fonction des besoins, des marchands de moutarde et de verjus, de vin aigre pour préparer les sauces, des huiliers, des vinaigriers, des *sauciers,* des *fruitiers*, des *grainiers* qui vendent des semences, des tripières et leurs petits braseros portatifs pareils à ceux qu'on voit encore de nos jours dans les rues de Lisbonne pour griller les sardines, des volaillers, des marchands de « chaus pastez », de gibier, de chevreaux, des galettes, des gâteaux et autres *oublies* (pâtisseries)…

Tout se vend, tout se négocie dans des discussions sans fin, y compris les vieilles culottes *(housiaux)*, les souliers éculés *(solers viez)*, les cuviers troués et autres menus objets.

Ces gagne-petit contribuent, au même titre que leurs collègues des halles, à ravitailler Paris ou les villes d'Ile-de-France en produits frais.

Chacun de se moquer d'eux ! Les marchandes des quatre saisons sont réputées fortes en gueule, aussi peu farouches que les lavandières, les lingères, les poissonnières, les tripières. Les couturières qui prennent les mesures à domicile auraient, dit-on, d'autres préoccupations que la confection de robes et de cotardies. Les poissonnières sont de véritables harpies qui se traitent volontiers de paillardes, de putains. Elles sont dotées d'un solide quarelet (bagou) de voix haut perchées ou *« enroulées comme est l'antrée d'un vieil patin »*. Leurs humeurs versatiles et belliqueuses encouragent des bagarres épisodiques à deux pas des écoles ou des couvents (Chambéry). Nos plus beaux morceaux d'anthologie littéraire ont immortalisé ces dames sous les traits de Ragot, Musarde et Babille, rapporté leurs quolibets tournant vite autour du sexe et de l'excrément qui couvrent de honte un sergent, un chaland jugé avaricieux. Les farces font des choux gras de situations ubuesques et vont jusqu'à inventer des professions inédites pour faire rire le public telles que *troqueuse de maris !*

Les ramoneurs ont la réputation d'être des coureurs de jupons et leur mélodie familière est à double sens :

> *« Ramonez vos cheminées,*
> *Jeunes femmes, ramonez !*
> *Et nous payant nos journées,*
> *Retenez-nous, retenez »* ! [8]

La cacophonie ambiante est dominée aussi par les cris des annonceurs publics.

Les cris : les appels ou la « réclame » d'antan des camelots

Les annonces identifient les ruraux ou les colporteurs dans un cadre en plein air. Leurs *cris* sont des boniments de métier, des propositions, une forme de réclame phonétique et une publicité souvent railleuse, indispensables dans une société si mal équipée.

Le chaussetier ou le raccommodeur d'habits clame à qui veut l'entendre : *« cote et sorcot rafeteroie »*, à domicile ; le menuisier itinérant dit, pour sa part, que *« huche et banc sait bien refère »;* le chaudronnier-rémouleur propose ses services pour des *« chaudrons à reffaire »* et déclare à qui veut l'entendre : *« y a-t-il à esmouldre ? aportez forches et forchetes »*. Le réparateur de vaisselle *« esclairciroie pos d'estain et relieroit hanas* (hanaps) *»*.

La farce du *Chaudronnier,* un conte galant, en réalité du XVIe siècle se fait l'écho d'un appel familier à la porte des maisons : *« Chaudronnier ! chaudrons, chaudronnier ! Qui veut ses poêles refaire ? C'est le moment d'aller crier : chaudrons ! chaudronnier ! Messieurs, je suis un si bon ouvrier que pour un trou, j'en sais deux faire. Où dois-je aller ? Qui est-ce là ? C'est moi l'ouvrier. Holà ho ! N'y –a-t-il personne céans ?»*. [9]

On identifie aussi parmi les ouvriers ambulants des cureurs de puits et des vidangeurs, des cuviers qui réparent les bassines, des nettoyeurs de pots d'étain, des aiguiseurs de couteaux, des vendeurs de parchemin au feuillet, bientôt des colporteurs de livres, d'images pieuses, de cartes à jouer, des verriers avec leurs marchandises sur le dos. Un marchand de bûches crie *« du bois, une grosse busche à deux oboles »;* un autre offre

---

8 – *Farces du Moyen Âge*, éd. A. Tissier, Paris, Flammarion, 1984, p.301
9 – Farces du Moyen Âge op. cit. p.71.- Voir B. Faivre, *Les farces du Moyen Âge et de la Renaissance*, Paris, Imprimerie Nationale, 1997.

des « *chandelles de coton, meilleures que les étoiles* »! Un mercier propose des objets hétéroclites :

« *J'ai les mignotes ceinturières*
J'ai beaux gans a damoiselètes
J'ai ganz forrez, doubles et sangles,
J'ai de bonnes boucles a cengles;
J'ai chainetes de fer bèles,
J'ai bonne cordes à vièles,
J'ai les guinples ensafranées,
J'ai aiguilles encharnelées,
J'ai escrins à mettre joiax,
J'ai borses de cuir à noix »

Des porteurs d'eau, de vin, des *fruitiers-regrattiers*, des *blattiers-regrattiers*, des mesureurs, des jaugeurs fréquentent plutôt les abords des ports et des halles.

Tous ces oubliés de l'histoire économique traditionnelle ont pourtant bel et bien leur place dans le commerce de détail, le ravitaillement des ménages, la fourniture des petits objets. Les *maigniens* sont des travailleurs ambulants chargés de réparer les objets en métal. Des carriers corses se déplacent de village en village, de quartier en quartier pour tailler des pierres ou des meules compactes monolithiques. Leurs alter ego savoyards de Samoëns et de la vallée du Giffre sont connus, des deux côtés des Alpes, jusqu'en Piémont, en Bavière. Il est aussi dans la tradition que les couturières, plus rarement les tailleurs, les menuisiers, les charrons se déplacent à domicile.

Des petits vendeurs écoulent à la porte des maisons des quantités de produits comestibles et d'objets finis, venus des ceintures de jardins, des couvents, des villages alentours. C'est auprès de ces colporteurs que les ménagères s'approvisionnent en balais, écuelles, levure, gâteaux ; c'est auprès eux qu'on se fournit en peignes, en fil à coudre, en papier, en teintures… voire en graisse et en huile puisqu'on signale une boutique volante de produits gras et de suif à Reims, rue de la Cordonnerie en 1259. Les boulangers ruraux concurrencent les producteurs citadins ; ceux du bourg de Géneteil en Anjou vont vendre leur pain à Château-Gontier jusqu'à la porte du château.

Les farces y trouvent matière à dérision, se moquent des tics, des humeurs ou des bons mots de fortes femmes, d'un valet si gras « *qu'en son habit ne se peult tourner* », des grosses pattes d'un artisan.

Ce serait une erreur d'assimiler les colporteurs à des pauvres. Certains font fortune comme le rapporte Pierre de Limoges, chanoine de Paris et disciple de Robert de Sorbon dont il a recueilli les sermons : « *Il courait les rues, en colportant de la viande dans un grand plat. Devenu plus tard l'un des plus riches personnages de la ville, il fit enchâsser ce vieux plat dans une monture d'or et d'argent en souvenir de sa pauvreté première ; il le gardait comme une relique et se le faisait présenter les jours de bonne fête* ». Les archives de Rouen permettent de découvrir en 1482 un couple, Thomas Le Tavernier et son épouse Jeanne, vendeurs de fruits et de poulailles à proximité du Neuf Marché qui laissent à l'église paroissiale du quartier de Saint-Lô 400 écus d'or, plusieurs ornements d'autel et deux maisons rue Barate. Un cirier du Mans, un certain Bouchart, gueux comme la Hollande dans ses débuts sur le pavé, devient un des plus riches bourgeois de la cité, ancêtre de Lambert le Cirier seigneur de Sainte-Cérotte.

Les crieurs publics et privés sont pourtant nécessaires à une époque dépourvue de nos moyens d'information. Ces agents qui s'apparentent aux sergents, portent aussi le nom d'*encanteur* (du latin incantor), de *nuntius* et *preco*, de *bannier*. Ils sont tout à la fois des relais du système de publication de l'information, des journaux vivants, les précurseurs des gardes-champêtres, la bouche « *dans laquelle résonne la parole d'autrui* » (M. Hébert).

Les seigneurs, les coseigneurs évêques et chanoines (Saint-Malo) ont des *sergents banniers* assermentés, voix officielle de leur autorité, servant de trait d'union avec leurs dépendants. Les villes ont disposé de tels hommes à tout faire, affectés dans les grandes agglomérations à un quartier, parfois spécialisés, reconnaissables au timbre de leur voix fort et impersonnel, à leur physique, à leur livrée, à un surnom. Leur statut est plus complexe qu'il n'en paraît de prime abord. Certains sont des officiers salariés, des fermiers qui ont affermé l'office ; d'autres ont acheté une charge à vie ou héréditaire. Quelques uns sont d'anciens soldats, des fidèles d'un prince, récompensés par l'octroi d'un emploi qu'ils font remplir par une tierce personne. Ils reçoivent des gages ou perçoivent une taxe de publication à moins qu'ils ne soient payés à la tâche dûment tarifée.

En vertu de l'autorité qui lui est concédée, le crieur, porteur d'une livrée aux armes de la ville ou de la seigneurie, a pour mission de faire des citations, des assignations, des annonces officielles à haute et intelligible voix accompagnée *« d'un son de tuba ou trompe »*, aux carrefours, à des « lieux habituels », ou coutumiers bien spécifiés, au nombre de cinq dans la petite ville de Manosque. Une criée ou un *cri* annonce les décisions officielles, informe le public du contenu des ordonnances ou des édits, des statuts comme ceux de Marseille au XIIIe siècle, des changements de prix, des maisons à vendre, des enfants ou des animaux trouvés, des objets perdus, etc. Ils signalent aussi les dates de réunion des états généraux, les paix retrouvées, les *« joyeuses naissances »* à la cour, les décès de princes ou de notables, les baptêmes, les mariages, les enterrements. En tant qu'auxiliaires de la justice, ils convoquent les juges aux tribunaux, les parlementaires, les délégués aux États, les témoins dans les procès, apportent des citations à comparaître orales ou écrites à domicile. Ils lisent les sentences, donnent les avis d'exécution ainsi que l'énumération des méfaits du condamné, le précèdent souvent sur le lieu d'exécution. À Aix-en-Provence, le bourreau est accompagné parfois d'une vingtaine de sergents et de crieurs. Ils sont nécessaires à l'administration quand ils font lecture des statuts et des nouvelles ordonnances ou rappellent les décisions du passé. Ils annoncent, trois jours de suite, la mise en adjudication, la bannie des fermes des impôts, des moulins, des fours. Ils font connaître les prix des denrées, les changements de monnaies.

Une grande ville comme Paris a six officiers publics et des adjoints ; une petite ville se contente d'un seul qu'on entend d'un bout à l'autre de la chaussée. À Pont-Audemer, les sergents font des *« criées »* dans la Grand'Rue, chaque dimanche *« à l'issue de la grand messe paroissiale »* et ils les répètent le lundi jour de marché. Dans les cas graves nécessitant une préconisation, le crieur est accompagné d'un notaire, de sergents, de témoins et son texte est ensuite enregistré. Le 3 juin 1306, Bertrand de Croco, porte-parole de la Cour d'Arles *« préconise »*, en langue vulgaire et en présence d'Abraham de Scola, porte-parole des juifs d'Arles, l'interdiction de briser les pierres tombales du cimetière de la communauté.

Le notaire dresse un acte consignant les faits à la demande des intéressés.

Il existe aussi des crieurs privés au service des commerçants. Les crieurs-jurés des halles étaient 48 à Paris et exerçaient un monopole. Les crieurs des marchands de boisson « à la sauvette » forment une corporation depuis 1258. Les plus matinaux sont les valets des étuvistes qui annoncent l'ouverture des bains *« Allez-tôt, li bains sont chaut ».*

Voici les appels d'un crieur qui vante les bons vins, la bonne chère

> *« Ci a bon vin fres et novel*
> *ça d'Auçoirre, ça de Soissons,*
> *pain et char et vin et poisson !*
> *Ceenz fet bon despendre argent !*
> *Ostel i a a toute gent !*
> *Ceenz fet mout bon herbregier ».*

Les marchands ambulants et les frères Mendiants rencontrent d'autres lève-tôt. Des femmes s'échappent un instant de leur foyer pour quérir l'eau du puits ou de la fontaine ou pour faire leurs dévotions dans l'église voisine. L'amant quitte subrepticement la maison de sa belle. Les ouvriers rejoignent le chantier ou l'atelier, à l'instant même où pèlerins et mendiants sont mis à la porte de l'hospice où ils ne sont réfugiés pour la nuit.

Peu à peu la foule grossit et la clientèle se présente aux fenêtres des ouvroirs, jamais à l'intérieur des boutiques.

Un sous-prolétariat exploité : les brassiers et autres manœuvres

Le sujet a rarement été traité pour lui-même, mais a fait l'objet d'examens à travers des ouvrages généraux sur les chantiers et leur personnel. Son importance n'est pourtant pas à démontrer. Des hommes au service des ouvriers spécialisés, maçons, charpentiers, couvreurs, se chargent des opérations de manutention, de terrassement, de déblayage ou de remblayage, d'aménagement des sites. Ils représentent jusqu'à la moitié, sinon les trois-quarts des travailleurs, employés à la construction des châteaux, des enceintes ou des cathédrales.

Qu'ils soient citadins, ruraux ou étrangers, les manœuvres sont désignés dans les textes par différents noms qui ont comme trait commun de mettre l'accent sur l'infériorité de leur condition, sur la précarité et le manque de spécialisation de leur emploi manuel. On parle en latin de *famuli, d'humiles, d'operarii minuti* ou *d'operarii brachiorum* (Troyes), *de valeti, de manobri,* en français, *des brassiers, des affanaires* dans le Sud-Est, *des ortolans, ouvriers de beyche, pionniers, trayeurs de pierre* (Bourges), *d'aides et vallès, de petits varlets* (Paris), *de plonions, de croteurs* (de croter ou creuser en patois berrichon), *d'aloués* (dans le sens de loués), *de garcsons, d'hosteurs* ou *d'hostiers* ou porteurs de hottes, *de picqueurs, de chargeurs* (Paris) ou tout simplement de *manœuvres à servir les massons.*

Ces travailleurs misérables profitent de la moindre occasion qui se présente pour tenter d'améliorer, par cet emploi pénible et sans gloire, des conditions d'existence précaires. [10]

Le recrutement des « mediocres »

À l'inverse des artisans soumis à des dispositions réglementaires strictes, aucun statut de métier ne limite le nombre des manœuvres sur les chantiers. Des équipes, parfois nombreuses, se constituent au gré des nécessités. Leurs membres se répartissent, suivant leurs origines ou leur formation, en plusieurs catégories.

Le Moyen Âge a utilisé une main d'œuvre occasionnelle, des jeunes, des femmes, des bénévoles ou des corvéables.

Les listes de travailleurs à la petite semaine font état de la présence d'adolescents, voire de gamins d'une douzaine d'années dans les mines, dans les carrières, sur les chantiers. Ils apprennent « sur le tas » les rudiments de leur futur métier, commencent par transporter des matériaux pondéreux, avant d'assumer la responsabilité de dégrossir les blocs ou de préparer le ciment. C'est alors une première étape de la formation d'un futur ouvrier qualifié. Guillaume Le Goaraguer, fils de ce Pierre Le Goaraguer, connu pour avoir dirigé avec compétence l'œuvre de l'église de Locronan, un joyau du Gothique breton, puis le chantier de la cathédrale de Quimper, débute comme simple manœuvre à peine rétribué. Très vite, il fait montre de dons exceptionnels, sculpte à ses moments perdus des *tabernacles,* des niches de statues avec dais et culs de lampe, et il est tout naturellement appelé à succéder à son père. Plus tard, sa « *science de la*

---

10 – J.P. Leguay, « Les manœuvres des chantiers et des carrières en France et dans les pays voisins au Moyen Âge », *in Atti del Seminario Internazionale, Il Modo di Costruire*, Roma, 1990, p.29-4

pierre » fait de lui un des architectes les plus célèbres de Basse Bretagne, un expert régional en bâtiment.

Les occasionnels peuvent être aussi des volontaires ou des corvéables. Le bénévolat, le travail gratuit que des hommes et des femmes, poussés par un élan de piété, accomplissent, au chant des cantiques, pour mener à bien l'œuvre de leur église, reste, contrairement à une pieuse légende, une exception. On connaît bien sûr les exemples de Saint-Romain de Reims en 1039, de Chartres en 1194 où des milliers de volontaires, nobles et roturiers, clercs et laïcs confondus, venus souvent de très loin, accomplirent, par souci de mortification ou d'expiation, des tâches ingrates et rebutantes que d'autres faisaient chaque jour dans l'anonymat et l'indifférence. Saint Louis et ses frères ont œuvré au chantier cistercien de Royaumont. Un témoin de la restauration des bâtiments du monastère de Saint-Trond, en Belgique actuelle, raconte cet épisode qu'il place sous l'abbatiat d'Adélard II (entre 1055 et 1082) : « *Ce fut un travail magnifique, mais qui coûta une somme considérable. C'était alors chose étonnante de voir, et donc le récit paraîtra incroyable, la multitude d'hommes qui, avec joie et entrain, ne cessèrent de transporter d'aussi loin, pour rien et à leurs propres frais, sur des chariots et des charrettes, de jour et de nuit, les pierres, la chaux, le sable, le bois et tout ce qui était nécessaire à l'œuvre. Les pierres très grandes et très lourdes placées dans les fondations peuvent l'attester, car on ne peut les trouver dans toute la Hesbaye et il fallut les faire venir d'autres régions... Pleins d'un zèle ardent, les habitants s'attelaient eux-mêmes aux chariots, si bien que, sans l'aide des bœufs ni des chevaux, les groupes, se relayant, les amenaient jusqu'à nous, en chantant des hymnes* ». Cette participation de fidèles attelés à des chariots, ployant sous le faix d'énormes blocs de pierre, s'arrêtant de temps à autre pour chanter, allumer des cierges, prier ou même se confesser, demeure pourtant une exception. Il est vraisemblable que les salariés n'auraient pas toléré longtemps une concurrence aussi déloyale ! La chanson de geste des Quatre Fils Aymon raconte d'ailleurs comment le seigneur Renaud de Montauban, travailleur bénévole sur un chantier pour expier ses fautes, fut assommé et précipité dans le Rhin par les autres manœuvres.

Le travail forcé est davantage pratiqué que le cas précédent. Des paysans attachés à la glèbe ont été commis d'office par leurs seigneurs laïques et surtout ecclésiastiques au chantier d'une église, d'une chapelle, d'un château ; il n'est pas invraisemblable de penser que nombre de sanctuaires domaniaux doivent leur érection au labeur des réquisitionnés, des corvéables. Le cas s'est produit vers 1000 à l'église Saint-Pierre de Romenay en Mâconnais, à Verson en Normandie sur des terres appartenant aux moines du Mont Saint-Michel, en Lorraine sur les terres de Gorze, en Angleterre du XIIIe siècle où le souverain avait le droit discrétionnaire de mobiliser de la main d'œuvre pour des travaux d'utilité publique, jusqu'à 100 à 150 miles à la ronde. Le cartulaire de Saint-Vincent de Mâcon montre les obligations annuelles de *servientes* : *« d'abord ils doivent tous les ans réparer les toits de Saint-Vincent et de Saint-Gervais, la voûte entre Saint-Jean et Saint-Gervais, la salle et la moitié du cellier... Ils doivent aussi réparer entièrement l'église Saint-Pierre à Romenay, sauf les murs, et toutes les maisons qui dépendent de cette cour et la grange et étable et la cuisine »*. À propos des charges imposées aux manants de Verson en Normandie par les moines du Mont Saint-Michel, il est précisé : *« Ils doivent amener la pierre, toutes les fois qu'on peut en avoir besoin, sans protester ni faire opposition... Ils doivent ce travail toutes les fois que le seigneur veut faire bâtir ; ils doivent fournir les maçons en pierre et en mortier »*.

Pendant la guerre de Cent ans, des capitaines, des municipalités ont couramment contraint les paysans domiciliés autour des places-fortes à venir accomplir des travaux de terrassement pour la défense.

> À Rennes au moment de la construction des enceintes de la Ville Neuve et de la Nouvelle Ville, au nord et au sud de la Vilaine, des « bansches » ou sections de fossés, de véritables lots-corvées, sont assignés aux mobilisés de la ville et des faubourgs, réunis en cinquantaines, et aux ruraux dans un rayon de quatre lieues. Leurs dimensions sont fixées avec précision et la répartition des tâches se fait au prorata du nombre des feux, foyers et unités d'imposition, et des bras disponibles. Nantes dispose, à la fin du XVe siècle, d'un potentiel humain réquisitionnable de 5 200 paysans et de 1. 500 citadins. Beaucoup se font exempter sous un prétexte futile, se dérobent, se cachent et il faut, à chaque fois, envoyer des sergents, par monts et par vaux, menacer et poursuivre les récalcitrants.

D'une toute autre dimension sont les journaliers professionnels, les pionniers, de tous les horizons.

Lorsqu'un grand chantier s'ouvre, militaire de préférence, les responsables font souvent appel à une main d'œuvre étrangère, à des manœuvres d'origine rurale, à des itinérants. Des études ont souligné la mobilité des travailleurs des chantiers pouvant atteindre 90% des effectifs et le caractère saisonnier de leurs d'activités.

Des paysans pauvres quittent leurs foyers, plusieurs mois consécutifs, des années entières, et recherchent une embauche, une activité salariée. Les raisons de leur départ tiennent à plusieurs facteurs : à la conjoncture politique, économique, démographique. On a pu évoquer, selon l'époque, la surcharge humaine avant la peste noire de 1348 et ses retours périodiques, l'exiguïté des tenures, les destructions de la guerre de Cent ans, la peur des routiers, le désir d'échapper à la faim, au chômage, de « *mieulx gaigner sa vie* » ou tout bonnement de « *voir du pais* ». Ces migrations ne datent pas de la fin du Moyen Âge. Dès l'époque des grands défrichements, des Hollandais, des Valaisans, experts dans des travaux d'endiguement et d'assèchement, ont été appelés dans plusieurs régions de France et d'Allemagne. Les châteaux et les enceintes qui se multiplient en Grande-Bretagne et sur le continent dès le XIIᵉ siècle sont, à l'évidence, très attractifs, ce que soulignent les premières comptabilités préservées qui ouvrent de nouvelles possibilités de recherches.

Les difficultés ou les besoins des XIVᵉ et XVᵉ siècles accentuent encore les déplacements. Ainsi, dans le comté de Savoie, certains villages de montagne, épargnés par la peste, réputés pauvres et surpeuplés, expédient au loin leurs enfants. Des maçons et des manœuvres du Faucigny, des environs de Cluses, de Samoëns, de Bonneville, de Tanninges, de Mieussy. . . quittent, pour de longs mois, leurs vallées et se retrouvent dans le Valais, sur les bords du lac de Constance, en Bavière, en Rhénanie avec ces autres saisonniers que sont les Valdôtains. Des journaliers de l'Arve et du Giffre, de Novalaise, de l'Albanais (autour de Rumilly), de Tarentaise. . . sont signalés dans toute la vallée du Rhône, à Arles après 1435, dans le Lyonnais où ils fournissent une main-d'œuvre à bon marché. Lorsque la ville de Chambéry augmente et renforce son enceinte, fin XVᵉ siècle, elle recrute des terrassiers ou « *terralions* » dans tout le décanat de Savoie (subdivision du diocèse de Grenoble) et même au delà jusqu'à Yenne. Genève fait appel couramment à des ouvriers spécialisés ou non du Chablais, du Jura ou du plateau suisse. Dans la Bretagne médiévale, les chantiers militaires ont beaucoup utilisé les services des *bescheurs* lamballais, venus en réalité des paroisses densément peuplées des évêchés de Tréguier, de Saint-Malo et de Dol. Bertrand d'Argentré, un historien breton du XVIe siècle, disait d'eux qu'ils étaient *« de bons pionniers et hommes propres à remuer la terre, voire pour ne pas céder aux Turcs, en ce mestier, étant homes forts pour faire tranchées, remparts, fossez, levées de terre, et abandonnant chacun an pour un temps leur pays pour travailler en un autre ».* On les découvre d'ailleurs à l'extérieur du duché, dès les XIe-XIIe siècle sous les vocables de *valadiers, de remueurs de terres, de pionniers de bassous, bassons, foussoyeurs.* Ce sont des saisonniers, employés tour à tour comme terrassiers, convoyeurs d'artillerie ou pour n'importe quelle autre tâche qui exige davantage de muscles que d'intelligence. Ils sont périodiquement recrutés par des agents municipaux ou seigneuriaux ou par de véritables « négriers » avant l'heure. Des équipes très importantes sont ainsi déplacées d'un chantier à un autre avec leurs outils et leur matériel de transport : 480 pour démolir le château de Broon en 1420, 223 hommes à Rennes en 1449, 500 en1490, 200 à 300 hommes à Nantes, chaque année, pendant la seconde moitié du XVe siècle.

Ce phénomène migratoire de grande ampleur et sur de longues distances s'observe aussi dans l'arrière-pays niçois, dans les régions montagneuses des Alpes du Sud vers la Provence et la vallée du Rhône, à Bruges qui mobilise des travailleurs ruraux en Flandre, dans le Brabant, en Hollande et en Zélande ou encore, dans le Lyonnais, en Forez, en Touraine et en Anjou, en Angleterre. Itinérants également sont les manœuvres qui accompagnent leurs maîtres au hasard de leurs engagements. Une enquête sur les mines de fer d'Allevard en 1458 donne environ 45% d'étrangers et sur les 96 manœuvres recensés dans la mine de Pampailly en Lyonnais, pour les années 1455-1457, on rencontre, à côté de quelques étrangers (des Allemands) beaucoup de ruraux, venus par familles entières, pères et fils, proches parents, originaires des mêmes villages des alentours. Lorsque la cathédrale d'Upsala en Suède fut reconstruite en 1287 par un maître d'œuvre français, ce dernier vint avec toute son équipe.

Des pèlerins, des voyageurs démunis s'embauchent fréquemment, le temps de reconstituer leur maigre pécule ou de passer la mauvaise saison. Les aspects de la vie de ces migrants nous échappent partiellement ou totalement, â l'exception des cas privilégiés du Lyonnais, de la Touraine ou du pays lamballais. Comment sont-ils recrutés? On sait seulement qu'à côté de travailleurs embauchés au mois, à la demi-année

(Rennes, Pampailly), beaucoup se louaient, chaque matin ou tous les lundis, dans un lieu déterminé : en place de Grève à Paris, devant une des principales entrées d'Orléans, à la porte d'une auberge, à un carrefour, sur le parvis d'une église, sous le porche d'un hôtel particulier à Bourges. Où vivent-ils ? Un silence total demeure sur ce point essentiel, sauf à Pampailly où les manœuvres sont logés par l'administration minière. Pourtant 500 Lamballais dans une ville comme Rennes qui comptait 13 000 habitants vers 1490 ne devaient pas passer inaperçus ! Couchaient-ils dans les dépendances des abbayes et des couvents, dans les hospices aux possibilités d'hébergement réduites, dans les salles inoccupées des tours des enceintes, quelques uns chez les particuliers ?

Les manœuvres sédentaires forment la dernière catégorie. Une fraction des « forains » devait par un processus bien connu de sédentarisation, s'installer au bout de quelques années à demeure en ville, fonder un foyer. La persistance des mêmes patronymes sur une longue période le suggère. Les noms de ces anciens travailleurs émigrés pouvaient être grossis par des serfs marrons, oubliés plus d'un an et un jour par leurs seigneurs (c'est le cas en Savoie), par des enfants de manœuvres sans espoir de promotion, vraisemblablement aussi par une foule d'économiquement faibles, de *foibles*, d'orphelins, de *folastes* sans agressivité, etc.

Pendant le siècle et demi qui suit la peste noire de 1348 et ses fréquents retours, on emploie sur les chantiers, même à des tâches pénibles, des femmes et des enfants. Des femmes terrassiers ou porteuses de briques, dans des paniers posés sur la tête, sont signalées à Toulouse en 1371, sur l'œuvre du collège de Périgord, à Paris, accompagnées d'enfants qui taillent les pierres, sur les chantiers militaires de la Bresse et du Bugey savoyards, sur les grands chantiers publics du royaume franco-navarrais de Charles le Mauvais et de la dynastie d'Evreux où l'on compta jusqu'à deux cents femmes chrétiennes et juives.

Finalement, chaque ville importante, chaque seigneurie dispose d'un potentiel humain, volontaire ou corvéable, qui suffit aux œuvres courantes ou de moyenne envergure. Beaucoup de chantiers bretons, notamment en Cornouaille ou dans le Léon, provençaux ou angevins, semblent se suffire d'un recrutement local et de la campagne voisine, comme le prouvent des sondages onomastiques.

« *Besongner pour maneuvre* »

Tous ces travailleurs manuels sont de pauvres tâcherons exerçant dans les pires conditions.

Les manœuvres sont, comme leurs employeurs, maçons, carriers, charpentiers, en attente d'un travail rémunéré, donc tributaires des commandes en cours ou annoncées.

Or les chantiers évoluent très vite pendant la période instable de la guerre de Cent ans. Si le Paris de la seconde moitié du XIVe siècle, sous Charles V et Charles VI, peut donner, sans trop de difficulté, du labeur aux auxiliaires des 120 â 130 maçons permanents et à une centaine de charpentiers avec l'aménagement de la nouvelle enceinte de la rive droite, avec le Louvre restauré et agrandi, la construction des hôtels princiers, des églises et des collèges universitaires, la situation change durant la première moitié du XVe siècle. La guerre civile entre les Armagnacs et les Bourguignons, la reprise malheureuse des hostilités avec les Anglais et l'occupation de la capitale avec la cohorte de crimes et de pillages qui l'accompagne amènent un ralentissement des travaux et même un arrêt quasi total entre 1435 et 1440. Un formidable appel de main d'œuvre se manifeste à Poitiers du temps du duc Jean de Berry, à Tours de 1450 à 1520, quand le roi s'y installe avec sa cour, sur les domaines dispersés du duc d'Orléans, frère de Charles VI, ou encore dans le duché de Bretagne qui restaure ou bâtit une trentaine d'enceintes urbaines, une soixantaine de châteaux, deux cathédrales en totalité (Nantes et Saint-Pol-de-Léon) et sept autres en partie, au minimum 80 églises rurales, des centaines de manoirs, de chapelles et de croix.

Moins de revenus en phase dépressive, un climat de peur et l'instabilité sont facteurs de licenciements. Déjà le chantier du palais de Bourges (les années 1381-1382) s'interrompt à plusieurs reprises, faute de crédits. Une tuilerie de Paris qui employait en temps normal 200 ouvriers n'en occupe plus que 120 en 1419, diminution qui trahit le malaise du bâtiment dans la capitale divisée et menacée.

Quand ils sont embauchés à la petite semaine, les *manouvriers* doivent se contenter d'un travail saisonnier, rémunéré comme tel. S'il est rare que les mois d'hiver soient totalement chômés comme c'est le cas à Saint-Flour de novembre à février ou, au contraire, aussi occupés que dans les régions bénéficiant d'un climat suffisamment clément en Provence, ils s'accompagnent, en règle générale, d'un ralentissement des activités, de renvois qui contribuent à accentuer les fluctuations déjà signalées et d'une diminution des salaires.

On observe une tendance à l'embauche au printemps, tandis que les récoltes et les vendanges provoquent de nouveaux départs qui correspondent au retour provisoire à la campagne de nombreux ruraux.

La profession ne bénéficie enfin d'aucune protection. Les *ouvriers de bras* sont en dehors de toute organisation corporative, livrés au bon ou au mauvais vouloir de leurs employeurs, à leurs sautes d'humeur, à leurs violences qui ne sont pas forcément seulement verbales. La plupart n'ont pas l'espoir d'une promotion que pourraient leur valoir leur savoir, leur intelligence ou leur esprit d'initiative. Le maître n'est pas obligé de communiquer ses « recettes », ses techniques. Il est probable que, dans ce domaine comme dans tant d'autres, les attaches familiales, les affinités géographiques entre « pais » ou gens de la même région, l'abondance du travail et des contrats facilitaient les promotions et vice-versa.

Le métier est pénible et sans gloire, avec une série de tâches primaires, rudes, harassantes, répugnantes, résumées par cette phrase : « *ils ont besongné pour manœuvre* ».

Le terrassement des fossés, le creusement des « *fundemens des murs* », la manutention que traduit l'expression « *trere ou trayre pierre en carrière* », l'expulsion des *widanges*, le transport dans des hottes ou dans des paniers, la démolition de vieux murs, sont de leur ressort quotidien et n'offrent aucun attrait particulier. Dans la mine de Pampailly, l'activité se répartit par équipes ou *piardes* spécialisées et aucune ne paraît particulièrement attirante : aux *plonjons* l'épuisement des eaux d'infiltration, à d'autres la manœuvre des treuils installés à l'ouverture de chaque puits, à d'autres encore le transport de la terre, des cailloux et du minerai extraits et évacués dans de petits chariots cerclés de fer ou *chiens*. Les *gavots* d'Avignon, souvent d'origine montagnarde, sont toujours disponibles et font n'importe quoi. On peut leur demander aussi, de poser des fascines sous les roues des charrettes, de « *couller du sablon à deux claies* » (avec un tamis), de nettoyer des latrines.

Les miniatures montrent ces hommes ployant sous de lourds chargements, gravissant les *degrés* d'échelles branlantes au risque de se rompre les os. Ils sont utilisés comme des animaux de trait et plus ils sont forts, plus ils sont sollicités. Le port à dos d'homme est généralisé, sauf sur les chantiers qui disposent de charrettes et de chevaux en permanence (chantier de l'enceinte de Nantes). On ne fait pas toujours de distinction entre les hommes et les femmes, sauf peut-être à Saint-Flour ou à Toulouse ou elles portent davantage qu'elles ne creusent.

Les activités, réservées aux adolescents comme aux adultes, n'exigent guère d'outils perfectionnés et spécifiques à la profession, tout au plus des pics, des pioches, des leviers appelés localement des *séettes*, des *poytis*, des houes *(ligones ou fessouers)* utilisées par les mineurs dans les étroites galeries, des *sapes* ou des *hoyaux* à défoncer le sol, des pelles en fer ou en bois (les pelles de Lamballe par exemple) pour déblayer la terre et les cailloutis *(le groays)*... en un mot un outillage simple, peu varié, fragile, rapidement usé, réclamant beaucoup d'efforts, une consommation considérable d'énergie que ne compense pas une nourriture appropriée et de qualité, à quelques exceptions près. La manutention se fait de main en main ou dans des *basnes* ou *cabaz* d'osier (paniers), dans des *bayarts* ou *vaisseaux* de bois cerclés ou non de fer, sur des brancards (*syveria* à Toulouse, au mieux encore sur des *civières rouleresses*, ancêtres de nos brouettes, ou sur des charrets de mine poussés par des *coureurs* de chiens, transportant aussi bien le mortier que la pierre et la brique. On utilise aussi couramment des hottes, des seaux, des godets, des baquets (*bacharie* en Savoie) pour transporter, hisser et conserver le solide et le liquide.

Quelques manœuvres privilégiés ou plus âgés sont liés à un maître, commencent à accomplir des tâches plus diversifiées et nécessitant davantage de connaissances, comme dégrossir les blocs à la carrière, gâcher du plâtre ou du mortier, entretenir les outils, manipuler les *engins* de levage ou chèvres. Ces *aydes* ont acquis une semi-qualification rudimentaire et bénéficient d'un début de promotion.

Le nombre de ces travailleurs varie d'un chantier à l'autre et en fonction des besoins immédiats. L'érection d'une puissante forteresse, d'une vaste enceinte est conduite rapidement s'il y a nécessité militaire, délais impératifs et financement régulier. En règle générale, les manœuvres sont plus nombreux que les ouvriers spécialisés car il faut, avant ou en même temps que l'érection des tours, des portes et des courtines, aménager des terre-pleins, creuser des fossés, installer des boulevards. À Saint-Flour, on compte en moyenne trois fois plus de manœuvres que d'ouvriers spécialisés et au château de Windsor en Angleterre la proportion des non qualifiés par rapport aux autres représente, suivant le déroulement des opérations, entre 38 et 56%. Inversement, une cathédrale nécessite moins de monde après l'étape préliminaire de la prise des fondations. La construction du croisillon septentrional de la cathédrale de Quimper en 1486 ne demande qu'une quinzaine de personnes pendant la belle saison dont une demi-douzaine de serviteurs. A l'œuvre de la tour nord de la cathédrale de Bourges en 1508, on découvre davantage de monde sous les ordres de Colin Byard et de Jehan Chesnau, 43 maçons, 49 manœuvres et une cinquantaine de *croteurs* ou terrassiers, distincts des précédents. Sur beaucoup de petits chantiers, la proportion est un *brassier* pour un maçon ou un charpentier.

Le bas de l'échelle salariale du monde ouvrier

Hormis les comptes des chantiers, aucun document ne s'intéresse vraiment à la vie de ces pauvres gens.

Ces hommes sont salariés des chefs d'équipes ou des organismes collectifs qui les emploient, des municipalités dans le cas des bescheurs lamballais à Nantes ou à Rennes, des responsables des fabriques paroissiales sur les chantiers des églises, des sociétés minières dans le Lyonnais. Rappelons que les maîtres eux-mêmes travaillent tantôt aux journées de travail hebdomadaires, tantôt au forfait ou prix-fait.

L'examen des gages doit prendre en considération quatre critères fondamentaux. Ils dépendent tout d'abord de la durée journalière de travail. Au Moyen Âge, le manœuvre commence tôt, dès les premiers sons de cloche annonçant les offices du petit matin et termine souvent tard, aux « *chandelles allumans* ». C'est ce que rappelle très bien une ordonnance du 12 mai 1395 dont voici l'extrait principal : « *parce qu'il est venu à notre connaissance que plusieurs gens de métiers comme tisserands, foulons, laveurs, maçons, charpentiers et autres demeurant à Paris, veulent aller en besogne et laisser leur travail à telles heures que bon leur semble en faisant payer leurs journées comme s'ils travaillaient tout le long du jour, ce qui est préjudiciable aussi bien aux maîtres qu'au bien de la chose publique et le deviendrait encore davantage si l'on n'y mettait bon ordre, comme nous le voulons pour obvier aux difficultés qui en pourraient s'ensuivre, nous avons ordonné que doresnavant tous les gens de métier travaillant à la journée aillent à la besogne dès l'heure du soleil levant jusqu'à l'heure du soleil couchant, en prenant leurs repas à des heures raisonnables, selon les ordonnances de chacun desdits métiers, sous peine d'être punis selon l'importance de leurs fautes ».*

Dans la pratique, un édit royal de 1567 qui entérine une situation ancienne donne les horaires suivants : douze heures en hiver, de 6 à 18 heures, quatorze heures en été de 5 à 19 heures. Il s'agit bien sûr d'une moyenne susceptible de diminuer, ici à Bruxelles avec respectivement, suivant la saison, huit et treize heures, plutôt d'augmenter ailleurs et d'atteindre quinze à seize heures de labeur ! Toutefois, les horaires que nous avançons ou qu'on note partout ne constituent pas le temps effectif du travail puisqu'il faut retrancher les pauses indispensables : le temps de la collation du matin vers 9 ou 10 heures, le repas du midi ou de 13 heures pris *sur le tas,* le casse-croûte de l'après-midi vers 15 ou 16 heures… et d'autres menus arrêts. Il n'est pas prévu d'horaires nocturnes, sauf force majeure. Mais beaucoup de chantiers fonctionnent vingt-quatre heures sur vingt-quatre pour évacuer l'eau des fondations creusées dans un terrain instable et humide, accélérer une œuvre de défense ou, comme le précise un statut de maçons parisien de 1322, chaque fois qu'il y va de l'intérêt du roi ou de l'évêque. *Le molar(d)* (motte fortifiée) de Lompnès, dans l'actuel département de l'Ain, a été élevé en seize jours en 1308, un temps record, par 308 personnes se succédant par équipes sans discontinuer.

Les salaires sont soumis à des variations saisonnières. La diminution du temps de travail pendant la mauvaise saison, souvent de la Saint-Romain (1er octobre) à Pâques, de novembre-décembre jusqu'en mai-juin à Saint-Flour, s'accompagne d'un manque à gagner de l'ordre de 10 à 25% selon les lieux, de 20 % à Bruges ou en Normandie.

Ils supportent aussi les conséquences des innombrables fêtes chômées et non rémunérées. On compte, en effet, en plus des dimanches, 30 à 50 fêtes d'obligation dites épiscopales en Armorique. On arriverait à un total de 260 à 280 jours ouvrables, s'il ne fallait encore retrancher parfois les demi-journées de repos du samedi après-midi, des veilles ou des lendemains de fêtes ou des grandes foires, les arrêts dus à un froid intense, au gel, à la neige, aux pluies abondantes, à la tempête sur la côte. Jamais une civilisation n'a accordé autant de repos forcé, presque le tiers d'une année ou deux jours en moyenne par semaine ! Malheureusement les congés sont rarement payés. Les employés du chantier de Pont-de-Vaux dans l'Ain touchent une indemnité quotidienne…

d'un denier, même pas le prix d'un pain ! Lorsqu'un ouvrier travaille sur un chantier éloigné de son domicile, il perçoit quelquefois une compensation ou une allocation en nourriture, en *dépenses de bouche*.

Les gages sont amputés des amendes pour retards ou absences injustifiées. Même en tenant compte de l'avance de l'ouvrage ou du renvoi des bras inutiles, on est parfois surpris par d'éphémères présences, par d'étranges disparitions momentanées, par des variations d'effectifs qui ne s'expliquent pas toujours par un retour saisonnier aux champs, même si, comme nous l'avons déjà dit, la plupart des travailleurs restent très largement des hommes de la terre. La durée d'embauche est très capricieuse, a fortiori quand la main d'œuvre est peu spécialisée.

> Sur un chantier parisien de Saint-Germain où passent 480 hommes en cent douze semaines, plus de 60% d'entre eux restent moins de quatre semaines ; des pointages opérés sur des listes nominatives quotidiennes à Nantes et à Rennes révèlent des désertions des chantiers, les lendemains de jours fériés et de festivités probablement trop arrosées !

L'absentéisme et le laisser-aller sévissent partout. Un auteur anonyme troyen du début du XVe siècle se gausse de ces ouvriers qui se précipitent à la taverne, dès que le maître d'œuvre a tourné le dos et, quelques années plus tard, un contrat passé dans cette même cité entre le chapitre et un maçon laisse une impression similaire : « *et au cas que lesdiz massons ou l'un d'eulx cessera d'ouvrer à ung des jours ouvrans, soit de sa volenté, par maladie ou autrement, il luy sera rabatu et descompté pour chascun jour 5 sols tournois* ». Ce n'est pas sans raison si des gardes sont nommés, si des punitions frappent les retardataires, les paresseux, les ivrognes. Deux Nantais perdent 8 deniers d'un salaire fixé à 24, soit le tiers « *pour avoir tardé à venir à leur heure* ».

Un salaire brut est versé aux manœuvres, tantôt à la journée, tantôt à la semaine, quelquefois à l'année en prévoyant bien entendu des acomptes. Son taux est sensible à la conjoncture politique et sociale, aux difficultés ou non à trouver des bras, aux variations monétaires fréquentes depuis Philippe le Bel, à la situation locale, car des différences s'observent d'une localité à une autre, aux interventions du pouvoir.

Une ordonnance de 1351 défend aux ouvriers d'exiger des gages supérieurs d'un tiers à ceux qu'ils percevaient avant la grande peste, les oblige à se contenter de « *convenables journées sans excès* », c'est à dire pour un terrassier de 2 sous ou 24 deniers quotidiens. Cette mesure royale est encore d'actualité à Amiens, à Bourges, à Moulins, à Troyes une vingtaine d'années plus tard. Après une tendance à l'instabilité et à la hausse pendant la seconde moitié du XVe siècle, les salaires oscillent moins ensuite, sauf exception, et se situent entre 15 et 24 deniers par jour : 20 deniers en Anjou et à Poitiers en 1412, 8 deniers à Orléans en 1418, 24 à Nantes vers 1450, 20 deniers à 2 sous parisis sur les chantiers des châteaux du frère de Charles VI, le fastueux duc Louis assassiné en 1407, 3 sous 6 deniers à 4 sous à Lille en 1390 etc.

Ces chiffres ne signifient rien comme tels et il serait illusoire de vouloir les traduire en nos euros et nos cents. Il est préférable de les confronter avec les prix de produits alimentaires ou industriels de première nécessité, avec certains tarifs usuels, et de tenir compte des *chertés* consécutives aux mauvaises récoltes, aux difficultés de ravitaillement, à la pénurie. Quand un *bescheur* breton reçoit 20 deniers par jour, un repas correct dans une auberge vaut le même prix, une collation de pain et de fromage 6 deniers, un pot de vin breton 10 deniers, d'Anjou 15 deniers, une paire de souliers 30 deniers, une coupe de barbe 10 deniers. Un Poitevin peut acquérir avec ses 5 deniers journaliers : 3 kg 200 de pain en 1362, 1 kg 600 en 1372 année de famine, 10 kg en 1379 avec la prospérité momentanée, 3 kg 600 en 1390. De récents calculs ont montré qu'une famille flamande de quatre personnes consommait environ 12 quintaux de froment ou leur équivalent par an. Lorsqu'un père travaille plus de cent heures pour faire l'acquisition d'un seul quintal, la situation est devenue plus que critique. C'est précisément ce qui se passe à Bruges où le pouvoir d'achat des manœuvres s'effrite au XVe siècle. Le cap des cent heures est atteint et dépassé entre 1400 et 1439, entre 1463 et 1483. On avoisine les deux cents heures en 1437-1439 et en 1481-1483, années dramatiques.

L'ouvrier de bras est partout un économiquement faible. Son salaire représente entre le cinquième et la moitié de celui d'un chef d'équipe, les deux tiers de la paye d'un ouvrier qualifié. À travail sensiblement égal, le rural est moins rémunéré que le citadin, jusqu'à un quart en moins, la femme que l'homme : 8 deniers contre 14 en Bresse, 4 oboles (ou demideniers) contre 6 à Toulouse au XIVe siècle. En Navarre, non seulement il existe une discrimination d'âge et de sexe, mais aussi entre les manœuvres chrétiennes (à 2 sous par jour) et juives (à 20 deniers !). Un malheureux ouvrier normand, Pierre Trenquery, croupit en 1478 pour vol dans une prison d'Argentan dans l'attente d'être pendu. Sa supplique laisse entrevoir un triste destin : apprenti chez un premier teinturier, il n'est pas payé et a vécu un temps *« sans rien gaignier »*. Son second patron n'est guère plus compréhensif et c'est la nécessité qui le pousse à voler des aunes de drap. Finalement le roi aura pitié de lui et il échappe *in extremis* à la potence.

Toutefois ces données brutes doivent être corrigées par les à-côtés difficilement estimables : la nourriture comprise, des gratifications en argent ou en nature qu'on appelle *dépenses* à Chambéry ou *courtoisies* dans l'Ile-de-France. Il s'agit de distributions de pain et de fromage, de soupe, de viande, de vin pendant les chaleurs estivales, de pièces de tissu, de gants pour les tâches délicates, de chapeaux et de tabliers de cuir aux mineurs et aux carriers, de quelques piécettes à l'occasion de la pose de la première pierre ou d'une clef de voûte, du *mouton de l'Ascension* ou de son équivalent pour le Carême… Dans les mines du Lyonnais, on allait jusqu'à nourrir et loger les manœuvres, juste compensation d'un véritable internement et d'un labeur pénible. Sur certains chantiers britanniques, on accordait une petite subvention journalière pour la nourriture, d'une valeur de 6 à 8 deniers.

Mais ces cadeaux compensent mal les difficultés de la vie, les augmentations brutales des prix qui aggravent encore les détresses et la formule *« qui n'avoit de quoy vivre »* est l'excuse qui sert à justifier le petit délit au nom de la nécessité. Tous les paramètres dont nous disposons montrent en effet la précarité de la vie du manœuvre médiéval.

Quelque soit l'endroit examiné, la *brassier* est toujours décrit comme pauvre (Foix, Rodez), *« rude et grossier »* (Tarascon). Un célibataire à 20 deniers par jour ouvrable, à 20 à 30 livres par an en tenant compte des fêtes, ne peut espérer manger, se loger, s'habiller, se chauffer convenablement, sans aide. Sa maigre nourriture absorbe, dans le meilleur des cas, 40 à 60% de son salaire, 46% à Tours en période estivale favorable. On considère que le seuil de pauvreté est atteint quand le pourcentage atteint 80%. L'hiver, avec la hausse des prix alimentaires et la réduction des gages, devait être attendu avec appréhension.

Ce même individu doit se contenter d'un logement de fortune dans un quartier populaire, dans les rues « sous la Juiverie » à Aix-en-Provence, se résigner à vivre dans une chambre de moins de 20 m², au dernier étage d'un immeuble (Paris) ou dans une masure d'arrière-cour, privée de lumière, à moins de 100 sous de loyer annuel. A Pampailly dans le Lyonnais le problème a été résolu mais de quelle façon ! Les compagnons mineurs au service des *maîtres de montagne* et des *ouvriers du martel*, souvent originaires du même village et proches parents, sont logés sur place *« aux dépens du roi »* dans un des cinq dortoirs de l'hôtel (immeuble) collectif de Cosne qui sert aussi à l'administration. Ils vivent ici comme des reclus, sous surveillance, avec interdiction de s'absenter sans autorisation. Ce système paternaliste leur assure un minimum de confort, des matelas de *ballolle*, bourrés de balle d'avoine, des couvertures et des draps de fil de chanvre, le chauffage d'un *peele* dans une salle de réunion, une alimentation sans raffinement mais solide et abondante, à base de gros pain de méteil (un mélange de froment et de seigle), de viande de bœuf bouilli et de vin.

La ration journalière de ce travailleur de force peut atteindre 7110 calories par jour avec 370 grammes de viande, 1 kg 500 de pain, 2, 5 litres de vin et 1, 15 cl. d'huile. Mais A. Th. Rendu, auteur de cette étude, a bien conscience que Pampailly est une exception : *« en fait le budget de la mine apparaît beaucoup plus proche dans sa distribution de celui d'une communauté riche »*.

La fondation d'une famille menace cet équilibre fragile et multiplie, avec la venue d'enfants, les risques et les soucis, à moins que la femme n'ait elle aussi un petit emploi. Un manœuvre de Pampailly, engagé à 8 livres tournois de salaire annuel, était dans l'incapacité de faire vivre une famille de cinq membres car il lui aurait fallu alors accomplir 345 jours de labeur pour réunir les 10 livres tournois minimum nécessaires à l'achat de la seule nourriture, un total bien supérieur à la durée légale du travail annuel !

C'est à peine s'il pourrait assurer la subsistance d'un ménage avec un seul enfant. L'âge et l'infirmité conduisent souvent à la déchéance, à la rue et à l'hospice. Heureux ceux qui obtiennent un petit emploi compensateur. Laon paie un ancien ouvrier devenu manchot comme agent de renseignements et espion en 1356-1359 et lui verse 5 sous par mission. On a vu en Bretagne des responsables municipaux ou des *fabriqueurs* de conseils paroissiaux soulager leur conscience, tout en épargnant leurs finances, en transformant des infirmes en balayeurs, peintres ou gardiens. [11]

Ce monde de la misère, ce sous-prolétariat méprisé n'a pas eu conscience de son nombre et de sa force.

C'est à peine si on décèle, dans les archives de la fin du Moyen Âge, quelques refus d'obéissance, des signes de mécontentement et de mauvaise volonté. Des Nantais refusent de descendre dans les fossés de la ville sous prétexte que des *retraits* ou lieux d'aisance s'y déversent et que l'odeur est intolérable en été. Le vol de matériaux de construction et d'outils est, dans un certain sens, une forme de réaction assez courante, rencontrée aussi dans le monde rural. Quant à la destruction d'une pompe à eau sur un chantier de la cathédrale de Bordeaux en 1511, c'est une attitude peu commune, en un temps où on attache tant de valeur aux objets et à la propriété.

Beaucoup de délinquants occasionnels se recrutent dans ces milieux populaires instables, déracinés, où la boisson pousse à l'*eschauffement*. La violence verbale ou physique est à fleur de peau, aggravée par l'envie inséparable de la misère, par une sexualité qu'exacerbe le célibat imposé par le manque de revenus *(voir chapitre 4)*. Un ouvrier du chantier de la cathédrale de Bourges blesse, à coup de pierre, en 1454 un clerc avec lequel il vient d'avoir une altercation. Des affaires similaires se produisent couramment en Avignon, à Tours, à Lille, à Paris, dans les villes bretonnes où des enquêtes ont été récemment menées à partir des minutes de procès ou des lettres de rémission. Ce sont des brassiers éméchés qui sont, en partie, responsables des pogroms et des mouvements antisémites qui perturbent la vie provençale au XVe siècle. Des conflits salariaux agitent Colmar et plusieurs localités du Haut Rhin à partir de 1399, les villes nordiques et flamandes, les consulats du Midi. Des *alliances*, des *conspiracions* aboutissent quelquefois à des grèves ou « takehans » dans le Nord, à des émeutes que nous évoquerons dans le chapitre suivant.

11– J.P. Leguay, *Vivre en ville au Moyen Âge,* Paris, éd. Gisserot, 2006, (bibliographie sur l'artisanat et les manoeuvres des chantiers, p.170-172.

Un lépreux secouru

CHAPITRE 4

PATHOLOGIE D'UNE POPULATION ROUBLARDE, IMPULSIVE ET VIOLENTE

« *Il faut de tout pour faire un monde* », déclare un dicton qui se vérifie quand il s'agit de décrypter des criminels, des individus, prêts à échanger des *paroles contencieuses* ou *rumoreuses*, préludes aux gestes orduriers, aux jets de cailloux, aux *colles* ou aux giffles, au « *prinse au cor (p)*», aux coups et blessures, de milieux interlopes qui prolifèrent sous forme de personnages indélicats, amoraux, simulateurs pour susciter la pitié et vite réputés dangereux pour une société organisée en devenant trafiquants, meurtriers d'occasion ou figures du grand banditisme formant ce qu'on nomme maintenant les « gens du milieu ».

La littérature populaire ou judiciaire autorisant l'approche d'une réalité quotidienne longtemps méconnue, les bans de police, la législation, les fabliaux ou récits fictifs par opposition aux *estoires* authentiques sont sources inépuisables d'anecdotes édifiantes ou rocambolesques, de représentations caricaturales de faux mendiants, de charlatans, de truands aux cent métiers pour reprendre le titre d'un poème du troubadour Raimon d'Avinhon (d'Avignon). Un ancien soldat, Regnault de Saint-Marc, dont le nom est consigné sur le registre d'écrous du Châtelet du temps de Charles VI, regroupe à lui seul tous les principaux sujets d'accusation d'une époque réputée dangereuse : « *dist que durant le voyage que l'en fist en Flandes, il (lui) et autres compaignons bretons entrerent par force en l'eglise de Bailleul, rompirent coffres, aumailes et huys, prindrent plusieurs vestements, aournements et autres choses. Durant lequel voyage, il est record que à III ou IV filles pucelles il ot compaignie charnelle oultre leur gré et volenté* » ? [1]

1– Esther Cohen, « Le vagabondage à Paris au XIVᵉ siècle », *Le Moyen Âge* tome LXXXVIII, n°2, 1982 p.307.

Il manque dans ce palmarès délictueux, rempli de larrecins, de transgressions morales, riche en cas concrets de « *crimes détestables* », la frénésie sanguinaire, les jeux de hasard, la pratique des dés, désignés à la malédiction publique dans les sermons des curés au nom de la morale, la fabrication de fausses monnaies !

Nous regroupons les délits commis par ces parias de l'humanité qui sont « *de petit et mauvais estat et gouvernement* » sous plusieurs spécialités répréhensibles qui constituent la trame d'une longue série d'épreuves infligées aux honnêtes gens : *la guilleterye*, les violences physiques et verbales provoquées par des querelles, les actes criminels accidentels mais qui trompent la confiance ou ceux de récidivistes, de malandrins aux« *faulx visaiges* », de *furteurs, de meurdriers*. Un sentiment croissant d'insécurité, bien rendu par les chroniques et les peintures, semble gagner les populations traumatisées et incitées à la répression.

Les « foucandeurs » et trafiquants en tout genre

Le délit de *foucanderie* ou de *guilleterye*, signalé dans les statuts corporatifs, vise plus précisément, à côté de maîtres indélicats, accusés de méconnaître les statuts de leur profession, de simples ouvriers appelés « *gens mécacniques* » et une nuée d'humbles fabricants « *en chambres retirées* » ou de vendeurs à la sauvette, des hommes et des femmes, de petit état et sans perspectives d'avenir.

La *foucanderie*, dans le cas présent l'escroquerie et le travail au noir, s'explique, à défaut de se justifier, dans un monde cloisonné, dominé par une minorité de patrons de sociétés ou de métiers professionnels, qui, à l'abri de statuts sclérosants, méconnaît les humbles et limite les promotions. L'organisation corporative, qu'on désigne encore, selon les régions de France, par les mots *arts, confréries* (professionnelles), *bannières*, précède les corporations « *laïcisées* » de l'époque Moderne. Elle repose sur des règlements concédés par un roi, par un prince, duc ou comte, par un seigneur ou par un corps municipal, « *pour l'honneur et bonne renommée* ».

Les prescriptions combinent alors, selon des proportions qui varient en fonction de l'époque, du métier et des localités concernées, des informations de nature religieuse, morale, sociale, économique et technique. [2]

Les analyses qui suivent à partir des ces documents normatifs et des archives judiciaires, embourbées dans le quotidien, sont suffisamment détaillées quand elles décrivent les structures d'encadrement, au sein des ateliers, la hiérarchie à trois niveaux, les maîtres, les compagnons, les apprentis, les nécessités d'entraide et la piété qui animent les maîtres, les conditions d'accession à la maîtrise, les modalités d'apprentissage, les normes de production, la qualité des articles proposés à la clientèle. Elles le sont moins sur les professions « libres » de toute contrainte écrite mais toujours surveillées et sur les abus et les fraudes qui modifient la vision que nous avons d'un monde du travail organisé et bien contrôlé.

Les escrocs, des bonimenteurs sous-estimés

De singuliers personnages, des malfaiteurs en herbe, fréquentent les chaussées, les halles, les marchés, tiennent des ateliers clandestins, « *en chambres retirées* » s'adonnent à des activités suspectes qui ont été longtemps ignorées des manuels d'économie.

Les témoins désignent d'abord parmi eux des « *gens d'estranges nacions* », experts en commerce illégal .

La formule réunit des *extranei*, *viatores* (chemincaux), *alibans* (d'un autre ban seigneurial), des *aubains*, des *foranei* ou de *forains,* des *horsains* en Normandie. Ils peuvent être nombreux si les circonstances s'y prêtent comme à Avignon du temps des papes, dans les villes universitaires, dans les ports (Marseille, Nantes, Rouen), dans les grandes métropoles commerciales (Lyon, Genève) et surtout à Paris qui atteint 220 000 habitants avant 1348 et héberge d'importantes colonies de Lombards, d'Anglais, de Flamands. Est étranger « *quiconque est d'une autre nation que celle dont on est ressortissant, quiconque n'appartient pas à une famille, à un groupe, à une ville* ». Le mot a pris une large connotation péjorative qui répond à l'expression d'un sentiment national, exacerbé par les épreuves de la guerre de Cent ans. Il contribue à marginaliser

---

2 – Nous reprenons ici la majeure partie d'un article paru en Italie en 2007, intitulé « À propos des règlements corporatifs français aux XIII⁰- XV⁰ siècles, la lutte contre les malfaçon, le travail au noir, la concurrence déloyale et la grivèlerie dans les espaces urbains », *Centro Italino Di Studi di Storia e d'Arte*, Pistoia, 2007 p.275-305.

l'aubain dans l'esprit, dans l'attitude et dans les actes. Cette vision négative ne concerne pas seulement ceux qui sont nés hors des frontières, mais aussi les natifs d'une principauté territoriale ou d'une seigneurie voisine, voire dans certains cas, les ruraux de la banlieue ou secteur du ban, et les villages de l'hinterland ou de l'arrière-pays économique. On perçoit une xénophobie sous-jacente dans les contrats d'embauche de valets ou d'ouvriers, dans des affaires judiciaires, à l'image d'un procès qui se passe à Amiens en 1460, quand plusieurs personnes impliquées sont déclarées étrangères.

L'autochtone se méfie de ces gens qu'il n'a pas l'habitude de voir, qui ne font pas partie de son univers familier socioculturel de voisinage, des chemineaux, des colporteurs, des soldats démobilisés. S'il regarde d'un œil bienveillant un petit rémouleur, un technicien, invité à exercer ses talents de peintre, d'horloger, de mécanicien, un riche marchand venu décharger sa cargaison sur les quais, il n'a pas la même opinion de quiconque « *prend ostel* » pour plusieurs jours. Les membres des colonies étrangères, installés à demeure depuis des générations, ne sont pas à l'abri de rumeurs infondées, de haines qui débouchent sur des agressions, des règlements de compte, des condamnations devant les tribunaux. Les Lombards en furent les premières victimes sous le règne de Philippe le Bel. Autant dire que l'opinion publique n'apprécie guère les individus mobiles qui n'ont pas reçu une lettre de bourgeoisie ou de *naturalité*. Elle est prête à mettre en doute leurs racontars, leurs capacités professionnelles, à dénoncer des pratiques illicites, voire à les accuser pêle-mêle de propager des maladies infectieuses, d'empoisonner les puits et les fontaines, de propager des idées subversives ou des croyances condamnées par l'Église, d'être des cambrioleurs ou des émeutiers en puissance.

Les ruraux suscitent aussi beaucoup de méfiance s'ils ne sont pas identifiés avec certitude et localisés par village.

Une société sous-équipée peut difficilement se passer d'itinérants et les tolère, du moins tant que personne ne peut les remplacer. Les cureurs de puits, les *cuviers* qui réparent les bassines, les aiguiseurs de couteaux, les premiers colporteurs, les poseurs de vitres avec leurs marchandises sur le dos font partie de cette catégorie indispensable. Des carriers corses se déplacent sur le continent, de ville en ville, de village en village, de quartier de quartier pour tailler des pierres. ou livrer aux meuniers des meules monolithiques ou formées de plusieurs blocs assemblés.

Mais certains provoquent davantage d'hostilité que d'autres, des réactions parfois violentes, pareilles aux mesures destructrices que des tisserands gantois ont pris contre leurs homologues ruraux au tournant du XIVᵉ siècle. Ils diminuent les bénéfices des sédentaires, réduisent la production de matériel neuf, et entrent en concurrence avec les marchands patentés, avec les fabricants à demeure. Une menace commerciale existe bel et bien dont sont conscients les maîtres des métiers et les autorités municipales protectrices.

Les confrères eux-mêmes, maîtres ou « *d'aucuns compagnons* » ne respectent pas forcément les statuts qu'ils ont souhaités et peuvent à leur tour se livrer à des activités clandestines qui font d'eux des escrocs.

Des historiens, des idéologues ont parfois célébré l'esprit égalitaire qui aurait régné dans les organisations corporatives. On a admis comme une évidence que les règlements veillent au respect d'une stricte égalité entre les maîtres artisans d'une même profession, évitant ainsi tout enrichissement scandaleux, toute misère. L'outillage est standardisé jusqu'aux broches des cardeurs, aux *ostilles* ou métiers à tisser des *texiers*. Les procédés de fabrication ne changent guère d'un atelier à un autre et les matières premières employées sont énumérées avec la plus extrême précision.

Chacun a présent à l'esprit le souci de livrer de la qualité, une *loyale marchandie* qui fait honneur à la réputation de la profession et respecte la clientèle. Œuvrer à la vue des passants est, avec l'enseigne et la marque d'identification de l'objet livré, une garantie « *de bon ouvrage marchand* », une assurance contre les malfaçons « *dommageuses* », contre les « *fausses euvres* » et les vices de fabrication. L'hygiène n'est pas oubliée dans ces préoccupations réglementaires à une époque où la peste sévit et où beaucoup de gens prennent trop de libertés, osent déposer comme ces gantiers-boursiers rennais « *leurs peaux en paste ou en alun qui soint degoutentes* » sur le pavé. Des responsables de métiers, encouragés par les municipalités ou les seigneurs, en sont venus à brûler, sur une place du Pilori, des marchandises de mauvaise qualité, de la mauvaise laine (Louviers), à détruire des farines corrompues, à jeter du poisson. Un commerçant de Caen, accusé d'avoir vendu en 1363 de la « *chair non suffisante* » est traîné dans les rues jusqu'au pilori.

La réalité est différente au sein même des métiers qui n'ont pas forcément le même destin, les mêmes revenus. Le personnel au service d'un patron n'est pas le même. Les statuts prévoient en général un apprenti, plus rarement deux, et un ouvrier par maître. On oublie le travail exécuté bénévolement par l'épouse, les filles, les enfants en bas âge. Le travail féminin est à ce point banalisé que la littérature en a fait un sujet de querelle ou de plaisanteries entre époux.

> La Farce *du pasté et de la tarte* des années 1470, écrite par un misogyne, s'amuse d'un pâtissier affligé d'une femme d'une sottise proverbiale et qu'il charge, pour son malheur, de porter un pâté d'anguille à un client qu'elle ne connaît pas et qui doit se faire reconnaître en lui prenant le petit doigt comme signe convenu. Un mendiant qui a tout entendu réussit à subtiliser le plat. Le mari courroucé bat son épouse pour la grande joie du public.

On a dit que la femme est le plus souvent cantonnée dans des tâches subalternes, celles qui font perdre le plus de temps. Elle débute les phases d'élaboration d'un objet, intervient moins dans la finition exigeant plus de compétences techniques ; mais on la retrouve aussi comme « *mercatrice* » dans les étapes de la commercialisation. Des secteurs comme le tissage, l'alimentation (boulangerie, charcuterie, triperie) rendent la présence féminine quasi indispensable. Comment mesurer le travail à domicile du patron et déceler la sous-traitance ? Un devis marseillais stipule en 1445 que tel maître maçon fera le travail lui-même, ce qui sous-entend que le contraire se produit. Des maîtres tailleurs, des couturières, des *chambrières* œuvrantes (sic) visitent les clients à domicile et exécutent des travaux sur place. Des tisserands, des orfèvres, des chapeliers parisiens reçoivent d'un grossiste la matière première et livrent ensuite le produit fini. Les *alloués* sont sous la dépendance étroite d'un donneur de travail.

Malgré ces précautions, la situation n'est pas toujours éclaircie à l'aube des Temps modernes et les frontières entre des activités, trop proches les unes des autres, continuent de prêter à la confusion : la boulangerie et la pâtisserie, la sellerie, la bourrellerie et la *lormerie* (mors), la fabrique d'armes et de fourreaux.

D'autres procédés sont pires encore et font appel aux clandestins que nous allons découvrir dans la tromperie et dans le travail souterrain.

« *Des produits et des techniques fardés* »

> « *L'escroc pullule et le faussaire*
> *Qui trouvent place en jeu des fous*
> *Amour, ami, mots et monnaie :*

Tout y est faux : à qui se fier !» dit un moment Sébastien Brant dans son œuvre, la *« nef des fous »*.

Les contemporains préfèrent à l'escroc d'autres mots ou des périphrases comme *« vacabun d'entremectant de faict de marchandie, chambrelan, foucandeur, faulx ouvrier* (Rouen), *crochetat* (Saintes), *tripotier, escamoteur* ou *cabuseur... »* autant d'appellations imagées qui évoquent le travail sauvage, la tromperie, la dissimulation, le tripotage.

Quelles sont les accusations portées sur ces brebis galeuses, coupables de *« malefaçons dommageuses »* et de pratiques frauduleuses ?

L'activité *« en entier rebus »* (cordonniers nantais) est ainsi dénoncée dans un statut : *« que nulle ne puist tenir chambre se il n'a ouvrouer par terre, parce que l'on y fait ou puet faire fausses euvres »*. Les producteurs de mors, de brides, d'étriers et d'éperons de Paris s'en plaignent dès septembre 1357. Les drapiers rennais soupçonnent leurs rivaux de Châteaubriant ou de Nantes de produire au rabais et de noyer le marché de produits de mauvaise qualité. Les merciers portent la même accusation contre des colporteurs auvergnats et limougeauds qui font du porte à porte et proposent aux bourgeois une variété de produits qui vont des petits outils au savon ou à l'alun.

Le travail clandestin se pratique partout : en plein jour comme de nuit, dans une arrière-cour, dans un galetas ou dans un grenier, sous une galerie, chez les particuliers. On sait que les couloirs aménagés sous les avancées des maisons, les portes cochères permettent à de pauvres hères, portant des plateaux ou des paniers, de vendre à la dérobée. Les *« crieurs à la cote et à la chape »* sont des concurrents redoutables pour les fripiers. Les barbiers-chirurgiens nantais dénoncent des guérisseurs qu'ils nomment dans leurs archives des tireurs de quintessence ; ils opèrent en chambre, *« ils taillent, pansent les hernies, tirent les cataractes sur les yeulx »* et exercent sans patente et sans connaissances médicales.

Des valets, trop pauvres pour accéder à la maîtrise mais suffisamment adroits pour contenter une clientèle peu exigeante, des compagnons travaillent pour leur propre compte avec les outils, les matières premières et sur les horaires de leurs employeurs. Une fois leur dure journée de travail accomplie, ils trouvent encore le moyen d'accomplir quelques menues tâches à la chandelle ou le dimanche et les jours fériés. Comment d'ailleurs ne pas agir ainsi avec les salaires distribués ! Un article d'un statut de tailleurs de Draguignan de 1471 fait état d'étranges pratiques : *« aucun compagnon dudit métier ne doit faire ne prendre en ladite ville quelque ouvrage ni aller faire et tailler dans les maisons de ladite ville »*. Des Bretons font pareil puisqu'il est précisé dans les statuts de la profession : « *Que désormais aucuns varlets dudit mestier de pourpointiers ne besognent en chambres secrètement ni autrement pour autrui, sinon ès ostels et pour les mestres tenant ouvroir d'icelui mestier en ville »*.

Des clandestins n'hésitent pas à braver les autorités, à l'abri des regards indiscrets, à pratiquer une sorte de dumping avant l'heure. Ce sont des miséreux, affiliés ni à un métier ni à une confrérie, qui ne paient aucun impôt ou patente et dont la qualification professionnelle n'a pas été officiellement reconnue.

Les dénonciations visent également tous les petits vendeurs à la sauvette qui traficotent à qui mieux mieux.

Toute vente doit se dérouler « *à la vue du peuple »*, « *sous la grande ouverture pratiquée au rez-de-chaussée de la façade qui y donne entrée »* dit un acte de Dijon, devant une tablette amovible, sur le ventail rabaissé ou sur l'étal en pierre. La nécessité de renouveler, plusieurs fois, cette obligation montre que la règle n'est guère observée en dépit de ce que laissent entrevoir des miniatures stéréotypées représentant la rue médiévale. Des auvents ou couverts, des tentures, des *serpillières* (sic), voire des avancées démontables débordent sur le pavé, masquent les opérations commerciales ou les étapes de fabrication sous prétexte d'empêcher les rayons du soleil, l'eau ou la poussière de pénétrer dans les ouvroirs. L'œil du public ne voit pas de la chaussée ce qui se passe dans la cuisine ou dans l'arrière-cour.

Les ouvriers ne respectent pas les horaires, le jour du Seigneur, les fêtes d'obligation et les fins d'après-midi du samedi en principe chômées, au total 90 à 110 jours par an non rémunérés. Le travail de nuit, qui débute après les vêpres, interdit aussi pour des raisons de sécurité, de compétitivité et de qualité « *car la clarté de la nuit ne suffit pas au métier »,* est souvent transgressé si bien que, dans certaines professions, ce n'est pas huit à douze heures de travail qui sont effectuées selon les saisons mais treize à quatorze heures. Rien n'est plus facile que de dissimuler un établi et des chandelles dans un appentis ou dans une cour. Les foulons de Paris se plaignent encore en 1377 d'être exploités par des patrons sans scrupules qui leur accordent leur *vesprée* (arrêt pour les vêpres) à des heures indues !

Les prescriptions d'hygiène ne sont pas appliquées par ces individus qui n'hésitent pas à proposer des denrées remplies d'*ordes* (ordures) et de *choaesmes* (d'impuretés). Autant dire que des produits écoulés clandestinement sont de mauvaise qualité et dangereux. Des bouchers nantais, clandestins pour la plupart, sont poursuivis pour avoir écoulé de la viande corrompue : « *pour ce que les bouchers à présent vendent la chair par les rues à découvert, où il peut tomber ordure qui causerait par le temps de chaleur qui s'offre, maladie de peste en la ville, est ordonné que les bouchers iront vendre leur chair en la boucherie* », déclare une ordonnance. Jacques de Vitry raconte cette anecdote significative qui met en scène un empoisonneur public proposant, sans vergogne, de la viande cuite inconsommable. À un client qui se plaint en ces termes « *Voilà sept ans bien comptés que je n'ai acheté un morceau de viande ailleurs que chez vous* », le boucher, sans vergogne, lui rétorqua : « *Sept ans ! Vraiment ? Et vous vivez encore !* »

« *Forfaire la marchandise* » et « *rober* » la clientèle figurent sous le dénominateur commun de *rouerie* pour désigner l'action de fraudeurs ou de fabricants de produits « *contrefais et fardès* ». Leurs témoignages sont confortés par la rumeur, par les sentences ou les bons mots d'écrivains qui n'ont pas la réputation d'épargner leurs concitoyens.

« *On aime acheter à bas prix*
Mais alors point de garantie :
Car on travaille à moindres frais
Ouvrage vite fait, mal fait.
Suffit de préserver l'aspect
L'artisan creuse ainsi sa tombe ».

Il est déclaré à propos des apothicaires véreux :

« *On vendra l'infecte denrée,*
Dieu, on piétinera les morts !
On ne sait plus ce qu'est le vin
On ne fait qu'infâmes mixtures... »

Pour juger de la véracité des accusations, il faut pouvoir faire la distinction entre la réalité et la médisance de confrères qui jettent le discrédit sur un voisin gênant. L'exactitude des faits reprochés ne semble pas faire de doute dans d'autres cas, entrevus au hasard d'une farce, d'un article de statuts corporatifs ou des archives judiciaires. L'escroquerie est partout. De soi-disants couteliers sont poursuivis pour avoir économisé sur les viroles pauvres en argent, fait passer des manches en os pour de l'ivoire, vendu des lames sans queue ni soie et en métal cassant, mal polies, attachées aux manches en bois par du ciment. Il est très difficile pour les enquêteurs de déceler les vices de forme, d'être certain qu'un marchand de chairs cuites (charcutier) ne mêle pas du suif au saindoux, qu'un vendeur de peaux n'a pas mélangé « *l'avorton avec le boy droit* », qu'un savetier n'a pas fait passer du cuir de vache pour du cordouan ou de travailler des cuirs verts qui ne sont pas « *secs, loyaulx, marchans, bien et duement tannez, bien noircys et suifrés, habillés en tan et en morequin* » et coupés droit sans être biaisés (Morlaix). Des parcheminiers sont soupçonnés d'utiliser des peaux de bélier rugueuses et strictement interdites dans beaucoup d'endroits comme à Lamballe en Bretagne. Des tisserands de langes parisiens sont mis en garde, dans leur règlement du XIIIe siècle, contre la tentation de tisser le drap de laine appelé l'estanfort camelin à moins de 2 200 fils dans la largeur de l'étoffe et de mettre des fils de moins bonne qualité au milieu du tissu que sur les bordures. Des fourreurs vendent des peaux de lièvre pour du lapin et autres expédients du même genre. On raconte que des changeurs d'occasion « *baillent de faux lingots* », que des laitières ou des cabaretiers mouillent le lait et le vin, *apétissent* (diminuent) les chopines et les pots par le fond ou les présentent « *tout malchoqués, bossus et contrefaits* ». Le fin du fin dans la farce *le savetier, le sergent et la laitière*, est de faire traîner la durée des opérations alors qu'une réparation de savates dure en principe à peine une heure ! Des fripiers vendent du vieux pour du neuf, des chausses et d'autres habits usagers.

Le plus aisé en matière de tromperie est de trafiquer les poids et mesures, de « *bailler menu et souvent le poix trop petit quand il vent* ». C'est une accusation fréquente qui vise toutes les professions à commencer par celle de *balancier* ou fabricant de balances : « *néanmoins plusieurs personnes de plusieurs états se sont ingérez et s'ingèrent de jour en jour de faire, vendre et débiter grand nombre de balances et poids qu'ils font marquer de fausses marques* » lit-on dans un acte parisien de 1494. Classique aussi le coup de doigt donné à la balance pour la faire descendre ou humidifier les épices ou les laines pour leur donner plus de poids.

La grivèlerie, sous toutes ses formes, est un des thèmes favoris du répertoire comique, des satires antibourgeoises comme le *Dit des Mestiers*,

Renart le Contrefait, le Dit de la Queue de Renart. Leurs auteurs font des gorges chaudes des récriminations de clients bernés, lésés par des commerçants qui « *robent* » (volent) la clientèle de trente six façons aussi « *dommageuses* » les unes que les autres.

« Feintes et artifices des trouveurs »

Dans la longue liste des gueux (*de guit* ou vaurien), après les figures pacifiques de bouffons, d'amuseurs publics, de gratteurs d'instruments à cordes, de chanteurs de chansons grivoises dans les tavernes, figurent des gredins, déjà plus inquiétants pour la collectivité. Ce sont les *simulateurs, les bonimenteurs, les enchanteurs,* désignés par de singuliers surnoms, Ragot, Claquedent, Toulifault, Trouillard, L'Escervelet, Penaillon, Pignoguet. On les identifie dans le langage d'alors aux *cabuseurs*, aux quémandeurs, aux faux malades, aux joueurs de dés pipés et à d'autres zigotos imperméables aux sermons des prêtres et des frères Mendiants, passés maîtres dans l'art des « *feintes et des artifices* » aux dépens des populations crédules.

« *Pour ce que il est venu a nostre cognoissance que aucuns compaignons vacabondes appellez foucandeurs, lesquelx sont trompeurs et cabuseurs, se sont entremis et entremectent de jour en jour de vendre en la ville, prevosté et viconté de Paris denrees de mercerie, tant cousteaulx, anneaulx, espices, pingnes d'ivoire comme autres choses deffendues a vendre, lesqueles choses sont deceptives* (trompeuses) *et ne sont bonnes, loyaux ne marchandes et les portent yceulx compaignons vendre selcement et quachement comme en sains (cachés sous la poitrine), manches et autrement et non mie en appert ne publiquement qui est ou prejudice de la chose publique. Nous deffendons a tous que aucun de quelque estat quil soit ne se entremette doresenavant de vendre ne emporter teles deceptives et faulses denrees ne autres, se(*si*) ce s'est en appert* (en lieu pour vendre) *et publiquement lue un chacun les puisse veoir sur paine d'icelles estre confisquées au roy et d'amende arbitraire. Et desmaintenant nous donnons povoir a tous sergerts et autres officiers et aussi a tous merciers, establiers* (à demeure) *et comporteurs a tablecte et autres vendans denrées e mercerie se ilz treuvent aucunes teles gens en la dicte ville de Paris viconté et revosté d'icelle, de prendre toutes leurs denrées quelque part que ils les pourront avoir, de ycelles visiter et fere visiter par gens en ce cognoissans. Et se par la visitation ou* *autrement ils treuvent aucuns qui aient teles fausses denrees et qui les portent couverternent et non appart comme dit est, de prendre et arrester ycellet les faulses denrees, et de admener prisonniers, ou Chastellet de Paris ceulx sur qui les seront trouvees pour ester a droit pardevant nous et respondre sur le cas et procureur du roy nostre seigneur comme de raison. Escript soubz nostre signet le mercredi huit jour d'aoust l'an mil CCCC et trois ».* [3]

Ceux que les textes nomment aussi *ramasseurs, feinteurs*, sont des imposteurs, *des gailleurs* (tricheurs), des *spélicans* (entôleurs), des *jargonneurs*, qui trompent le public. Le théâtre de leurs exploits est le pavé, le parvis d'une église où ils séjournent vautrés ou *plantés* (sic) sur des *potences* (béquilles), l'intérieur d'une halle ou d'une basilique si, comme ce fut le cas à Abbeville à la fête de Notre-Dame de Septembre, le prêtre n'interdit pas leur venue. Ils perturbent tout un quartier de leurs cris, de leurs supplications.

Des trucs du métier : les « maulx contrefects »

Ces charlatans sont surtout connus pour leurs *feintes et malices* , leurs *artifices* qui sont en réalité des formes d'escroquerie à la misère, à l'infirmité, à la maladie, de racolage.

« Car l'on ne peut au moustier messe oïr (entendre)
Pour leur annuy tant sont fort emparlez
De faindre maulx, d'aumosnes requerir ».

Leurs impostures sont des « trucs du métier » qui alimentent en cas concrets les œuvres d'Eustache Deschamps, de Rutebeuf ou Le Livre des vagabonds, publié vers 1510 par un auteur allemand anonyme , « expertus in truffis », en artifices qu'un examen reconstitue et classe sans trop de difficulté. Elles débutent par la formule alléchante : *« oiez une merveille, onques n'oïstes sa pareille ».*

De faux malades, *« ceulx qui des maulx des sains se donnent titres »*, de prétendus *« aveugles, mehaigniez et impotens »*, usent de leurs roublardises à la porte des églises, des boutiques, des caboulots ou des

---

3 – Archives Nationales Y a, livre rouge vieil f° 202 v° - Texte cité par B. Geremek , dans « La lutte contre le vagabondage à Paris aux XIV⁰ et XV⁰ siècles » Richerche storiche ed economiche in memoria di Carrado Barbagallo, II, Naples 1970, n°VIII p. 234.

kabaratz (Dijon), à des emplacements bien choisis à l'articulation de plusieurs quartiers, près d'un pont ou d'une porte d'enceinte, sous une galerie ou un passage.

C'est un monde en majorité masculin de *bélistres*, de *bélîtresses,* ou de *béleudres (*du verbe bêler), parfois de débiles mentaux, de faux estropiés ou de *potenciers*, de *rougneux* ou galleux, de blessés *(navrés),* de contrefaits simulant la souffrance en pleurant, en chantant, en grattant un vague instrument de musique. Des pauvresses tendent aussi la main, des femmes « *chargées d'enfans à la mamelle* » qui se prétendent enceintes et dont la grossesse est simulée par une fausse « *enfleure* ». Des enfants en bas âge, des orphelins, des adolescents les rejoignent ; des animaux également : des chiens dressés, un singe, un ours.

C'est une humanité angoissante qui se dit frappée d'un mal « *caduque* », d'une maladie inguérissable, désignée par le nom du saint, sensé servir de protecteur. Les étalages de souffrances commencent avec le classique mal de saint Mor (la goutte) qui nécessite l'usage d'un bâton, se poursuivent avec les misères de saint Mathieu (les ulcères), de saint Aquaire (la dépression) et de saint Flour (les fièvres) et s'achève par une kyrielle d'autres maux. Le poète champenois Eustache Deschamps (1346-1407) s'est efforcé d'en dresser un inventaire pittoresque dans ses ballades qui rappellent Chaucer et annoncent Villon. [4]

« *L'un dit qu'il a le mal de saint Quentin* (hydropisie)
L'autre se fait batre des escourgies
Com hors du sens, et l'autre chiet (tombe)souvin
Du mal saint Leu (épilepsie) *de XXX (30) maladies* »
Le mesel ou lépreux est encore plus mal loti !
« *Je me deschire, je gratigne,*
Je me defripe (d'agiter)*, je rechigne,*
Elle me runge et point et mort ».
Le paralysé, condamné au transport en brouette, a des circonstances atténuantes pour importuner les passants.
« *Pour l'amour du douz roy de gloire,*

4 – Eustache Morel dit Deschamps, poète originaire de Vertus dans la Marne(1346-1407), vivant à la cour dans l'entourage de Louis d'Orléans, *Œuvres complètes,* publication de Queux de Saint-Hilaire, Paris 1878-1903 tome VI, 232-233.

donnez ou denier ou mallete,
Au povre enfant de la brouete.

Mielx ne le povez emploier,
Car, par m'âme, il ne puet ploier
Membre nul qu'il ait, ne estendre »

Comble de la malignité :

« Hélas, j'ay goute miseraigne
J'ai rigle et rafle (gale de lèpre)
et roigne et taigne,
Je suis roupt, j'ay maise fourcelle,
j'ay la pierre, j'ay la gravell ».

ou encore *« Donnez au povre qui languit*
Du mal saint Fiacre (hémorroïdes) *en grief dolour ».*

ou

« Pour Dieu, donnez maille ou denier
A ce povre qui ne voit goutte »

Et de conclure sur toutes les simagrées de faux malades, de faux infirmes qui écument les rues :

« Car les larrons, ribaulx, sont sains
Qui par sang, herbes, autre mise
Sur drapiaux (petit linge, pansement) *font sembler mehains*
A plusieurs, et par leur emprinse
Est Dieu robé (volé)*, soubz leur chemise*
Sont bien nourris et plains de cresse ».

De fait, les *« gueux de l'ostière »* (porte) ou ceux qui vont de porte en porte sont experts dans l'art de la mise en scène. *Le Liber Vagatorum* fait une répartition de *maulx contrefets* par spécialités : les *piètres* ou faux culs-de-jatte, les *sabouleux* qui se prétendent affligés de la danse de Saint Guy, de saint Valentin et de saint Quirin, les faux aveugles, les faux insensés qui sont attachés avec des chaînes, les faux prêtres, les faux ermites *« qui se prosternent le front contre terre »,* les supposées béguines, les prétendus *marcandiers* ou mariniers qui se disent victimes des pirates, les juives qui passent pour de nouvelles converties, les musiciens aveugles et une quantité d'autres cas.

Les farces s'amusent aussi de ces mendiants « *qui tombent devant une église et se mettent du savon dans la bouche, ce qui les fait écumer gros comme le poing, qui se piquent le nez avec un brin de paille pour provoquer des hémorragies, des crachements de sang* ». Des miséreux, couverts d'ulcères ou souffrant de fractures, les cachent sous des « *drapeaux* (langes) *et des emplastres* ». On raconte qu'un astucieux Angevin, désireux d'éveiller la pitié, s'était attaché un bras de pendu pour apitoyer le chaland et cachait sous sa tunique le valide, jusqu'au jour où le membre greffé tomba de pourriture ! Une comparse de Vitré se disait atteinte d'un cancer au sein, jusqu'au jour où on s'aperçut qu'elle avait placé sous son aisselle une éponge humide dégorgeant à volonté du… lait mêlé à un liquide rouge !

Le miroir de la gueuserie renvoie les images de « *ribauls, paillars, truandes et coquins* » que voudraient poursuivre avec rigueur des ordonnances royales comme cette dernière de Charles VII : « *Item qu'ilz facent punir les bélistres et bélistresses qui feignent estre débiles de leurs membres, portans bastons sans nécessité et contrefont maladies caducques, playes sanglantes, rongnes* (une maladie de peau en patois auvergnat), *galles, enfleures d'enfans par application de drapeaux, emplastre, peinctures de saffran, de farines, de sang et aultres couleurs faulces, portans aussi fer en leurs mains, drappeaulx en leurs testes et autres habillemens boueux, ords, sales et puans et abominables, jusques dedans les églises ; et se laissent tomber en la plus grant rue passant, ou en la plus grant compaignie et assemblée qu'ilz pourront adviser, comme une procession generale, gettans par la bouche et narines sang fait de meures* (mures), *de vermillon ou aultres couleurs, le tout pour extorquer injustement les aumosnes qui sont deues aux vrays pauvres de Dieu* ».

Ce passage est une belle analyse de la mendicité et des artifices pratiqués par les deshérités de la vie. Certains se rendent malades et contrefont la jaunisse en se frottant les membres avec du fumier de cheval, affectent de trembler sans arrêt; d'autres encore se font passer pour des infirmes, se disent aveugles ou sourds, feignent de souffrir et poussent des cris d'orfraie. Une mendiante raconte qu'elle a un serpent dans le ventre ! Un coquin imite le lépreux et s'est peint sur le visage de gros bubons noirs.

Autres trucs du métier : les « leveurs de maulx » ou faux guérisseurs

À l'opposé des pseudo malades, d'autres professionnels de l'escroquerie se prétendent guérisseurs, capables de tout guérir avec une drogue : « *Je vous apporte à grand peine une drogue fort salutaire. Il n'est pas temps de vous le taire : elle vaut pour plusieurs maladies... S'il y avait quelque femelle qui ne put avoir des enfants, j'ai des onguents si échauffants et une huile qui est si fort chaude que, fût-elle Margot ou ribaude, elle sera grosse sur le champ* » déclare Jenin, fils de Rien dans une farce normande, jouée à Lyon en 1532.

On appelle ces bonimenteurs des badins, des *enchanteurs*, des *vagueurs*, des mires, des mages. Tous font de vaines promesses et donnent espoir aux crédules, à des aveugles, certains de voir après consultation « *plus cler que le chat chassieux* », comme dit *la Farce de l'aveugle et de son valet* de maître François Briand (1512). [5]

La corporation des *mires* qui ont légué à la postérité les mirages est bien représentée dans beaucoup de villes et de villages, mieux que les véritables médecins ou même que les barbiers-chirurgiens. Ils sont reconnaissables au fait qu'il « *portent un filet jaune et viennent de la montagne de Vénus* ».

Eustache Deschamps n'est pas tendre avec de tels individus qui vivent de la souffrance d'autrui.

« *Ils savent à peine herboriser*
Aussi savants que bonnes femmes.
Pratiquent une pharmacie
La panacée qui soigne tout
Sans faire nulle différence
Entre les âges, mâle ou femelle,
L'humide, le sec, le chaud, le froid.
La même plante va pour tout.
Comme l'onguent en son albâtre
Dont le barbier fait un emplastre
Appliqué sur toutes les plaies

5 – La littérature apporte beaucoup d'informations sur la société. Consulter les livres de Ph. Ménard, *Les fabliaux, contes à rire du Moyen Âge,* Paris P.U.F. 1983 et de M. Cailly, *Les fabliaux, la satire et son public*, éd. La Louve, Paris 2007. – *Badin fils de Rien* dans Farces du Moyen Âge éd. A. Tissier, Flammarion, 1984 p. 219-221.

Chancre ou ulcère, fracture, abcès :
Maître benêt l'a toujours prêt ;
Qui pour tout soin n'a qu'un onguent
Pour l'oeil à taie ou purulent,
Qui veut purger dans urinal
N'est point docteur mais charlatan » (p. 176-177). [6]

Le recours à la magie naturelle, distincte de la magie démoniaque, connaît aussi un vif succès à cette époque.

La magie, du latin *magia*, ouvre la porte au monde de l'irrationnalité, de l'imaginaire. Nous avons tendance maintenant à l'assimiler à de la superstition, à de l'ignorance. Elle était acceptée comme un artifice occulte, à condition de ne pas être inspirée par le démon et au service des forces démoniaques. Il y avait pourtant jadis, dans beaucoup de civilisations, les prêtres assimilés à des *mages* comme les trois rois de la Bible qui vont rendre hommage au Christ.

Un bon magicien, expert en science occulte, a la capacité, reconnue par son milieu, par le menu peuple vite crédule, voire par les élites éclairées, théologiens, philosophes, médecins, princes (Louis d'Orléans) ou par les autorités locales, de se servir de ses pouvoirs naturels pour soulager et soigner. Leur fluide, leur magnétisme, leurs incantations détiennent en effet des propriétés mystérieuses qui ont intrigué dans le passé les esprits aussi éclairés, hostiles ou favorables, qu'Isidore de Séville dans ses *Étymologies* au VIIe siècle, Hugues de Saint-Victor au XIIe siècle, l'Allemand Johann Hartlieb dans son *« Livre de tous les arts interdits »* au XVe siècle, Jean Vincent auteur dans son traité *« contre les arts magiques »* (1475). Leurs pouvoirs sont indiqués dans un extrait de la *philosophia sagax* de Paracelse († 1541) et d'autres œuvres dont les analyses critiques et les conclusions sont rappelées dans les travaux de R. Kieckhefer de Cl. Lecouteux, de R. Muchembled.

La magie naturelle dispose et exploite des pouvoirs, des procédés spécifiques qui agissent comme *remèdes* sur les corps et les esprits. Elle est capable par des procédures originales qui vont de la prière, du toucher,

---

6 – L. Sainéan, *Les sources de l'argot ancien,* Paris, I, 1912 et E. von Kraemer op. cit. p.9, extrait d'Isambert, Recueil des lois, tome IV.

des incantations à l'usage de plantes, de séduire, d'ensorceler, d'hypnotiser, d'infliger un mal ou de guérir. Cette parascience qui fait partie, pour certains philosophes, des arts de la sagesse est aussi capable de lire et d'interpréter les signes ou *caractères* naturels surgis dans le ciel et annonciateurs de changements importants, d'événements propices ou dangereux. Dieu sait à quel point les chroniqueurs ont été sensibles aux signes magiques *(insignis magica)* que donnent les étoiles, les éclairs, les météores, les aurores boréales, les pluies de sang. Transfigurative, elle modifie les corps, transmute un métal dans un autre. La *magia caracterialis* transmet aussi son fluide, son pouvoir par des dessins, des caractères, des mots. Elle sait aussi tailler, graver puis utiliser les pierres précieuses dont le pouvoir protège. Elle est capable d'arrêter, de paralyser, d'aveugler, de rendre impuissant et se fait entendre dans tout l'univers. La magie fait volontiers appel à d'autres « sciences » que d'aucuns jugent nocives : la nécromancie, à l'esprit et à l'aide des défunts, la pyromancie qui trouve son inspiration dans la nature et la forme des flammes, l'hydromancie, l'aéromancie etc. On se croirait vite revenu au temps des augures et des haruspices ! Des grimoires en latin ou en vieux français sont à son service pour conjurer, guérir, invoquer les forces infernales, jeter ou lever des sorts, préparer des talismans et des amulettes. L'un des plus célèbres magiciens du Moyen Âge ne fut, ni plus ni moins, qu'Albert le Grand († 1280) auteur du Miroir d'Astronomie. Son contemporain Roger Bacon († 1294) se préoccupe aussi des signes, des formules magiques dans son Miroir de l'alchimie. D'autres ont laissé des écrits exhaustifs, des trésors des esprits, des *lucidaires* et autres propos similaires, comme le moine Trithème de Spanheim des environs de Mayence († 1516), auteur du Picatrix etc. Les grimoires seront vite imprimés et largement répandus dans la société de la Renaissance.

Les magiciens, considérés comme des guérisseurs, des *leveurs de maux,* ont légué à la postérité des successions de formules magiques, des signes kabalistiques ou *caractères*, des charmes, des amulettes qu'ils sont amenés à décrypter pour obtenir des résultats. Certains remèdes se sont perpétués dans les campagnes. Les *fièvres*, le *chault mal,* les maladies qui dévorent et qui consument occupent une place méritée dans ce patrimoine de la culture populaire qui laisse incrédules la plupart des lecteurs et des auditeurs, intrigue une minorité.

La guérison magique s'obtient de plusieurs façons selon des grimoires. Un talisman est réputé sûr contre la fièvre quarte ; il relève du domaine d'Abracadabra : « *Écris un petit brevet et pends-le à son cou : † aladabra † ladabra †adabra † dabra † abra † ra † a † abraca et tu y ajouteras le nom de la personne* ». Un petit écrit a sensiblement le même effet : « Au nom du Père, du Fils et du saint Esprit. Amen. † Abrachat abrac laus † agyos † sanctus † sanctus † sanctus fort et immortel, prends pitié de ton serviteur N. . . Dis le Père et fais porter ces mots au malade ». Un charme peut aussi bien agir : « *Je vous conjure, fièvres, vous qui êtes sept sœurs ! La première s'appelle Élia, la seconde Sicilia, la troisième Vellea, la quatrième Suffocalia, la cinquième Commonia, la sixième Genia, la septième Éena. Je vous conjure, fièvres, et vous, esprits immondes, visibles et invisibles de quelque nature et de quelque nation que vous soyez ! Par le Père et le Fils et le saint Esprit. Amen* ». La magie se sert beaucoup d'œufs qu'on brûle contre les fièvres, accompagnés de formules incantatoires.

Une oraison guérit aussi les brûlures : « *Par trois fois différentes, vous soufflerez dessus, en forme de croix, et direz : Feu de Dieu, perd ta chaleur, comme Judas perdit sa couleur quand il trahit Notre Seigneur au jardin des Olives. Nommez le nom de la personne, disant : Dieu t'a guéri par sa puissance. Sans oublier la neuvaine à l'intention des cinq plaies de N. S. Jésus-Christ. Ainsi soit-il* ». [7]

Les missionnaires de pacotille

Dans cette catégorie figurent de faux prédicateurs itinérants, des adeptes de sectes hérétiques, des quêteurs et même à l'occasion des frères Mendiants qui « *se plaignent de pauvreté (et) sont cousus d'or* » et de beaux parleurs qui savent émouvoir un public.

Barthélemy Luxale de Dijon est condamné au bannissement ; il se frappait la poitrine avec une pierre et une petite bille hérissée d'épingles. Il agissait ainsi « *pour la lucrative et afin que les gens feussent meu a plus grant devocion de lui donner.* » Il fut poursuivi pour fraude et baraterie (sic).

---

7 – Cl. Lecouteux, *Le livre des grimoires,* Paris, éd. Imago, 2005.

Des religieux sont désignés à la vindicte publique.

« Jamais n'est plain son sac sans fond.
Pareils les porteurs de reliques
Les flagellants, moines mendiants,
qui écrèment les kermesses
Quétant publiquement, disant
Qu'ils ont avec eux dans un sac
Quelques fêtus du sacré foin
Fourrant la crèche de Bethléem.
Un os de l'anesse de Balaam
Ou plume d'aile de saint Michel.
De saint Georges, bride du bat,
Lanière du soulier de Claire.
Tel qui mendie en son jeune âge
Serait taillé pour le labeur
Tant il est frais, robuste et fort
Si n'était qu'à l'échine raide
Et dans son dos une douleur.
Ses enfants s'y sont vite mis ;
A mendier ils ont appris jeunes
Savent fort bien clamer leur cri
Braillent avant qu'on ne les rosse :
Le père leur fait plaies et bosses
Que les larmes soient véritables » (p. 196-197).

Le livre des *Miracles de Notre-Dame de Chartes* de Jehan Le Marchand, un auteur du XIIIᵉ siècle, raconte les exploits de deux misérables compagnons, un aveugle qui se moque de la religion et un muet qui est très pieux. Ils décident d'aller à Chartres, le premier pour visiter les tavernes *« car la parole et le renom des bons vins avoit entendu »* et l'autre pour faire ses dévotions et obtenir la guérison de la Vierge. L'aveugle repu vient à son tour à l'église, verse en vain des larmes de crocodile *« mais si com, je crois et devine, ce estoit lermes de vin »*, et reste handicapé pour la vie tandis que son compère obtient la guérison. [8]

---

8 – P. Bec, *Burlesque et obscénité chez les troubadours,* op. cit. p. 80-84. Voir R. Nelli, *L'érotique des troubadours*, Toulouse, éd. Privat, 1963.

La recette est si mince, en fin de compte, que la misère pousse ces individus qui font la manche à rivaliser entre eux pour un emplacement, à se bagarrer ou à agresser les passants. Les meilleures occasions de bonnes affaires restent les foires et les marchés, une fête, un mariage, la venue d'un prince accompagnée de distributions de piécettes, de vivres ou de vêtements. Mais il y a bien pire encore que ces sangsues.

Le comble de l'infamie : les auteurs de crimes « détestables » et irrémissibles

Criminels sont ces pères et ces mères, ces ravisseurs, ces gargotiers sadiques qui exploitent des enfants pour émouvoir les passants, les estropient, les aveuglent, les mutilent.

On raconte qu'une localité italienne, située en Ombrie, du nom de Cereto, aurait abrité une colonie de Français qui avaient pour spécialité de préparer à la mendicité des enfants et de les mutiler pour mieux gagner la compassion du public ! Le mot truand, qui se décline sous d'autres formes telles que *truan, trutain, truante,* vise ici un escroc sans pitié, sans foi ni loi, souvent en même temps un *houlier* ou proxénète, un mouchard, voire un *joncheur* (ripoux), réputé *« protecteur »* (sic) d'orphelins ou un ravisseur d'enfants

> « *De maquerelles, de putains*
> *Truandes qui font leur divise*
> *De porter enfans en leurs mains*
> *Et d'empeschier le saint service*
> *Par truander »* (dit Eustache Deschamps VI p. 231).

D'étranges rumeurs courent sur le pavé ; des affaires éclatent au grand jour comme cette nouvelle que transmet le Journal d'un Bourgeois de Paris en 1449 : « *Item, en ce temps furent pris caïmans, larrons et meurtriers, lesquels par géhenne ou aultrement confessèrent avoir emblé (enlevé) enfants, à l'un avoir crevé les yeux, à autres avoir coupé les jambes, aux autres les pieds et autres maux assez et trop. Et étaient femmes avec ces meurtriers pour mieux décevoir les pères et les mères et les enfants, et demeuraient comme logés ès hôtels trois ou quatre jours, et quand ils voyaient leur point (leur affaire), en plein marché, pays ou ailleurs, ils emblaient ainsi les enfants et les martyrisaient comme devant est dit »*[9].

---

9 – Anonyme, *Journal d'un bourgeois de Paris*, éd. C. Beaune, Lettres Gothiques 1990 § 890 p. 442

Une bande de mendiants est accusée en effet d'enlever des enfants, de les estropier ou de leur couper une jambe ou un bras et de les envoyer ensuite quêter et apitoyer le public « *soubz umbre de demander l'aumosne pour l'onneur de Dieu* » dit un autre texte. Deux individus sont effectivement pendus, le 23 avril 1449, aux abords du moulin du chemin de Saint-Denis pour avoir crevé les yeux à un enfant de deux ans.

Ces bourreaux d'enfants nous amènent à dénoncer le climat de violence des derniers siècles du Moyen Âge.

L'incitation à la violence

La violence individuelle ou collective fait partie intégrante des mœurs et des habitudes de citadins, jeunes ou vieux, hommes surtout, femmes et enfants quelquefois, nobles ou roturiers.

La plupart des affaires traitées en justice ont un caractère accidentel ; elles sont liées à une impulsivité incontrôlée, à une susceptibilité aggravée par la boisson, à un drame conjugal, à une rixe de jeunes. Elle est verbale ou physique, ou les deux à la fois, inséparable d'une société où toutes les catégories sociales ont des comportements agressifs, des réactions primitives encore surprenantes, relevées dans les archives de Paris par Cl. Gauvard, en Avignon par J. Chiffoleau, dans le Lyonnais par N. Gonthier dans le Nord par R. Muchembled, dans le Val de Loire par B. Chevalier.

Il s'agit de faire à la fois un constat et une tentative d'explication d'une cruelle réalité qui laisse pantois et donne l'impression que le morcellement de la justice médiévale et le labyrinthe de la procédure nuisent à son efficacité ou que cette dernière a été surestimée par les récits contemporains et les conclusions hâtives d'historiens trompés par leur documentation. [10]

Mœurs violentes, inquiétude permanente
Il ne faisait pas bon de quitter son domicile de jour comme de nuit !

---

10 – V. Tourelle, *Vol et brigandage au Moyen Âge,* Paris, P.U.F. 2006 (bibliographie détaillée) – R. Muchembled, *Une histoire de la violence*, Paris, Le Seuil, 2008.

Les heures « suspectes », propices aux méfaits, correspondaient avec l'annonce du couvre-feu ou un jour de cohue. Ce type de méfait représentait à Tours, entre 1380 à 1400, 75 % des demandes de rémission dont 65 % pour violence accompagnée de meurtre et 10 % pour des violences sans mort d'homme ; 70, 5 % de 1410 à 1450 (65 et 5, 5%).

Des violences sont constamment jugées par les tribunaux ou énumérées dans un chapitre de règlements judiciaires, dans les libertés et franchises urbaines au chapitre des punitions pour méfaits.

Les accusés se déclarent, dans les actes d'accusation, poussés par une faiblesse passagère, une pulsion irréfrénable ou par un *échauffement* dû à *la chaleur du vin*, ou qui se défendent en prétextant « *une juste deffense* », « *en soy deffendant* », en légitime défense après un échange de « *paroles contencieuses* ». Les actes dénoncés vont de l'échange d'injures, des brutalités légères, de la gifle ou *buffe,* à la *chaude colle* ou au coup de poing, aux cheveux arrachés ou à la *prise o poill*, au jet de pierre…. au *murdre*. Ce sont des délits fréquents, en osmose avec leur temps, mais si délicats à répertorier que les statistiques doivent être utilisées avec prudence. Il semble que dans certains tribunaux, les affaires graves jugées « *sanguinaires* » aient pris de l'ampleur dans le populaire à l'époque que nous examinons (Arras) .

Les coups et blessures provoquant une blessure, une mutilation ou un homicide avec ou sans « *guect appens* » (ou sans préméditation) sont plutôt le dénouement d'un échange de paroles discourtoises sur un sujet futile du genre « *pourquoy vous et un voisin parliez-vous de ma femme* » ? Beaucoup de jurons salés visent l'honneur, mettent en cause la réputation ou renommée, l'honnêteté, dénoncent des activités jugées répréhensibles, livrent de anecdotes scabreuses. On se traite à tout venant de *fils de putain*, de *putasse* ou *putassière*, de *sanglante paillarde, ribaude, coquinaille, chiennaille, traitres, filz de putes, bougre, bougresse, savate, ord* (pour ordure) ». Accuser une fille de famille ou une femme mariée d'être une putain justifie une vengeance dans une société d'honneur, sensible à la diffamation publique. Les protagonistes, qui mêlent à leurs cris des gestes orduriers, se disent prêts à « *couper le nez ou les couilles* », à « *mettre les tripes à l'air jusqu'à sortir du giron* ». Il semble même naturel, quand on lit l'énoncé de verdicts ou les délits inscrits au chapitre de la basse et moyenne justice, que des individus éméchés et « *mal mehus* » attaquent un passant, « *forcent* » une femme, « *embastonnent* », la patrouille du guet ou molestent un moine ou un notable. Il n'est question à Arras, au milieu du XVᵉ siècle, que d'hommes et de femmes qu'on « *volloit, merdrissoit, dérobboit, composoit* (rançonnait)*, battoit et villenoit* » (outrageait).

L'altercation, vite insupportable pour l'injurié, déclenche « *le courroux pour la vilenie* » et provoque une riposte. La petite ville normande de Louviers vibre, le 26 décembre 1359, d'une querelle entre Macy Dubois et deux individus nommés Robert le Caron et Roger le Camus. Les coups pleuvent « *et parust le dit Rogier le Camus par derrière et luy tenoit le senestre bras et ce pendant ledit Robert le Caron li abatit ledit chaperon* (chapeau) *devant les yeux* ». Macy, furieux, riposte mais « *ne puit veoir ne aussi savoir où il estoit* ». [11]

Pierre Colineau exploite en famille un petit champ de lin près de Nozay en Champagne, en copropriété avec Jehan Jouyn, le frère de sa belle-mère. Tout s'est bien passé pendant trois ans, jusqu'au jour où Jouyn, poussé par sa femme, agresse sa sœur et lui assène un coup de pieu. Colineau intervient pour séparer les protagonistes, est menacé à son tour et se défend avec une pelle qui lui sert à tuer Jouyn. Le détail de l'affaire montre deux familles devenues à ce point ennemies qu'une des femmes crie « *ribault, tue les à mort* ». Ce cas se répète sous d'autres formes dans ces milieux rudes et cupides, où l'opinion publique admet fort bien qu'un individu tue son beau-père « *qui dissipoit les biens familiaux* » par mauvaise conduite.

Le pugilat se termine souvent très mal et les actes associent l'homicide à la rixe. La victime, morte ou gravement blessée, est soit abandonnée sur place, soit transportée à son domicile ou dans la maison la plus proche. Les frères de La Touche et leur suite, des officiers en garnison en Normandie, rencontrent en 1469 Gilles Baudouin de Brutz en Bretagne et le rossent copieusement pour venger l'honneur de leur mère bafouée en public. Ils lui donnent des coups de *tranche* de dague « *aux jarrets* » et sur le visage. Ils se rendent compte bientôt qu'ils sont allés très loin et fort « *desplaisans* », ils confient leur victime mal en point à des

11– A.N. JJ87 n°259 f°147 v°- Exemple cité par H. Lieugard, « criminalité et sociabilité en Normandie médiévale », *Etudes normandes* n°2,1991 – D. Lagorgette et P. Larrivée (Dir.), *Les insultes*, actes de l'université de Savoie, mars 2003, Paris, éd. Larousse, 2004.

marchands qui rentrent à Rennes où le blessé meurt. Il est arrivé qu'un individu agressé succombe plusieurs semaines après et qu'une enquête prouve que la mort n'est pas due aux coups mais. . , à la peste !

La capitale de la Bourgogne ne jouit pas d'une bonne réputation et est signalée pour ses auteurs de « *noises, debats, batures et aultres grandes violences par nuyt* ».

Des facéties, des diableries, des jeux, comme la soule, sont à l'image de cette époque de violence et tournent court comme le montre ce témoignage dijonnais : « *le jeudi 22 juin 1464, quatre ou cinq compaignons desguisiez et embrunchiez sont venus en la rue du Bourg* (à Dijon) *et par grant dérision et en faisant pluseurs exces et oultraiges, en desrivant la ville par quatre ou cinq fois et à chascune fois desguisez de divers habiz et lunne des fois en habis de dyables, crians et braillans, ainsi affreusement que font dyables en jeux, des mynuyt jusques a deux heures apres, ruerent pluseurs pierres contre huiz et fenestres, prinrent certaines rouhes et cuveaulx et les mirent sur les margelles dung puis lung sur lautre* ». On les voit aussi essayer de pénétrer par les fenêtres des maisons. . . « *et faisoient de tres grans cridz en dyables dont pluseurs voisins et voisines ont eu grans paours* ». [12]

Un acte du concile de Nantes de 1491 se fait l'écho d'une singulière coutume locale, *le fouet des saints Innocents*, qui veut que les jeunes gens aillent surprendre les jeunes filles au lit ou au saut du lit, les déshabillent jusqu'à voir leur cul « *et quelque chose de mal joinct auprès* », puis les mènent toutes nues, les fessent et les battent avec la main, le fouet ou des branches. Un clerc d'Aix-en-Othe en Champagne a imaginé avec des complices de faire des expéditions punitives nocturnes avec des bâtons ferrées et des arcs et de s'en prendre plus précisément aux bonnes de curés ! Loin d'être unique, les délits des « *efforceurs de fames, des bateurs de gens, des murdriers, des violeurs d'églises* » sont d'une consternante banalité.

Les mégères sont quelquefois pires que les hommes, plus violentes en paroles, en insinuations malveillantes, en menaces. « *Par la mort de*

---

12 – A. Voisin, « Notes sur la vie urbaine au XVᵉ siècle, *Dijon la nuit* », *Annales de Bourgogne* tome 9, 1937. p.271, 272,273.

Dieu, vilain borgne apostat, je te pocherai l'autre œil » dit Jacquine Lemaire, épouse d'un aubergiste, à une curé champenois.

Des explications plausibles

Que l'humanité soit *« fort impulsive et rioteuse »* (querelleuse), chaque fait divers est à même d'en porter témoignage. Le Moyen Âge n'a-t-il pas été longtemps présenté comme un retour à la barbarie depuis les Mérovingiens jusqu'à l'époque des luttes féodales autour de l'an Mil et pendant la guerre de Cens ans ?

Beaucoup de paramètres entrent en ligne de compte aux XIVe et XVe siècles pour expliquer les pulsations de la criminalité et les poussées d'inquiétude chez les citadins. Les chercheurs ont admis comme évidence une situation économique défavorable à l'équilibre des familles et des individus, une société inégalitaire et injuste, le chômage et le désœuvrement de jeunes inadaptés ou dans l'impossibilité de se marier, faute d'avenir.

D'autres ont souligné l'émiettement de la justice dans des milliers de tribunaux, la présence d'hommes de loi mal formés, corrompus, plus arbitres que justiciers. L'insuffisance de l'encadrement policier, réduit à une poignée de sergents par seigneurie, les difficultés pour arrêter les délinquants, pour les détenir dans des prisons délabrées et juger les criminels endurcis, pour sanctionner les irrécupérables. Mêmes les peines, féroces en apparence, sont difficiles à appliquer et les supplices n'ont pas cet effet dissuasif que les bourgeois attendent de peines exemplaires.

Mais on ne saurait s'en tenir maintenant à ces seules explications, oublier d'analyser le comportement des individus en société.

Une justification de nature psychique met davantage l'accent sur les travers d'une civilisation brutale, cruelle pour les faibles, sur la barbarie des mœurs, sur un déséquilibre propice à l'exaspération.

« Temps de doleur et de temptacion,
aages de plour d'envie et de tourment
temps de langour et de dampnacion
Aages meneur (décadent) *près du definement ...*
Temps plains d'orreur qui tout fait faussement » dit la ballade contre le temps présent d'Eustache Deschamps (n°31).

Tout contribue dans une société criminogène à rendre l'individu profondément égocentrique, attaché à sa petite personne et à ses biens, esclave de son honneur et de son amour-propre, à le rendre incapable de se raisonner, de maîtriser ses pulsions et ses émotions. [13]

Le psychisme de chacun est nourri, durant sa brève et dure existence, dans la vie quotidienne comme à la messe, le dimanche, ou dans les sermons de prédicateurs, de récits où il n'est question que de brutalités, de crimes, de massacres, d'amputations, de flagellations. Les recueils de saints et de saintes proposés par Jacques de Voragine dans la Légende dorée sont l'illustration parfaite de ces *exempla* destinés à frapper l'imagination des auditeurs. Les peintures des églises, les scènes de danses macabres, contribuent aussi à créer une tension. À l'extérieur de l'église, la mort de maladie dans d'atroces souffrances, l'exécution d'un condamné sont aussi banales que « l'écorcherie » d'une bête de boucherie ou d'un animal chassé. Ne va-t-on pas jusqu'à acheter à Mons un condamné à mort pour le voir écarteler ? La façon dont les victimes sont « *navrées* » ne laisse guère de place à la sensiblerie. Tel boucher de Saint-Omer, pris au lit avec sa maîtresse, est traîné dans les blés par le mari jaloux et ses amis et estropié. On lui laisse seulement le choix du pied !

La même brute qui gifle, blesse ou tue sans l'ombre d'une hésitation ou d'un remord, se livre aux pires excès sous l'effet d'une « *grosse parole* » est capable de pleurer à chaudes larmes sur la lame en pierre d'un tombeau ou en retrouvant un ami ou un proche après de longues années.

Un examen des gestes, replacés dans un cadre socioculturel n'est pas inutile aussi dans ce monde de mécontents et d'aigris.

« *Aages menteur, plain d'orgueil et d'envie,*

Temps sanz honneur et sans vray jugement » reprend la ballade contre le temps présent d'Eustache Deschamps.

Personne ne niera que les comportements violents concernent aussi bien les riches que les pauvres, les ecclésiastiques que les laïcs, les ruraux que les citadins, a fortiori quand interviennent des critères d'honneur ou de réputation, mis à mal par l'injure, le viol ou l'adultère. Mais il est non moins indubitable que les procès-verbaux ou les lettres de rémission,

---

13 – C. Leveleux, *La parole interdite, le blasphème dans la France médiévale (XIIIᵉ-XVIᵉ siècles), du péché au crime,* Paris, éd. De Boccard, 2001.

que les registres d'écrous mettent plus souvent en cause, dans les querelles violentes, dans les affaires sordides, de petites gens, des « *povres hommes* », des foulons, des tisserands, des *sayetteurs,* des cloutiers à Lille, des poissonniers et des poissonnières à Quimperlé, des tripières à Poitiers. Les gifleurs d'Arras n'appartiennent pas à l'oligarchie urbaine mais aux basses couches de la société : ouvriers, journaliers, bouchers, valets, filles de joie.

Cette connotation sociale associe le délit à la qualité de la vie, aux mauvaises conditions d'existence, à la promiscuité, à la saleté, à la taverne et à la boisson, à la présence d'objets coupants ou contondants.

L'agressivité est encouragée et incitée à se manifester par la présence d'armes. Il est tout à fait courant de se promener dans Rennes ou Nantes, dans Lille avec des épées, des dagues, des javelines, des bâtons ferrés ou à fer crételé. Des voisins craignent, à Perpignan, l'installation dans une rue de la boutique d'un armurier « *afin d'éviter que ne s'y produisent de mauvais coups* ». Les bouchers suréquipés pour tuer et pour trancher, peuvent devenir, avec « *l'eschauffement du vin* », des bourreaux avec Capeluche ou des agitateurs avec Simon Caboche. Des poissonniers, des palefreniers, des taverniers se transforment aussi en agresseurs ou en agressés. Des moments sont plus propices que d'autres aux rixes : les jours de fête, le samedi après-midi à la sortie des ateliers et des boutiques, la nuit tombante à la porte de la taverne quand un individu se retrouve sur le pavé après avoir avalé trois à quatre pintes de vin ou de bière (3 ou 4 litres). Sont des périodes criminogènes la fin du printemps, les mois d'été avec les fortes chaleurs, l'époque des vendanges de septembre-octobre (Chartres). Le temps de Carême est aussi le temps des violences sous l'effet de la boisson.

Le délit est-il lié à la rue, à l'âge, au célibat, à la profession, comme certains le pensent ?

Les cas sont fréquents à une époque où un criminel sur trois est un citadin (à Tours par exemple) où les deux tiers des inculpés ont entre 18 et 25 ans, un âge crucial qui voit les jeunes gens quitter l'apprentissage mais connaître des difficultés pour s'établir à leur compte, retarder leur mariage faute de moyens, maudire une société qui privilégie les nantis, méconnaît et méprise les humbles. Les jeunes « coqs » sortis des ateliers, des collèges universitaires et d'autres lieux jugés de perdition par les honnêtes gens sont vite impulsifs, à plus forte raison s'ils s'érigent en « fers de lance de la morale sexuelle » (Cl. Gauvard), s'ils ont tendance à marginaliser les femmes, à fréquenter les lieux de perdition. Mais les vieux, les notables, les soldats ne sont guère mieux ; les enquêtes multiplient les exemples d'expéditions punitives, de rixes, de crimes crapuleux.

Mahé Jarno, dit Jarnac, et un mercenaire étranger, Henry (1') Aimant ont accompagné leur seigneur au château de l'Hermine à Vannes, un jeudi de 1453. A la sortie, ils « s'entre desmentirent » sur les résultats d'un jeu (le jeu de paume). Jarno, connaissant le caractère impulsif de son compagnon, préfère rompre la discussion ; Henry s'en offusque, le suit sur le pont, le traite de « lasche ribaut » et finit par le menacer. Au bout de quelques instants, les dagues sortent et les coups pleuvent, longtemps sans gravité, jusqu'au moment où Henry reçoit un coup dans l'estomac. Il titube, bascule dessus le parapet et tombe dans la douve où il se noie. C'est une affaire classique qui se reproduit souvent entre serviteurs d'un seigneur, entre voisins, à la sortie d'une taverne, sur le champ de foire, sur les chantiers, etc... Les motifs, apparemment futiles, cachent peut-être des jalousies, des rancunes profondes, des vexations. Henri Gougeon de Nantes converse avec un ami près du cimetière de Saint-Donatien. Un ivrogne du nom d'Aillet les accoste, veut les entraîner à boire et, devant leur refus, leur cherche noise. Les deux bourgeois tentent, à trois reprises, de se débarrasser poliment de l'importun : « et beausire, laissez-nous parler ensemble ». Rien n'y fait ; Aillet profère des menaces, jure comme un païen, jette des pierres. Gougeon et son ami décident alors de le mener à la justice. Une bagarre éclate ; Gougeon se défend, sort sa dague, cherche à atteindre son adversaire à la cuisse, mais « comme icelui Aillet cuida (pensa) ruser et deffaire le coup, haulsa ladite dague, laquelle lui ataignit soubz lesselle bien près de la mamelle ». Le blessé succombe peu après. (A. D. L. A. E 200 n°4, 2 mai 1460, n°12 1° mars 1466).

On a beau chercher des explications, beaucoup de ces grandes « bateures » viennent de banals incidents, de difficultés relationnelles entre gens de mêmes origines. La violence est le résultat d'un affront matériel, d'un banal incident, d'un outrage, d'un coup de sang dû à un excès de boisson qui « fait perdre sens et mémoire » dit un acte de Vire en Normandie 1452, d'une tentation ou d'une « maulvaise convoitise », quelquefois aussi d'une accumulation de rancunes menant tout droit au désir de vengeance.

La violence est aussi le moyen d'action de cette truandaille qui mettait les populations dans « un état de douloureuse et perpétuelle insécurité » (M. Bloch).

« *Commocions et rebeynes* » *de gueux*

La violence quotidienne est parfois relayée par le soulèvement, par un affrontement violent et traumatisant, baptisé *émoi, émotion, commotion, commune, tumulte, rebeyne* à Lyon, *harelle* à Rouen en souvenir du cri de haro, *mutemaque* à Dijon, *miquemaque* à Reims.

Toutes les révoltes ne sont pas provoquées par la paupérisation des masses. Elles ont aussi une origine politique, fiscale ou sont des querelles de clans, de partis, de quartiers (Metz, Saint-Omer). Mais il ne fait guère de doute cependant que des mouvements sociaux nés de la misère ont tendance à se multiplier à la fin du Moyen Âge et rares sont les régions épargnées par les excès de fièvre, par les secousses qui précipitent dans la rue, à un moment donné, de pauvres gens, des masses de *brassiers*, de *manouvriers*, de *bescheurs* des chantiers, de journaliers, de vignerons, d'afaneurs des faubourgs associés à des éléments troubles : soldats démobilisés, brigands des bois, larrons venus des bouges et attirés par le pillage, la vengeance, à quelques démagogues appartenant aux milieux aisés qui ont des arrière-pensées politiques.

Il ne saurait être question de dresser une liste exhaustive des mouvements sociaux. Le travail a été fait par M. Mollat et Ph. Wolff, par N. Gonthier, A. Leguai et par d'autres. La liste ci-jointe se limite aux exemples les mieux connus.

Les cycles de violences de nature politique, sociale et économique, reconstitués à Lyon par R. Fedou, sur une longue période de 357 ans, de 1173 à 1530, révèlent seize années perturbées sur les bords du Rhône et de la Saône avec des paroxysmes, des « *rebeynes* » ou soulèvements d'une rare brutalité en 1269, 1393, 1436 et 1529.

On signale d'autres flambées de colère ailleurs, en rapport avec les difficultés du moment. Une première série, fin XIIIe-début XIVe siècle, du temps de Philippe IV le Bel met en émoi des villes aussi différentes et éloignées que Douai (1280), Provins (1281), Rouen (1281, 1292, 1315), Arras (1285), Langres (1296), Calais (1298), Beauvais et Châteauneuf-lès-Tours (1305), Saint-Omer (1306), Paris (1307), Montbrison et Saint-Malo (1308), Saint-Galmier (1310), Saint-Quentin (1311), Nice (1297, 1319, 1339, 1344). L'époque de la peste noire, des échecs militaires sous Philippe VI de Valois et de la régence pendant la captivité de Jean II le Bon, entre 1348 et 1358, a été agitée et des troubles éclatent dans plusieurs localités : à Rouen (1348, 1351, 1355), à Caen (1357), à Montbrison en Forez, à Belleville, à Villefranche (1358), à Paris et dans plusieurs bourgades de l'Ile-de-France. C'est aussi l'époque troublée de la Jacquerie et d'Étienne Marcel (l358).

La majeure partie du règne de Charles V est plutôt calme et les succès militaires français accaparent davantage les esprits. Mais la fin de la période faste et les débuts de Charles VI, de 1378 à 1382, connaissent des émeutes fiscales et des réactions à l'oppression des officiers de finance, des gouverneurs et des soldats dans le Midi (au Puy et à Nîmes en 1378) puis dans tout le royaume notamment à Amiens, Caen, Châlons-sur-Marne, Falaise, Laon, Orléans, Reims, Rouen (la *Harelle* de février 1382 et une reprise en août de la même année), Paris qui connaît des troubles en 1380 puis la révolte des « Maillotins » ou des Maillets (mars 1382).

Si la première moitié du siècle, accablée par le conflit franco-anglais et la guerre civile entre Armagnacs et les Bourguignons, est apparemment moins perturbée sur le plan local, on observe des tensions ici et là : à Louviers 1407, Troyes en 1431, Amiens 1435, Besançon 1451, Millau 1454. Le règne de Louis XI est pour plusieurs villes celui des désillusions, des espoirs déçus et des émeutes d'origines politique et fiscale : à Angers et à Reims (1461) Saint-Amand-en-Bourbonnais (1467), à Bourges (1474), à Dijon (1477), à Beaune, Semur, Châtillon (1478)… D'autres insurrections éclatent encore à la fin du siècle comme à Quimper avec participation de Jacques 1490, à Villefranche (1499).

Les révoltes urbaines débutent sur la place ou sur la voie publique qui exhale les inquiétudes, les rancœurs, l'exaspération des groupes sociaux aux contours souvent imprécis. Les émeutiers sont plutôt des *communes gens*, des *moyens* ou des *médiocres, du chétif populaire* (sic)… Les chroniqueurs volontiers méprisants évoquent avec Froissart sous l'appellation de *merdaille*, des inférieurs *« animés par le mauvais esprit »*, des *« malintentionnés »* pressés par l'envie, hostiles aux édiles municipaux, aux agents du fisc et aux artisans, maîtres des corporations aisées. Ils oublient de rappeler que la situation des humbles s'est dégradée depuis l'époque de saint Louis. Un profond malaise s'est amplifié, source de tension. Le poids des charges fiscales, des tailles, des fouages, est devenu intolérable. Les impôts directs, prorogés sans cesse et injustement répartis, sont couplés avec des taxes indirectes, aux noms aussi variés qu'*aides*, que *commun du vin, souquet, billot, gabelle*. Ils ont comme commun dénominateur de grever davantage les petits budgets que les gros en frappant des produits de première nécessité, les céréales, le vin, le sel, les matières premières. Le menu peuple se plaint aussi sans cesse des difficultés de ravitaillement pendant les opérations de la guerre de Cent ans, de la spéculation sur la misère à laquelle se livrent des propriétaires de taudis peu scrupuleux, des taux usuraires des prêteurs sur gages. Les *chertés* des denrées de base quand les stocks de vivres s'épuisent ou quand les armées bloquent les accès à une ville, la menace de famine, les salaires de misère (Paris en 1307), les menaces qui pèsent sur l'emploi (Paris, Lyon), les répercussions désastreuses de l'instabilité des monnaies, leurs « *foiblesses* » comme de brutales réévaluations sont autant d'explications avancées par les historiens pour justifier les révoltes aux cris « *à mort ! Abat, Abat !*» (Langres en 1296) ou « *à bas les impôts* ». On ne saurait négliger pour autant la conjoncture politique, la haine des patriciens et des clercs fortunés, les destructions, les « *déguerpissements* », le blocage des campagnes par des bandes de routiers, les abus des principaux lieutenants généraux, des responsables politiques locaux et des percepteurs d'impôts, les promesses non tenues et, pour en finir, le rôle de la rumeur qui aggrave une situation donnée ou sert de détonateur. [14]

Les émeutiers, des « *gens de bas estat* » appelés au son du tocsin, constituent vite une « *grande troupe* », une assemblée de 2 000 personnes à Lyon en 1436. Ils sont harangués et dirigés par des agitateurs «jusqu'au-boutistes » qualifiés à Dijon de « *maistres conducteurs de mutemaque* », souvent issus de milieux aisés qui profitent de ce feu de paille pour assouvir des vengeances ou confisquer le pouvoir. La foule en colère suit volontiers aussi les surexcités qui vocifèrent jusqu'à faire « *grant et horrible noise* ». Ils en appellent au meurtre, à la vengeance collective, à la destruction. Le rassemblement grossit à vue d'œil et par les itinéraires empruntés dans la vie de tous les jours, affluent des bas quartiers vers les rues ou les quais bordés d'hôtels particuliers, « *d'une maison commune* », d'un évêché, d'établissements religieux, symboles d'une seigneurie ou d'un pouvoir honni.

> Les *rebeynes* lyonnaises, parties de la Presqu'Île entre Rhône et Saône, des ruelles populeuses du Vieux Bourg autour de Saint-Nizier, Saint-Pierre-aux-Nonnains, Saint-Vincent, rejoignent le pont de la Saône pour aller semer l'effroi dans le riche Bourg-Neuf, dans le quartier de la cathédrale et de Saint-Just. Les lieux dangereux de Paris, lors des émeutes, sont les ruelles de la rive droite, autour du Châtelet, de Saint-Jacques de la Boucherie et dans le quartier du Temple.

---

14 – N Gonthier, *Cris de haine et rites d'unité*, Bruxelles, Brepols 1992 – J.-P. Leguay, *La rue au Moyen Âge* op. cit. 196-203 – M.Mollat et Ph. Wolff, Ongles bleus, Jacques et Ciompi, les révolutions populaires en Europe aux XIVe et XVe siècles, Paris, Calmann-Levy 1970.

Les destructions accompagnent les déplacements ; les émeutiers s'en prennent aux « *huis* » et aux fenêtres des particuliers, vident et détruisent les meubles, les coffres et les huches où sont entreposés les papiers officiels ou les pièces de monnaie, percent, « *gastent* » ou défoncent des tonneaux de vin, pillent à qui mieux mieux. Des actes de barbarie sont parfois commis, visent de riches bourgeois enviés pour leur train de vie, des magistrats cooptés, des percepteurs d'impôts qui ont abusé de leurs droits, des usuriers qui tiennent les pauvres à la gorge, des minorités juives ou lombardes. « *Les émeutiers allèrent en grandes troupes de maison en maison où estoient logez lesdits officiers et ès maisons des bourgeois et aultres, où ils rompirent et gastèrent tout ce qu'ils trouvoient avec de gros tricquotz et aultres bastons, desquelz ils tuèrent et blessèrent plusieurs et emportèrent tous les biens qui estoient les plus beaulx et précieux qu'ilz trouvoient* » déclare le journal d'un témoin d'origine angevine.

Sauf exception, les meurtres restent limités et n'ont rien de comparable avec la répression, avec la terreur blanche que nous décrirons dans le dernier chapitre. Quelques cas ont pourtant défrayé la chronique par le côté sadique des règlements de compte comme les coups portés aux percepteurs de taxes, les *maltôtiers*, avec des maillets de plomb à l'occasion de la révolte des maillotins à Paris en mars 1382 ou le lynchage des édiles de Béziers le 8 septembre 1381 : « *Les autres malintentionnés enfoncèrent les portes à coups de haches et de cognées. Quelques uns des bons messieurs montèrent sur la tour de la Maison (commune) pour y être plus en sécurité. Mais les susdits malintentionnés vinrent avec du feu et le mirent à la tour, de quelle sorte que tous ceux qui s'y trouvaient furent brûlés, sauf quelques uns qui, par peur du feu, sautèrent de la tour et moururent sur place... Puis après avoir accompli cette horrible fait, les susdits malintentionnés s'en allèrent par la ville et les hôtels, tuèrent et mirent en pièces ceux qui suivent... Après avoir tué toutes ces bonnes gens, ils allèrent par la ville, volant et pillant les hôtels des bons hommes et il s'y mêla tant de gens qu'on ne pourrait les nommer* » (8 septembre 1381) raconte le témoin Jaime Mascaro. [15]

---

15 – Traduction de Ph. Wolff, *Documents de l'Histoire du Languedoc*, éditions Privat, Toulouse 1969, pages 170-171. Le texte original a été publié par Ch. Barbier, *Le libre de Memorias* de Jacme Mascaro, dans la Revue des Langues romanes, 4 série, tome IV, 1890, pages 74-75.

Ces poussées de fièvre, ces fureurs, ces déchaînements de violence extrême contre les riches, contre les officiers et les privilégiés durent en règle générale quelques heures seulement, trois ou quatre jours au pire. Ils sont suivis d'un calme inquiétant durant lequel chacun prend conscience de la réalité et s'interroge sur son sort à venir. Si le menu peuple, pressé par la *malice* (sic), a le sang chaud, la réaction princière ou patricienne est froide et raisonnée et s'ouvre sur la terreur blanche.

« *L'Aage des robeurs* » dit Eustache Deschamps faisant allusion au vol et aux rapines en tous genres qui ont marqué l'histoire sociale de son temps.

La documentation se borne souvent à indiquer, sans plus de précision, qu'un individu, en marge de la société policée, est poursuivi pour chapardage, maraudage, *larrecin, furt* (vol) ou *rapinerie, bris et affraction de prison*, agression à main armée, *faulsonnerie* ou usage de faux, *falcite* ou *falserie* (faux témoignage) ou tout simplement pour des « *abbus, mallefices et énormes crimes ou murtres* ». Les premiers registres de la chancellerie de Bretagne se limitent généralement à une courte notice.

Les relations plus détaillées sont données par un riche matériel d'information constitué de recueils de procès-verbaux, de lettres de rémission ou de pardon (Tours, Avignon), de confessions, par des registres d'écrou du Châtelet de Paris. Ce sont des cas concrets de transgression de la loi et de la morale, d'atteinte à la propriété privée, des faits graves commis par des délinquants occasionnels, des asociaux ou de véritables professionnels du crime.

La diversité en matière de « peccata horribilia » (disent les ecclésiastiques)

On peut classer les délits commis dans un lieu, de préférence réputé dangereux en plusieurs catégories, en sachant bien que les pires « *rapineurs* », que les *robeurs* peuvent fort bien pratiquer simultanément les coups et blessures, le vol à la tire ou avec « *brisure d'huis* », la « *force oultre la volounté* » ou le viol, les *murdres* qui font partie de la grande criminalité, passible de sévères sanctions.

Le monde du « milieu » héberge de petits et de grands délinquants, des « *larrons publiques* », des individus qui « *portent des atteintes furtives à la propriété* », qui tuent aussi pour subsister ou sans avoir l'excuse de la grande nécessité. La faute est déjà grave comme toute atteinte au patrimoine d'autrui et le pardon est accordé avec parcimonie.

La vraie criminalité commence avec le vol prémédité, bien différent du larcin occasionnel commis par un jeune domestique sous le coup d'une mauvaise impulsion ou *d'une ardeur* incontrôlable. Le *furt* avec effraction n'est guère pardonné dans un monde où le bien d'autrui est sacré.

Le délit se poursuit crescendo pour atteindre le comble de l'horreur : les « *brulemens* » volontaires de moissons, le viol, l'infanticide par abandon au froid ou par assassinat, le parricide, les meurtres soigneusement préparés. On a calculé que, dans certaines seigneuries, 50 à 70 % des affaires jugées par les tribunaux, 68 % selon le registre du Châtelet en 1389-1392, concernaient le vol « *à la poche* » ou avec effraction.

Les auteurs de ces graves délits sont tantôt de pauvres hères, des compagnons ouvriers, des valets, tantôt d'anciens routiers qui avaient eu une conduite honorable sur les champs de bataille, tantôt des vagabonds récidivistes qui ne travaillent guère, mais volent et tuent plutôt pour subsister et qu'on affuble de surnoms aussi significatifs que le Sauvage. On découvre aussi dans leurs rangs des nobles, des écuyers, des chevaliers, des bâtards de nobles « *sans aveu et nul estandart* », des clercs, d'anciens artisans dévoyés. Ces malandrins sont aidés dans leurs mauvais desseins par des attaches familiales et locales, par une bonne connaissance des circuits, des occasions pour marauder ou agresser leurs futures victimes, des tripots pour s'organiser, des débouchés pour le butin. Tout les intéresse mais certains se spécialisent, pillent de préférence les châteaux, les hôtels des riches bourgeois ; d'autres font le trafic du bétail volé, des vêtements, de bijoux. Tous sont poussés par des individus « *meuz par temptacion diabolicque* », « *par mauveix esperit* », « *meuz de courroux pour la villenie* ».

Ces vauriens, redoutables pour la société, agissent seuls ou en bandes bien structurées et hiérarchisées, dans leur ville d'origine ou au cours de lointains périples. Alors qu'aux siècles précédents, la plupart des délits étaient commis par des gredins dans leur paroisse et dans leur seigneurie, la grande majorité des cas jugés ou connus aux XIVe et XVe est le fait de chemineaux, d'aubains, de bandes organisées. Tous profitent de la faiblesse de l'appareil policier.

Crocheteurs et voleurs de bourses

Des maisons reçoivent la visite de *crocheteurs*, de *briseurs d'huis, d'huisseries, d'arches et de coffres,* des spécialistes du crochet ou du rossignol. « *Aucuns* (certains) *mauvais garçons Bretons et Normands entrèrent par force en 1464 à maisons de quelques officiers royaux de la ville d'Angers* ». Une bande, sous les ordres d'un chevalier Antoine de Habart, commet des crimes et des vols à Arras ; les membres se livrent aussi à la prostitution ; ils « *tenoient fillettes et ne faisoient tous les jours que combattre* ». La disparition de leur chef, tué le 13 novembre 1458, ne rétablit pas la paix puisque les « *enfants de Habart* » continuent de plus bel à écumer et à « *forcer* ». Les plus hautes autorités n'osent intervenir si bien que les bourgeois assistent impuissants aux exploits de la compagnie, dénoncée dans les mémoires du juriste Jacques du Clercq dans les années 1448-1467 : « *Ainsy estoit pour ce temps en Cité d'Arras justice obéye, et tout par les gens d'Eglise qui gouvernoient l'éveschié ; et les chiefs de justice, auxquels ne challoit* (n'importait) *que de emplir leurs bourses et avoir, les approuvèrent ; ceulx qui estoient mal renommés et faisoient maulx innumérables, ils les laissoient paisibles et ne leur osoient rien demander ; mais ceulx qui avoient peu ou néant meffait, ceulx cy payoient les amendes et estoient durement et rigoureusement traictiés* ».[16]

Observateur perspicace du laxisme ambiant, Du Clercq souhaite davantage de sécurité, quitte à accepter le joug royal.

Les *coupeurs de bourses, vendengeurs* (sic) ou pick-pocket de l'époque accomplissent d'autant plus aisément leurs *subtilitez* que l'appareil policier, guère visible, est peu efficace au milieu de la foule, que les bourgeois portent leurs bourses attachées par des lanières de cuir à leurs ceintures ; ils savent exploiter les encombrements de la rue, la presse des jours de foires et de marchés. Les larcins portent en général sur de petites sommes, des objets de faible valeur.

Les troncs des églises sont couramment visités et doivent être protégés par des solides cadenas. Dans le monde rural, le vol de céréales et de bestiaux est fréquent. Eonnet Fouray est pendu à Quintin, en 1481, pour s'être introduit dans le haras du seigneur !

---

16 – Extrait des Mémoires de Jacques du Clercq, texte cité par R. Muchembled, *Les Temps des supplices. De l'obéissance sous les rois absolus, XVe-XVIIIe siècles*, Paris, éd. Armand Colin, 1992, p.59

Des simples larrons et larronnessse aux criminels endurcis

La législation de l'époque et les affaires judiciaires énumèrent les truands, des larrons et larronesses, des « *espieurs ou gueteurs de chemins* », des « *pilleurs et robeurs en la voie pulique* », des « *efforceurs de fames* », des « *basteurs de gens pour argent, de rongneurs de monnoies* » etc. Les délits concernent des occasionnels, des récidivistes qui ont déjà fait de la prison ou se sont échappés d'un cachot, de véritables professionnels du crime qui opèrent sur une grande échelle, « *repairent et rapinent* » dans plusieurs contrées, détroussent ou même tuent avec des comparses les marchands, les riches fermiers, les officiers du prince, écoulent leurs larcins chez des receleurs.

Beaucoup de voleurs de grand chemin, des assassins en puissance, jeunes et vieux, fuient la justice de leur pays d'origine ou se déplacent pour commettre leurs forfaits au gré des circonstances. Ils accomplissent parfois d'étonnants périples par prudence ou par intérêt. Un solitaire, Jehan le Porchier surnommé l'Ermite dont les quatorze dernières années mobiles de vie délinquante sont rapportées dans le registre du Châtelet de la fin du XIVᵉ siècle, a visité le monde entier, Rome et la Palestine où il est allé en pèlerinage ; de retour dans son pays d'origine, il écume la Normandie et la région parisienne depuis son refuge d'Etrépagny, mène une vie de vagabond et de redoutable bandit. Un autre, Robert Bernard de Dol défie les lois pendant seize ans. Il sillonne le duché, visite le Poitou, s'intéresse à tout ce qui se présente, avec une préférence pour les chevaux, les bovins, les moutons, les ballots de laine (à Dinan), les vêtements (à Combourg), les sacs de sel, les outils, etc. . . Capturé il réussit à prendre la fuite. Yvonnet Chotart des environs de Saint-Malo, engagé comme mercenaire, dérobe, avec un complice, trois tasses d'argent à Perpignan. De retour en Bretagne, il poursuit ses exploits à Rennes, pénètre par effraction chez Alain Barrilier de Toussaints, s'empare d'outils, de vivres, de sacs de blé qu'il a le front ou l'inconscience d'aller vendre le lendemain devant le portail de Mordelaise.

Tous les cas de figure sont représentés dans cette faune de délinquants d'où émergent, à côté du *vulgus pecus,* des pilleurs, des briseurs, des violeurs, des figures hors normes de truands que leurs origines familiales, leurs exploits et leur fin tragique rendent, après coup, aussi sympathiques qu'un Cartouche ou un Mandrin plus tard !

L'argent, la terre, l'héritage, voire des raisons professionnelles pour d'anciens journaliers agricoles, émigrant au rythme des saisons ou des colporteurs, transportent les lecteurs des procès-verbaux dans des périples, accompagnés d'actions criminelles où chacun fait preuve de ses capacités pour « *embler* » (enlever) et « *gaignier* ». Le sommet de la hiérarchie est occupé soit par de fortes individualités, comme Thébaud Depays, pendu à Lamballe en 1479 pour plusieurs meurtres, vols et viols, soit par des bandes de brigands français ou étrangers qui mettent en coupe réglée une région entière. Des « *écorcheurs* » ou chauffeurs des temps anciens, aux visages masqués, « *en abillemenz d'armes* », opèrent partout. En 1462, cinq bandits viennent semer l'effroi à Saint-Pol-de-Léon, brisent les portes du logis de Pierre Jacques, brutalisent et « *mutilent* » les occupants et des voisins venus à leur secours. L'été 1390 voit la région parisienne perturbée par des vagabonds d'origine flamande, des soldats en déplacement, devenus des criminels endurcis, soupçonnés des pires forfaits, d'avoir empoisonné les puits et les fontaines. Les citadins n'osent plus quitter les enceintes ; les paysans se calfeutrent chez eux ; les marchands désertent les foires et les marchés.

Des criminels endurcis et chevronnés, passés maîtres des attaques à main armée, contribuent, avec les opérations militaires, à alimenter dans le milieu social un climat d'insécurité.

La société est clouée de peur par des individus ou des bandes, qui sèment la terreur dans une ville ou dans une région toute entière, pillant ici, rouant de coups là, assassinant des laboureurs ou des bourgeois aisés. La guerre de Cent ans et les vicissitudes de la crise économique ont multiplié les déclassés, les « *sanz estat* » les auteurs de méfaits, réunis au fil de l'errance ou par « pays » : des Bretons, des Savoyards, des Landais, des Forésiens, des Navarrais et bien sûr des Anglais ou des Allemands, des « *rouleurs de bosse* » accusés de tous les vices. Les récits abondent en exploits de chefs de brigands, des individus comme Jourdain de l'Isle seigneur de Casaubon en Gascogne (exécuté en 1323), Mérigot Marchès dans la région parisienne (fin XIVe), son alter ego Girart Doffinal dans le Rouergue.

Leurs associations sont aussi bien organisées qu'une « route » militaire ou que les Tuchins du Massif Central et du Languedoc, avec des chefs, des structures d'encadrement, des armes, des crochets, des échelles, des habits et des masques ; ils ont aussi des mots de passe, un vocabulaire, des refuges dans les bois pour mettre à l'abri le butin, les bestiaux et les céréales volés, des receleurs.

« Soit crié de par le roy notre sire et de par le prevost de Paris comme plusieurs personnes de petit estat, gens oiseux et autres de petit et mauvais gouvernement soient coustumers d'aler fever de nuy parmi la ville de Paris et de commettre plusieurs deliz et malefices comme de rompre huys et fenestres, battre gens, rober et pillier les barraulx de fer estans en la closture et sur les murs de ladicte ville de Paris, rompre et oster les serrures et trians des huis des hostels et manens et habitans en la dicte ville, et de faire et commettre plusieurs autres mauvaistiéz et deliz et en aprez les aucuns des personnes dont cy dessuz est faicte menction se vont couchier et logier es bateaux a foing et autres estans sur la riviere de Saine a Paris, si comme de ce nous sommes deuement infourmez et acertenez tant par plusieurs clameurs et plaintes qui nous en sont survenues comme par ce que pour les car dessuz diz aucuns deulx aucuns sont detenus prisonniers ou Chastellet de Paris. Nous commandons et donnons pouvoir et mandement especial de par le roy nostredit seigneur a toutes manieres de sergens du guet de la douzaine et a verge dudit Chastellet, que toutes manieres de tels gens quilz trouveront couchiez es diz battaulx ou aucuns d'eulx fait ou faisans de nuy et de jour telz manierez de pilleries, roberies, exces et deliz, ils les preugnent et amainnent prisonniers oudit Chastellet pour illec ester adroit selon leur mentes ou demerites. Et neantmoins defendons a tous genemalement qu'ils ne soient si osez ou hardiz de comettre les excez ou deliz dessus diz sur paine d'estre puniz de peine capital ou autre telle comme au caz appartendra ne d'eulz aller couchier ne logier es diz bateaux sur peine d'estre detenuz prisonniers audit Chas[telet] quinze jours au pain et à l'eaue et de soixante s{ols} par[isis] d'amende pourveu toutesvoies que ce ne soient ceulz a qui les diz bateaux seront ou leurs varlez commis et ordonnez a la garde d'iceulx. Escript soubz nostre signet le jeudi quatorziesme jour de octobre l'an mil trois cent quatre vingt et quinze ». [17]

17– Archives nationales, Y 2, Livre rouge vieil, fol. 124v. octobre 1395, extrait de B. Geremek, « la lutte contre le vagabondage à Paris », op. cit. n° VI p.233.

Ces individus de mauvaise réputation, venus de tous les horizons géographiques et sociaux, en rupture avec leurs structures d'encadrement habituelles, avec les valeurs de leur jeunesse ou de leur éducation (les nobles) commettent au hasard de leurs déplacements des vols audacieux pouvant dépasser les 100 livres monnaie, des enlèvements de personnes ou d'animaux, des extorsions de rançon ou de *pâtis* … avant d'être arrêtés avec difficulté par les sergents et condamnés à la potence pour leurs forfaits ou … pour trahison ou vagabondage.

Parmi les affaires fréquemment citées dans les registres figurent les cas de *« force »*, les viols. Rares pourtant sont les filles *« defflorées … oultre leur volenté »* qui osent porter plainte, par honte ou peur des représailles. C'est tantôt l'une des principales formes d'agressivité juvénile, tantôt la conséquence de contraintes morales, de mariages tardifs, d'une ségrégation sexuelle, d'une mentalité inconsciemment anti-féministe et des menaces que font courir les forbans. Les exemples jugés ont un caractère si odieux qu'il est probablement difficile de les passer sous silence. Catherine Hamon de Guingamp est exécutée, le 11 septembre 1470, en même temps que son mari et des complices, pour avoir *« fortraict »* (débauché) sa jeune cousine, puis pour l'avoir attirée chez elle où elle fut *« forcée »*. Alain Mauvallet de Moncontour abuse de Guillemette Ballay et, circonstance aggravante, il l'a enlevée à son domicile après avoir brisé l'huis d'entrée, deux crimes dans un un !

Le Moyen Âge n'a pas toujours la même indulgence que notre société pour les crimes passionnels, même s'il lui arrive de pardonner sans explication. Les tribunaux jugent sans complaisance des maris assassins, des femmes meurtrières par jalousie, les ravisseurs de mineures, les fratricides, les parricides. On pend, en 1476, à Saint-Brice-en-Coglès, Guillemette qui a tué son mari. Il est vrai que les moyens employés pour se débarrasser d'un conjoint peuvent être particulièrement odieux. Catherine Helgomarc'h de Plouray incendie une *« logecte »*, d'une valeur de trente sous, précise l'acte, *« en laquelle son mary se tenoit souvent avec une paillarde et y destruisoit tout son bien »*. La fin de la phrase équivaut à une circonstance atténuante. Des femmes sont tuées à coups de pieds dans le ventre, le visage écrasé avec une pierre, etc.

D'autres crimes « capitaux »

Les autorités ducales et seigneuriales, soucieuses de leurs intérêts, du maintien de l'ordre et de la paix publique, de la bonne réputation de leur pays ou de leur domaine interviennent pour sanctionner d'autres délits, des crimes de sang, des crimes de lèse-majesté, jugés très graves car ils portent atteinte à la propriété ou à l'Etat.

On ne tolère pas plus le faux témoignage que le faux en écritures. Le crime de « *faulsonnerie* » revient constamment sous la plume des scribes et recouvre toutes sortes de méfaits : la falsification d'un testament par adjonction ou suppression de clauses, la modification abusive d'un contrat, le vol puis la destruction de documents, le maquillage de quittances, etc. Le fautif risque au minimum l'amputation de la main droite, à moins qu'il ne réussisse à prouver sa bonne foi.

La peine de mort punit les différentes catégories de faux-monnayeurs accusés de *billonner*, de trafiquer le *fin* : les rogneurs d'écus qui s'approprient les rognures des monnaies, les individus, orfèvres de profession ou simples particuliers, qui utilisent, sans les fabriquer mais en toute connaissance de cause, des espèces de mauvais aloi où beaucoup de cuivre se mêle à l'argent, ceux qui spéculent sur le poids de l'or. Deux femmes d'Abbeville sont enfouies vivantes en 1296 et en 1315 pour avoir écoulé des espèces noires, qualifiées de défectueuses. L'ébouillantage dans une énorme marmite (sic) frappe plutôt les *faux-monnayeurs* et les « *fausses monnoières* » qui commettent un délit d'imitation, qui consiste, selon un texte bourguignon de 1433, à frapper des monnaies « *a la façon, empreinte et fourne des deniers de nostre dit seigneur* ». Cette définition pèche par simplification. Un contrefacteur non seulement reproduit, sans aucun droit, des espèces copiées sur des monnaies légales mais peut aussi (pas automatiquement) en altérer, en empirer, le poids et l'aloi. Le méfait est d'une rare gravité pour de multiples raisons. Le délinquant qui est un simple particulier ose bafouer et s'attribuer un droit régalien, ce *jus monetae*, défendu par les rois, acquis par les princes. Il prive le Trésor de ses revenus, de bonis substantiels. Il nuit à la réputation d'un royaume ou d'une principauté, de son prince garant de l'authenticité des espèces, perturbe, par de telles manipulations, les usagers confiants et attachés à une monnaie saine, gène le négoce par ses imitations, mécontente les pays voisins. Le crime de lèse-majesté prend enfin une dernière signification si le faux-monnayeur a fait fondre, *saulcé* ou rogné, altéré l'effigie sacrée du souverain. Les ordonnances se sont multipliées pour rappeler la gravité de la faute de *faulce monnoie* et les sanctions encourues. Si la plupart des contrefacteurs, signalés dans les archives judiciaires, sont des individus isolés, opérant au fin fond de leur atelier, dans une ferme isolée en pleine campagne, remonter quelques filières révèle des surprises.

> Une curieuse mésaventure arrive à un noble, Charles de Lesnerac, chevalier de Ploemeur, en 1462. Au cours d'un séjour à Nantes, il fait la connaissance d'un Dauphinois, Pierre Méart, qui lui propose de fabriquer de la vaisselle d'argent à bon compte. Lesnerac accepte, finance les préparatifs et installe Méart dans son château. Le génial faussaire « *fist de la poudre sublimée avec arcenic* », *fond du cuivre avec de l'argent provenant de gobelets cassés, «mistonne » le tout et produit une « tuille en manière de plataine » qu'un artiste transforme en tasses.* Lesnerac, trompé par une expertise erronée, met en vente deux tasses pour payer ses dettes. Un drapier d'Auray se méfie, fait analyser les pièces en dépôt « *suspeczonnées de maulveix aloy et métal* », porte plainte et voici le chevalier crédule avec une sale histoire sur le dos. Le duc se montre finalement compréhensif ; mais tout ne se passe pas forcément aussi bien dans la plupart des cas.

Des bandes se chargent d'écouler les fausses pièces. Du beau monde en fait partie et s'associe à des bélîtres : des orfèvres, des changeurs comme le Nantais Thomas Rigault convaincu d'avoir rogné la monnaie ducale et fait « *pluseurs pièces tant or que d'argent.. au grant detriement de nous (le duc) et de la chose publicque de nostre pais et duché* », des individus qui se prétendent alchimistes, de petits nobles désargentés qui veulent arrondir leurs pensions, même un monétaire qui rompt son serment ! Le capitaine du château de Vitré membre d'une des plus vieilles et plus honorables familles locales, les de Gennes, est arrêté en avril 1417 avec son complice Jehan Lefèvre, pour émission de fausses espèces. La rumeur laisse entendre que le duc d'Alençon s'est laissé tenter en 1456, dans sa bonne ville d'Argentan, par la fabrication de fausses pièces en or « *au coin du roi* ». Son opérateur qui se targue de faire 3000 faux écus faux avec un millier de bons est un certain Emery, natif de Bordeaux, orfèvre de profession. L'expérience tourne court ; le duc pris de peur ou de remords arrête net les frais et fait liquider son complice.

Le rituel dégradant du feu ou de l'eau chaude purificateurs est aussi la punition réservé à des monstres, coupables des pires horreurs. Raoul

Glaber raconte que la terrible famine qui sévit aux alentours de l'an mil dans le royaume fit surgir des êtres malfaisants qui consommaient de la chair humaine. L'un d'eux est dénoncé par la rumeur publique auprès de Mâcon dans la forêt de Chantenay. « *On envoie à l'instant un grand nombre d'hommes pour vérifier les faits ; ils pressent leur marche et trouvent à leur arrivée cette bête féroce dans son repaire avec quarante-huit têtes d'hommes qu'il avait égorgés et dont il avait déjà dévoré la chair. On l'emmène à la ville, on l'attache à une poutre dans un collier puis on le jette au feu. Nous avons assisté nous-mêmes à son exécution* » À Arras, où le supplice différencie plus les sexes que les crimes, trois femmes sont brûlées vives pour le meurtre de dame Gilles du Bois dite Cotoise, tandis que leurs deux complices masculins sont pendus !

Les mêmes supplices sanctionnent les violations de sépultures, les destructions d'enfeus, les incendies volontaires, les suicides, les agressions de jeunes désœuvrés. Une curieuse affaire met en émoi la petite seigneurie des Huguetières à la limite du Poitou et de la Bretagne en 1484. Un enfant est assassiné, le coupable arrêté, emprisonné, jugé et pendu. Un fait presque banal dans le contexte de l'époque, dira-t-on ! Gilles de Raitz a fait bien pire dans la région. À ce détail près, cependant, que l'exécuté est… un « *Monsieur vêtu de soies* », un cochon !

Chaque ville dispose de quartiers ou de points « chauds », de lieux où l'honnête homme ne s'aventure guère, à la nuit tombante. Ce sont de préférence des endroits proches des ponts, des portes d'enceinte, des cimetières des Saints-Innocents, des halles vulgairement nommées cohues, des champs de foire (le Lendit près de Paris, des embarcadères où prolifèrent les tavernes, les triperies, ateliers de réparation, les pêcheries, les taudis.

Ces bas-quartiers dont les noms ont quelquefois traversé les siècles, attirent les basses couches de la société, de « petites gens », le « peuple » (de Paris, de Lyon, de Marseille), des travailleurs douteux ou sans qualification précise, des journaliers ou des *affaneurs*, des marauds impliqués dans des affaires louches. On trouve aussi dans les récits qui s'intéressent à un monde ancré dans la réalité quotidienne, de petits *revendans* ou *regrattiers*, les utilisateurs d'ateliers polluants et les *mayseliers* des abattoirs, les filles peu farouches et leurs protecteurs. Les écrivains volontiers ironiques ou haineux, les officiers du roi, d'un prélat, d'un grand seigneur, les juges, les sergents chargés du maintien de l'ordre dénoncent de plus en plus la mendicité comme néfaste à la « *chouse publicque* », nuisible « *au proufit commun* » *(Le Songe du Vergier)*, « *nuisible à l'État comme à ses sujets* » (Nicolas Oresme), comme « *honteuse* », contraire à la loi de Dieu. L'opinion publique considère, les mendiants comme des vagabonds, des oisifs, des fauteurs de troubles, des vauriens qui errent la nuit « *sans candelle et sans lanterne* » à la recherche du mauvais coup, somme toute des êtres incorrigibles, doublés de véritables gibiers de potence, des dangers pour la paix publique. Les bourgeois, boutiquiers, maîtres des métiers, riches marchands, soucieux de leur sécurité et attachés à la vertu du travail, ont vite tendance à ajouter dans la liste des réprouvés, des étudiants turbulents, des baladins et jongleurs insouciants, des prostituées et leurs protecteurs, tolérés comme un mal nécessaire, mais dont la réussite matérielle est jugée comme une offense à la morale.

Face aux carences d'un appareil policier insuffisant, face à la peur qu'engendre l'insécurité répondent, dans les limites du possible, une répression sans nuances, l'effroyable remède de la torture et d'un châtiment qui se veut exemplaire. Les mesures coercitives et la peine de mort, moins courante qu'on ne le disait jadis, sont à l'image d'une société brutale, souvent injuste, plus dure avec les simples voleurs qu'avec des criminels endurcis.

CHAPITRE 5

LES SOUFFRANCES D'ICI BAS

« Je hé mes jours et ma vie dolente
Et si maudy l'eure que je fut nez
Et a la mort humblement me présente
Pour les tourmens dont je sui fortunez », regrette Eustache
Deschamps dans une de ses plus belles ballades.

« Que la goutte de saint Maur et le mal de saint Ghislain (l'apoplexie)
puissent vous terrasser en plein » menace un coquin. [1]

La condition de vie du *mendif, du nichil, du nice* (crétin) sans abri,
est à l'opposé de celle du nanti, du *potens* ou de l'individu moyen qui peut
se marier, fonder une famille, ester et tester, qui est héritable comme on
disait en Flandre ou susceptible de laisser un bon héritage et *contributif*
aux impôts. Sa misère lancinante, décrite sans concession par les
témoignages, est moquée avec cruauté par les auteurs de farces ou de
nouvelles. L'époque que nous nous efforçons de restituer n'incite guère
à la générosité. Le pauvre est par définition, un paresseux, *« un oyzeul,*
inutile au monde », un être physiquement laid, vulgaire. Beaucoup de
témoignages sont comme des hymnes à la haine contre une *« multitude*
pestilentielle de povres hommes qui mendient touz nuz ». Rares sont
ceux qui s'en inquiètent. Dans son Livre des Manières, l'évêque de
Rennes, Étienne de Fougères, reproche aux rois, aux nobles et aux clercs,
d'oublier leurs devoirs de chrétiens en infligeant de mauvais traitements
aux pauvres. [2]

1– Eustache Deschamps, *Oeuvres complètes*, éd. du marquis Queux de Saint-Hilaire et de G. Raynaud, 11
volumes Paris, SATF 1878-1904 volume IV p. 332, texte publié par A. Mary, *anthologie poétique française,*
Moyen Âge II, Paris, Garnier-Flammarion, 1967 p. 148. – *Farces du Moyen âge*, édition d' A. Tissier,
Flammarion op. cit. p.125.
2 – Sur les pauvres honteux, outre les travaux cités dens le Chapitre 1, mentionnons le numéro de Senefiance
n°5 : *les exclus et systèmes d'exclusion dans la littérature et la civilisation médiévales*, éditions du CUERMA,
P.U.P., Aix-en-Provence, 1978.

La situation des malades, confrontés aux pires maux, au *feu sacré* de Saint-Antoine ou à la *pestilance de boce*, des accidentés du travail, des infirmes est pire encore que celle du clochard adulte et valide. Les souffrances « *ignées* », les « *flux de ventre* », l'état de pourriture ont laissé de cruels souvenirs dans les textes et dans l'imaginaire médiéval.

Les soins dispensés dans les hôpitaux, hospices, maisons-Dieu et léproseries de l'époque s'apparentent davantage à une tentative de survie dans un mouroir qu'à une véritable prise en charge par des médecins, des barbiers-chirurgiens et des *mires* ou guérisseurs.

Les « pauvres honteux » d'une culture vulgaire

Vulgaire, du latin *vulgus*, désigne le langage populaire, celui de la foule, réputée *fastrouiller,* formule médiévale pour baragouiner.

La lecture des chefs d'œuvre de notre théâtre comique et des minutes des procès apporte un éclairage vite caricatural sur la présence et les conditions de vie des mendiants « *qui n'avoint aucuns biens* », des gueux qu'on nomme « *gouliarts, goliards, houliers* ».

« *Dieu ne fit meseau, teigneux, borgne ni truand,*
bossu ni contrefait, ni camard, ni puant,
pourvu qu'il aille entassant force argent
qui ne trouve bon accueil et femme ardente ». [3]

Les récits contemporains montrent comment les autres, les passants, les bourgeois percevaient ces pauvres bougres dénommés par dérision *Mal en point, Léger d'argent, Faute-d'argent-c'est douleur nompareille* (sic), *Plate bourse, Trote Menu, la Pansue* etc. Le jugement moralisateur transparaît à tout instant. Un fabliau raconte comment un jeune sot, attiré par la posture assise d'un cordonnier croît avoir trouvé l'idéal de l'existence dans la paresse. Il comprend vite qu'il s'est fourvoyé.

« *Hélas ! se mestier ne vault rien*
Ah ! Jésus, mes bras sont transis.
Le cul me faict mal d'estre asis,

---

3 – Anonyme, *La mauvaise femme* dans A.Mary, *Anthologie poétique*, op. cit. p.93.

Les mains du lignon empongner (souiller)
Je n'y veulx jamais besongner :
Le mestier est trop grand peine ». [4]

Le clochard, tel qu'il est décrit ou peint, est physiquement et moralement laid. Son milieu naturel est un marigot que des écrivains ont qualifié a posteriori de « cour des miracles ».

Le délabrement physique du pauvre, « de petit extrace, chenu et cassé »

La souffrance des *pauperes* a commencé dès la naissance et le miséreux lui-même a conscience d'être né sous une mauvaise étoile.

« Je hé ma concepcion
Et si maudy la constellacion
Ou Fortune me fist naistre premiers,
Quant je me voy de tous maulz parsonniers » (accablé) dit, un autre instant, Eustache Deschamps. [5]

L'aspect pathologique d'un contrefait, d'un *contract*, une image grotesque du corps, souvent reprise par les auteurs de farces ou de représentations théâtrales, ne paraît pas avoir choqué les adultes ou les enfants, qui découvraient des individus vautrés sur le pavé. La société bourgeoise, profondément égoïste, n'est guère portée sur la commisération et la déchéance anatomique suscite plus le rire que la pitié.

La ballade du contrefait d'Eustache Deschamps est la ridiculisation même du pauvre diable à la porte d'une église ou sous l'avancée d'une maison.

« Pales et vers, longue teste et cocue (pointue)
yeux de perdrix et nés de chahuant,
Groing de pourcel, long coul comme une grue,
Bossus derrier et enfossez (creux) *devant*
Ventre a soufflet, cuisses de coqmarant (cormoran)
Hanchez de buef et jambes de heron,
Cul d'estourneau, gros genouls d'oliphant :

---

4 – Extrait des *Trois galants et Philipot*, texte cité par S. Thonon, « Le peuple de la farce. Jalons pur une approche littéraire des activités urbaines à la fin du Moyen Age », dans *le petit peuple dans l'Occident médiéval. Terminologies, perceptions, réalités*. Actes du colloque international de Montréal de 1999, publication de la Sorbonne sous la direction de P. Boglioni, R.Delort et Cl. Gauvard, 2002 p.223.
5 – A. Mary, *Anthologie poétique française* op. cit. II , p.148-149.

Qui onques vit corps de telle façon ?
Uns longs piedz plas qui ont oingnons en mue,
Grans chevilles qui se vont ataingnant,
Mule es talons avez parmi la rue,
De lascheté vont vos membres tremblant,
A vostre aller en faictes bien semblant,
Et vos deux bras semblent estre baston,
Ongles de chien, longue main et meschant :
Qui onques vit corps de telle façon ? ».

Un tel raté de la nature ou une telle victime de l'âge et du travail est représenté sous les traits d'une bête humaine, aux traits démesurés. A coup sûr, Dieu et la nature ne les ont pas gâtés !

Le visage du clochard devient, à travers la parodie d'un conteur médisant, une hure noire de saleté, un groin de *pourcel*. Ses membres sont taillés à la serpe ou difformes. Son teint est livide ; le corps est *chenu*, court sur des jambes grêles et ses bras démesurés sont pleins d'ulcères. Le misérable, surnommé par dérision *Bouchesaine, Claquedans* a un nez vermillon d'ivrogne, des oreilles immenses, une gueule aussi béante qu'une porte d'enfer entrevue par Dante, un orifice démesuré aboutissant à un volumineux *gouzier* conçu pour se bâfrer de nourriture et de vin ou pour dégurgiter. On aperçoit des chicots à la place des dents, une longue langue pendante pour baragouiner et injurier, des *baulièvres* (grosses lèvres) noires comme le charbon, des yeux « *chiasseux* » et inexpressifs. Le reste du corps, les « *profondeurs corporelles* », les « *entrailles* » qu'évoquera bientôt Rabelais dans son Pantagruel laissent deviner un estomac comme une outre, une monstrueuse excroissance phallique si longue qu'elle peut servir de ceinture et des émanations et des épanchements d'un *torchecul* qu'aucun souci d'hygiène ne vient réfréner. Car l'individu ainsi dépeint appartient à la « *multitude pestilentielle* » et lui-même est un foyer d'infection ambulant. La crasse, les loques, les émanations de sueur, d'urine, de matière fécale, d'eau saumâtre des ruisseaux ou saleure en font un être « *puans comme une orde ruelle* ». S'il n'a la chance de recevoir des vêtements ou une paire de ribouis à l'occasion d'un enterrement d'un riche et d'un legs testamentaire, il ne porte que des haillons et des guenilles usagées, des chausses trouées, un bonnet informe. « *Lorsque soufflait la bise, il grelottait dans sa chemise.*

. . on le voyait souvent pieds nus ; avait-il parfois des souliers, ils étaient fendus et troués. Telle était sa pauvre défroque ». [6]

Les inventaires après décès des fripes laissées par un exécuté ou par une pauvresse trahissent le total dénuement d'un *nichil habens* qui meurt « *sans nulz biens* ».

L'infirmité n'est pas un sujet tabou et la dérision des écrivains récuse toute espèce de pitié. On se moque aussi volontiers, dans un langage grivois, de ses maux, des coliques qui le font courir et dont l'origine est la dysenterie, de ses plaies sanguinolantes, de ses bubons ou *charbons*. La littérature médisante prend volontiers l'infirme comme cible de moquerie, l'aveugle et le boiteux dit *Trote menu* qui se perdent, trébuchent, tombent dans le caniveau ou dans le ruisseau. *Le Garçon et l'aveugle, Mystère de la Résurrection, La Passion d'Arras* ou *Les Miracles de saint Geneviève* sont l'occasion de se moquer, de voler l'argent de l'écuelle d'un aveugle ou d'un estropié, de lui jouer des tours sordides. Le poète Rutebeuf met en scène sans complaisance des gueux qu'il a fréquentés et connus durant une existence mouvementée. Le Dit des *ribaux de Grève* à Paris est un témoignage éloquent.

« *Ribauds, vous voilà bien en point !*
Les arbres despouillent leurs branches
Et d'habit n'en avez point,
Aussi aurez-vous froid aux hanches.
Qu'il vous faudrait maintenant pourpoints,
surcots fourrés avec des manches !
....
Cirez vos souliers ? Pas besoin.
Vos talons vous servent de souliers ».* [7]

Est-ce par manque de sensibilité qu'on tourne en dérision pareil corps grotesque ou tout simplement parce que le public s'est tellement habitué, de visu et sur les représentations picturales des danses macabres, aux fléaux, à un étalage de misère, à la mort qu'il finit par rire de tout et de rien ? On ne peut dissocier la misère physique de la misère morale.

6 – V. d'Aignan , *25 fabliaux*, Paris, La bibliothèque Gallimard 2001, Saint Pierre et le jongleur p. 80 –M. Bakhtine, *L'œuvre de François Rabelais*, Paris, Gallimard, 1970.
7 – Rutebeuf, *Œuvres complètes*, Paris, édition de M. Zink, Lettres gothiques, p.213, le Dit des ribauds en Grève.

Les humiliations subies par celui « qui vivoit comme beste »
(G. Le Muisit)

Un auteur du XIIIe siècle, Guillaume Le Clerc ironise, dans le *Besant de Dieu* que les pauvres ne valent pas mieux que les riches puisqu'ils volent, trichent, se livrent à la débauche comme le païen (sic) qu'ils sont supposés être. Les proverbes et traits humoristiques, pour amuser le public et distribués comme à foison dans les farces au point qu'ils ont donné matière à des recueils entiers, visent ou parodient, après les femmes, les moines et les prêtres, les moins favorisés de la société : « *faites (du) bien* (à un) *le vilain et il vous fera mal* », « *vilain seront preudomme quant chien venderont lart* » constate, pour sa part, un dit satirique.

Personne ne prend le pauvre en pitié. « *De povres gens ame ne pense, entre voisins n'a charité* » écrit le poète Martial d'Auvergne, notaire au Châtelet, vers 1480. [8]

Le pauvre issue de *vilenie* est par définition soit un niais, un *nice*, un sot dont on se moque, soit un individu ignoble *(ignobilis)*, affublé de tous les vices. Il est par nature paresseux puisqu'il passe sa vie à quémander plutôt qu'à gagner son pain, glouton quand on lui donne à manger, rusé quand il feint la dévotion profonde mais ses larmes sont des gouttelettes de vin, « *plein de fausseté* », vindicatif, vicieux à force de lorgner « *les beles garces* ». *Un Mystère de La Passion de Jesuchrist de Valenciennes* (1501) en fait un être répugnant, « *tingneulx, pourry, meseau, repeux, rongneulx* » sous la plume d Eustache Deschamps qui souhaite débarrasser le royaume de tous ses parasites et d'accroître le pouvoir coercitif des officiers royaux.

> « *Hommes, de membres contrefaits*
> *est en sa pensée meffais,*
> *plains de pechiez et plains de vices* »

---

8 – A.Mary, *Anthologie poétique* op. cit.p. 355 : « *La danse macabré des femmes* » de Marcial d'Auvergne. *Le Mystère de saint Quentin de Jehan Molinet* vers 1482. Sur les proverbes, E.Schulze-Busacker, *Proverbes et expressions proverbiales dans la littérature narrative du Moyen Âge,* Genève-Paris Slatkine 1985 et J.Morawski, *Proverbes français antérieurs au XVe siècle*, Paris, Champion, 1925.

et d'ajouter :

« D'orrible mort puisse chascuns mourir
Par tout soient haïz et diffanmez
Chiens enrragiez leur puissent sus courir,
Fuitis soient de l'église et chaciez,
Et au gibet panduz et traînez ». [9]

Le mendiant, d'un naturel peccant, est accusé de débauche, du péché de luxure. Une catégorie spéciale, les polissons, se fait remarquer ainsi, selon le *Liber vagatorum,* un écrit d'origine allemande : *« ce sont des mendiants qui, en arrivant dans une ville, laissent leur habits à l'auberge et se mettent devant l'église presque nus et tremblants pour faire croire qu'ils ont le frisson ».* La réalité rejoint quelquefois la fiction. En 1390, la rumeur publique accuse les pauvres haineux d'avoir empoisonné des fontaines pour se venger des riches ; quatre d'entre eux sont exécutés pour l'exemple !

La honte transparaît à bien d'autres détails qui n'ont pas toujours attiré l'attention des chercheurs. Vivre dans une rue, dans un quartier, c'est passer son existence sous le regard des autres, de ses voisins, des passants. La honte, la *vergogne* commence avec l'insolvabilité, l'amodération quand l'autorité municipale reconnaissant l'infortune d'un père de famille ou d'une veuve, d'une *« pucelle à marier »* ou d'un boutiquier déchu lui fait remise totale ou partielle de sa quote-part d'impôt, inscrite sur un registre fiscal. Honteux aussi sont les miséreux endettés, incapables de faire face à la *« cherté des vivres »* et dépendants de la charité publique, des dons testamentaires des riches, des distributions de vivres et de vêtements, des pitances constituées par les membres des confréries de piété et de charité. Il ne reste à l'ancien bourgeois aisé, au noble ou au marchand victime d'une rançon, à une fille de bonne famille dans la dèche qu'à espérer des jours meilleurs, *« qu'il meilleurast sa condition et devenist plus riche qu'il n'est de présent »* dit un texte lyonnais cité par N. Gonthier.

9 – Eustache Deschamps, *œuvres complètes* op. cit. tome VI p.231.

« *Pauvre sens, pauvre mémoire* » (Rutebeuf)

Le maître « *es gueuserie* », l'habitué du pavé et des « *merderons* », qui « *bribe d'huys en huys* » n'a pas de chez soi ou tout juste une tanière, à la différence du bourgeois dont la vie se déroule sous la triple protection du feu, de la bonne chair et de la couette.

« *Car povreté chascun jour me tourmente*
Par son fait sui Hayz et diffamez
Chascuns me fuit, ne nulz ne me parente.
Les riches voy trop bien emparentez ;
Ceulz ont indignacion
De moy veoir de qui creacion
Je suis estraiz, si sui plus bas que biers (berceau)
Quant je me voy de touz maulz parsonniers ».

(Eustache Deschamps n ° 814).

Le plus chanceux des gueux trouve un refuge nocturne dans une tour, à bord d'un bateau chargé de foin à Paris, avant une empêchement par l'édit de 1395 consigné dans le Livre Rouge. Un pauvre Rémois, ancien pâtissier de son état, Huet Meunier, n'a pas de domicile stable, mais végète dans différents quartiers vers 1316 « *gisant par çà, par là, pour un denier et pour une maille* » Le sans-abri, le va-nu-pieds couche normalement comme un animal, à la belle étoile, sous les porches, sous les ponts, souffre des morsures du froid suivies de terribles gelures, de l'humidité.

On comprend que « *voire le froict me affole* » comme dit Clacquedent le bien nommé du *Mystère de la Passion de Jesuchrist de Valenciennes*, « *Ouyche ! Si froyt que tremble. Et si n'ay tissu ne fillé* » se plaint l'un des deux coquins de la Farce du pasté et de la tarte montée vers 1470.

Les misérables, « *quérans pain* », ont tout le loisir de contempler, depuis les fenêtres des coursières et des galeries, les riches attablés

« *Un riche, on l'installe à sa table*
On lui sert venaison, volaille
Et poisson, on lui fait la cour ». [10]

---

10 – S. Brant, *La nef des fous*, traduction et présentation de N. Taubes, Paris, éd. José Corti 1997, p.84

Le riche fait *belle pitance*, boit du vin ; le coq de village, le laboureur aussi ; il se nourrit comme ses semblables d'un rôt, d'un *potaige* (potée) roboratif à base de choux, de fèves et de pois, d'une soupe grasse, de fromages. Le mendiant « *aboye à la faim* » (Olivier Maillard), est un perpétuel affamé, condamné à *babiner* (remuer les lèvres) et à humer le fumet qui sort des auberges ou des rôtisseries de « *chairs cuites* » (charcuteries). Son quotidien se réduit à ce qu'on lui donne : un quignon de pain quêté au coin d'une porte et cédé à contrecœur par une bourgeoise acariâtre qui le traite de besace, de *rassoté*.

> « *Les gueux attendent à la porte*
> *Gelés, tremblants, tout morfondus* »
> « *Hélas ! que la nuyt est pesante*
> *A passer qui n'a point souppé ;*
> *Une en dure plus de cinquante* » écrit l'auteur de la farce du *capitaine Mal en Point* (sic).

Cet extrait du roman de la rose sur Dame Pauvreté de Guillaume de Lorris servira de conclusion : « *j'imagine quelle aurait enragé de froid, car elle ne possédait qu'un seul sac étroit, tout rapiécé de méchants haillons et n'avait plus rien à se mettre. Elle avait tout loisir de grelotter. Elle était à quelque distance des autres, comme un pauvre chien dans un coin, et elle se couvrait et se cachait, car le pauvre hère où qu'il soit est toujours honteux et méprisé. Qu'elle puisse être maudite, l'heure où a été conçu le pauvre, car jamais il ne mangera à sa faim, jamais il ne sera bien vêtu ni bien chaussé, jamais il ne sera aimé ni élevé* ». [11]

Nul ne saurait nier que le mendiant qui est accepté par charité, devient vite un poids pour celui qui veut l'aider. Il *riffle* (mange gloutonnement) et boit du vin *besaigre*, de la rosette, une infâme piquette dans une de ces tavernes qui fleurissent dans les villes médiévales (jusqu'à 100 à Douai). Ingurgiter quatre ou cinq litres d'un affreux breuvage est dans les possibilités d'un *indigens*. *(Le Miracle de un Marchant et un Juif)*.

11– Guillaume de Lorris et Jean de Meun, *Le Roman de la rose*, éd. d'A. Strubel, Lettres Gothiques, 1992 p.65

Vivre dans un véritable marigot

Vivre sur le pavé d'une ville qui est loin d'être ce havre de paix, quelque peu carnavalesque décrit par les chroniqueurs, c'est s'exposer dans un état second à tous les dangers. Le mendiant est souvent un ivrogne, capable de boire comme ces notables rennais en goguette jusqu'à l'équivalent en pintes de 4 litres de vin par jour ! Cette forte consommation crée un état comateux ou, à l'inverse, d'énervement propice aux rixes, à ce qu'on nommait jadis « *l'eschauffement du vin* ». Elle multiplie les incidents relationnels entre des individus de même souche ou avec des passants et des riverains.

Vivre dans « *un troupeau de mendiants* » est mener une existence dangereuse, sans proches, sans protection.

« *Quant je vois touz nuz ces truanz*
Trembler sur ces fumiers puanz (fumiers)
De froit, de fain crier et braire
Ne m'entremetent de leur affaire». [12]

Aucune collectivité n'est plus cruelle et plus violente qu'une société de clochards. Chacun injurie, *truffe* (trompe), roue de coups, vole plus faible que lui ! Les plus démunis sont souvent les premiers à se moquer de leurs voisins, des tares physiques, d'un gros ventre provoqué par l'hydropisie, d'une maladie. Les mendiants du Miracle d'un Marchand et un Juif qui fait partie du théâtre religieux du XIVe siècle, se jettent la malédiction à tout propos du genre « *Que la goutte de sainct Mor et de sainc Gueslain vous puyst tresbucher à plain ainsi que les enragés font* ». Partout ce ne sont que cris de haine, que manifestation de « force », de violences physiques et sexuelles !

Semblables à des animaux, les « *ribaux de Greive* » se battent pour de la nourriture, pour un « *flascon, bouteille et simaise* ». Chacun se méfie de son voisin surtout quand ils ont réussi à soutirer quelques deniers à une bonne âme. « *A il point de "pain" en ton sac pour aler boire?* » demande ingénument l'un des trois miséreux du *Miracle de Pierre le Changeur*, trois compères qui ont leurs « *bonnes poires* » attitrées dont ils se moquent : l'une, une veuve appelée Huguette, surnommée méchamment la Bossue donne pourtant, en période de carême, jusqu'à six deniers à son protégé ! Ils se montrent par contre très

---

12 – Idem *Le Roman de la Rose*, p. 604 vers11249-11253.

critiques à l'égard de Pierre le Changeur, un caractériel, *« du plus merde et plus aver homme que l'en puisse savoir »,* qui les menace du bâton. Le miracle veut que ce mauvais riche soit soudain devenu généreux et qu'il se soit mis à distribuer des aumônes aux déshérités, un moyen de faire pénitence !

La souffrance que vivent en permanence les mendiants menacés de famine n'est pourtant rien à côté des maladies qui frappent les humains à cette époque.

Souffrir de maladies honteuses

Le propre du pauvre est d'être vulnérable, de souffrir plus que tout autre de tares physiques, d'être en état permanent de faiblesse, que rappellent les termes latins d'*infirmus, de vulneratus, de claudus, de simplex. « D'orrible mort puisse chascuns mourir »* déclare Eustache Deschamps dans une ballade hostile aux *caymans*, aux quémandeurs professionnels.

La maladie, la *mortalitat, la malautia, le mal, le grand froid* et autres formules du même genre, le menace de préférence à tout autre. *« Que les fortes fievres vous puissant guyterner les os »* lance un aveugle à son valet qui lui manque de respect. On s'est interrogé pour savoir s'il existait des maladies « prolétariennes » (sic), spécifiques aux pauvres gens. Nous n'oublions pas que les principaux fléaux du Moyen Âge ont atteint tous les milieux. La peste noire, la lèpre, la suette, les « flux de ventre », une forme de prolapsus rectal provoqué par des troubles digestifs, les hémorragies intestinales, ont tué des princes et des princesses, des membres de la haute noblesse et du clergé, des bourgeois, des collectivités religieuses. Mais les pauvres courent davantage de risques que les nantis qui ont de meilleurs logements, une meilleure nourriture, la possibilité de se réfugier à la campagne et de se faire soigner à domicile par de bons praticiens.

Des souffrances inhumaines

Les pandémies ont trouvé dans les bas quartiers, dans les taudis un terreau favorable où triomphent la promiscuité, les parasites vecteurs de peste (rats et puces), la saleté et la pourriture, une nourriture insuffisante, l'absence de soins.

Le Moyen Âge baptise du nom d'un saint guérisseur, précédé du mot feu, des maladies terrifiantes par leurs symptômes et meurtrières par leurs effets. En voici quelques exemples :

• Le mal ou feu de Saint-Antoine, *l'ignis sacer*, le feu sacré des Anciens, « *consumait et détachait du corps tous les membres qu'il avait attaqués. Une nuit seule suffisait à ce mal effrayant pour dévorer entièrement les personnes qui en étaient atteintes* », écrit le chroniqueur Raoul Glaber vers l'an mil. Eustache Deschamps fait allusion lui-aussi, dans une strophe d'un de ses poèmes, à un des plus terribles maux que le Moyen Âge ait connu, le feu des démembrés de saint Antoine, une maladie convulsive ou gangreneuse, antérieure à la peste noire.

« *Saint Anthoine me vent trop chier*
Son mal, le feu au corps me boute
D'acheter bûche n'as mestier :
Fay ton lit en Seine et ta couste (couverture)
Pour refroidir ».

L'ermite égyptien du mont Qolzum († 356), qui faillit succomber à la tentation du diable, est associé au feu selon son biographe saint Athanase. La légende veut qu'en frappant le sol de son bâton, il en faisait jaillir le feu, que ses yeux flamboyaient, que des flammes sorties de sa bouche dévoraient les impies qui s'enfuyaient en criant « je brûle, je brûle » ! « *Le feu de saint Antoine te arde si tous tes trous esclous* (ouverts) *tu ne torches avant ton départ* » La facétie de Rabelais sonne faux quand on connaît la réalité historique et pathologique.

• Le mal des ardents est une maladie de l'alimentation, une variété de gangrène, qui menace les gens qui mangent n'importe quoi en période de famine ou de soudure ou qui s'intoxiquent avec des vivres mal conservés, mal stockés. Le feu est occasionné par du pain de seigle empoisonné par une moisissure, l'ergot. Les Romains connaissaient l'ergotisme. Tombé dans l'oubli, il resurgit mystérieusement vers 857 sur les bords du Rhin puis revient à plusieurs reprises en 912, 945, 993, 1089. L'un de ses symptômes après des vomissements, une diarrhée, la fièvre puis *le grand froid* était précisément des tumeurs noirâtres apparaissant sur le corps qui finissaient par pourrir les bras, les jambes, par les dessécher comme du bois mort. L'intoxication s'est atténuée et les cas sont devenus rares au XVe siècle avec une prévention par l'aliment sain, l'extension des cultures de froment et de méteil (mélange de seigle et de blé) et avec une meilleure conservation des grains réservés à la *pitansia.* On voyait quelquefois des cortèges d'amputés se présentant à la porte des hôpitaux placés sous la protection de saint Antoine. Cette maladie a été si répandue qu'elle justifie la présence des Antonins, un ordre dauphinois, spécialisé dans les rares soins.

Dans le cas du feu de Saint-Antoine, une forte consommation de céréales corrompues provoque un coma irréversible et une mort rapide précédée de convulsions, de hurlements de douleur et de troubles tétaniques. Une consommation modérée mais régulière débouche sur une forme gangreneuse qui débute par des contractures musculaires et des spasmes, des vertiges, des hallucinations ; d'horribles brûlures internes font leur apparition, tandis que les jambes et les bras noircissent et se dessèchent comme du bois mort, cassent et tombent. On voit quelquefois des cortèges d'amputés se présenter devant le sanctuaire du saint guérisseur. L'agonie peut durer des semaines, semant l'effroi parmi les proches de la victime qui croient voir un feu d'enfer. Le Rémois Flodoard raconte en 992 : « *Dans la région parisienne, mais aussi en diverses régions environnantes, la plaie de feu transperce les membres des hommes. Leurs membres desséchés se consument peu à peu jusqu'à ce que la mort mette fin à leur supplice. La plupart des hommes en l'espace d'une nuit sont complètement dévorés par cette affreuse combustion* ». Les médecins sont totalement impuissants devant une telle carbonisation interne et la population n'a plus qu'à prier, à brûler des cierges ou à processionner ! [13]

• La peste, *pesta pestillencia, grande mourire de boce, mortalitez ou mortalitat, bocène ou bossa* constitue une menace permanente dans le royaume depuis 1348. Des millions de personnes furent « *tocquats de pesta* » pour reprendre une expression de la vallée du Rhône. Elle revient par vagues successives et les archives municipales signalent souvent la présence endémique de ce terrible fléau dans les villes et dans les campagnes. La maladie sous ses aspects buboniques, pulmonaires et septicémiques est décrite avec la plus extrême précision par certains témoins ou parents de victimes. Tous évoquent l'apparition de bubons à l'aine, à la gorge, aux aisselles, la transformation des grosses pustules rougeâtres et sanguinolentes en charbon noirâtre, la fièvre, les troubles nerveux puis l'abattement, l'insensibilité des membres et la perte de conscience qui annonce la fin.

---

13 – Y. Kinossian, «Hospitalité et charité dans l'ordre de Saint-Antoine aux XIVᵉ et XVᵉ siècles » dans *Fondations et œuvres charitables au Moyen Âge*, éditions du CTHS, Paris, 1999, p.217-227.

• Le monde entier a souffert du mal et de la *granda enfermetat* évoquée avec effroi à Arles en 1397 par l'entourage du roi d'Aragon en visite : les pauvres sans doute plus que d'autres si on tient compte de leurs logements exigus, de l'insalubrité qui y régnait, de la saleté de leur environnement, de la présence de parasites et d'une alimentation insuffisante. Les petites gens tombaient comme des mouches, souffraient de *bosas*, de *carboncles* noirâtres et suppurants, de forte fièvre *(febre)* qui les rendait totalement *naffratz* ou comateux, devenaient dans le Midi, avant de succomber, « *frevols, maloude et mezayse* ». [14]

D'autres fléaux sont mal définis comme ce mal mystérieux qui atteint Brest en 1475 et qui tue des nourrissons. Il est difficile de savoir ce que recouvre exactement le « *mal caduc* » qui se traduit par des troubles d'équilibre, le « *mal subit* », la légion des « *fièvres chaudes* » ou « *quartes* » qui durent plusieurs mois. Il n'est pas certain que la goutte *(gutoso)* qui frappe des individus et que favorise l'humidité soit la même que celle qui conserve encore ce nom de nos jours et on penche davantage sur des rhumatismes aigus. Le hasard d'une lecture permet de déduire des cas de pleurésie, de dysenterie, d'épilepsie ou de *haut mal*, de tuberculose. La variole qui couvre le corps de *grains* menace la France à partir de 1490. Les maladies vénériennes, la « *petite vérolle* », « *une bouche chancreuse prise de paillardie* » (Annecy) sont introduites par des mercenaires au retour d'Italie en 1498. « *Si advint par le plaisir de Dieu qu'un mauvais air corrompu chut sur le monde, qui plus de cent mille personnes à Paris mit en tel état qu'ils perdirent le boire et le manger, le repouser* (le repos)*, et aveint très forte fièvre deux ou trois fois (le jour) (1414) ... Item, en ce temps était grande mortalité et tous mouraient de chaleur qui au chef les prenait et puis la fièvre et mouraient sans rien ou peu empirer (1421), .. Item, en cette année (1422) fit merveilleusement chaud en juin et en juillet ... et pour cette grande chaleur fut si grande année d'enfants malades de la vérole* ».

Les vies de saints, les procès en canonisation comme celui de saint Vincent Ferrier laissent entrevoir bien des misères individuelles, des souffrances qui déforment les corps et creusent les visages. Chaque région a ses spécificités.

14 – F. Bériac, *Histoire des lépreux au Moyen Âge*, Paris, Imago, 1988. – F.H. Chaumartin, *Le mal des ardents et le feu de Saint-Antoine,* Vienne, 1946.

Les Alpes souffrent de carence en iode qui expliquent sans doute, avec la consanguinité, la fréquence des « gros gosiers » et des cas de crétinisme. Les Bretons ont connu la fameuse danse de Saint-Guy qui frappe les enfants et se traduit par des gestes désordonnés. Si on se fie au témoignage des visiteurs du tombeau de Vannes, saint Vincent la paralysie frappe souvent les malheureux qu'on amène couchés sur des civières ou qui clopinent sur des béquilles. Nous avons été surpris également par l'importance prise par les maladies mentales, par le nombre de personnes qualifiées « *d'insensées, de démoniaques* ». Un prêtre déclare un moment : « *je vis un grand nombre de furieux, de possédés que l'on conduisait liés et chargés de chaînes au tombeau de maître Vincent Ferrier* ». La Provence connaît la malaria, les infections intestinales, la dysenterie dans les vallées et en Camargue et de singuliers troubles comme la maladie de l'empalificament atteignant les articulations et condamnant à l'impotence.

Tous ces maux ont comme point commun de plonger l'humanité dans d'horribles souffrances.

À défaut de pouvoir être prise et mesurée, la fièvre laisse le patient dans un état de prostration qui s'explique quand on sait qu'un fléau comme la suette ou le typhus provoque des températures de 40° à 41°, accompagnées d'atroces maux de tête, d'une soif intense, d'un collapsus d'origine cardio-vasculaire. D'autres souffrent, à l'inverse, de convulsions choréiques, des manifestations de cette chorée qu'on nomme vulgairement danse de Saint-Guy.

Souvent la peau se couvre de pustules cutanées (la syphilis), de tâches noirâtres « *de bosse ou de vérole plate* » (1433) noires ou rougeâtres (le typhus), d'abcès purulents semblables à des langues de feu. Le corps tout entier ou une partie du corps, les organes génitaux dans *le mal de Naples* se consument. Les malades donnent l'impression de se décomposer sur place dans une puanteur horrible. Chaque mal tue, la suette à 40%, et les témoins impuissants voient les corps s'effondrer sous leurs yeux… de quoi hanter à tout jamais les esprits ! À défaut de renseignements démographiques, on sait que le mal des ardents, annoncé par l'érythème de la peau, a tué, jusqu'à sa disparition, des milliers de personnes et en a laissé d'autres, infirmes, paralysées ou estropiées.

« *Blessez et navrez* » au travail

Nous ferons pour les « navrés » la même observation que pour les maladies. Si personne n'est épargné, il n'empêche que les d'accidents du travail frappent davantage les humbles qui accomplissent les tâches les plus exposées : les *brassiers*, les journaliers miséreux dans les mines et sur les chantiers. [15]

Le maniement d'outils coupants par des hommes épuisés, les aspérités et les éclats de roches dans les carrières, l'effondrement de pans de mur ou de masses de terre mal étayées, la chute de « chaffaux » branlants ou échafaudages de perches, de claies et de madriers, et d'autres raisons expliquent la fréquence et la gravité des accidents, signalés dans les comptes ou dans les vies de saints thaumaturges.

L'époque médiévale a connu un prodigieux essor du culte des reliques et parmi les milliers de pèlerins qui se pressent chaque année dans les sanctuaires réputés, près des tombeaux célèbres, figurent beaucoup de blessés ou accidentés guéris et reconnaissants. D'autres informations peuvent être glanées dans les statuts des confréries, aux articles consacrés aux secours mutuels et à la charité, dans les recueils de recettes médicales pour soigner les plaies ou réduire les fractures.

On ne compte plus, à travers ces documents, les chutes spectaculaires de *brassiers*, les jambes, les bras, les côtes brisées, les enlisements dans le sable ou dans la boue, les corps disloqués sous les roues des charrettes. Le carrier nantais Perrot Pédron reçoit en 1445 une grosse pierre qui lui « *cheyt sur la teste et la lui froessa jusques à la cervelle* ». Les archives des chantiers bordelais de la fin du Moyen Âge signalent le cas d'un ouvrier écrasé par une pierre, en août 1490, et enterré aux frais de la fabrique de l'église paroissiale Saint-Michel ou encore le terrible effondrement qui se produit, dans la nuit du 2 décembre 1511, dans un fossé creusé pour recevoir les fondations d'une pile à Saint-André. À la lecture d'un compte nantais, nous apprenons qu'un « *surgien* » (chirurgien) Berthelot de La Fontaine doit panser en 1447 « *pluseurs des servans qui avoint esté bleissiez à porter les grandes pierres de taille et ormaulx sur le (. . .) portail Saint-Nicolas et partie qui avoint esté blessiez soubz*

---

15 – J.P. Leguay « Accidents du travail et maladies professionnelles au Moyen Âge », *L'Information Historique,* volume 43 n°5,1980, p.223-233.

les terres de la douve ». Les erreurs de calcul (des maîtres d'œuvre, la méconnaissance de la nature du sol ou des lois de la pesanteur, des malfaçons, la mauvaise qualité des matériaux employés expliquent d'autres tragédies individuelles ou collectives. La pose des voûtes est toujours une opération délicate car les cintres ou coffrages cèdent facilement. Les canonniers, les fabricants de poudre, les terrassiers opérant dans des endroits humides où existent des risques d'enlisement, les mineurs et les carriers opérant dans des fosses « *où l'eau sourdoit trop excessivement* » sont parmi les plus concernés. On ne compte pas, dans les articles des comptes municipaux, les fractures de bras, de jambes, d'orteils, les yeux perdus. Tel individu qui visite la cathédrale de Vannes souffre d'une fracture de la tête : « *la peau estoit tellement molle qu'elle ressemblait à une pomme pourrie* ». [16]

On a bien réussi en Bretagne à réduire des fractures en entourant le membre brisé, d'une peau fraîche de mouton qui, en séchant, fait office de plâtre. Deux barbiers-chirurgiens nantais guérissent, on ne sait avec quels « *huylles* » et onguents, le dénommé Pédron atteint d'une fracture du crâne. Mais, la plupart du temps, l'accident risque de briser, dès l'adolescence, une vie, de laisser à tout jamais des visages déformés, des articulations déboîtées, des membres « *inutilles à jamès* ». Les infirmes sont légion dans les basses classes de la société médiévale qui accueille une foule de « gens caducs », « *chenus et cassés* », « *blessez et navrez* ».

Les aides des « *fossiers* » et des « *perréeurs* » des mines et des carrières sont menacés, comme leurs maîtres, par les coups de « pouteux » (le grisou en Wallonie), par les éboulements dans les galeries, par des rhumatismes déformants et par deux terribles maladies spécifiques. La silicose provoque un engorgement par des poussières des voies respiratoires et une lente asphyxie mentionnée par une courte phrase « *in minis se consumpserunt* ». Le saturnisme dont souffrent plusieurs catégories d'ouvriers se manifeste par des douleurs abdominales, les « *coliques de plomb* », des vomissements et des saignements, des troubles nerveux dus à l'hypertension, des convulsions et le délire annonçant la fin inexorable.

---

16 – Archives municipales de Nantes CC 240 f°170 v°.

Les soins curatifs et mouroirs publics

Les bourgeois qui ont des biens ou qui ont exercé, leur vie durant, un bon travail ne viennent pas se faire soigner dans les hôpitaux, restent, en fin de vie, dans leur milieu familial. Seuls les plus démunis, arrivés à la dernière extrémité, sont pris en charge par les collectivités publiques et religieuses. Aller à l'hôpital est réservé aux *« povres receus, aux pauvres résidant es lits, aux enffans jettés, aux malheureuses filles gésineresses »* (accouchées), *aux fols lunatiques et frénétiques,* aux soldats blessés et aux *passans,* pèlerins et voyageurs nécessiteux. Tous sont accueillis par charité et profitent d'une paillasse comme coucher, d'une maigre pitance et d'un peu de compassion.

Mais les hôpitaux médiévaux peuvent-ils remplir correctement leur mission avec des dimensions et des ressources réduites, avec le personnel peu qualifié mis à leur disposition et avec les soins palliatifs dispensés ? Une vision d'horreur, un confort et une hygiène dignes d'une cave, une promiscuité redoutable, un manque de moyens matériels, voilà ce que laissent deviner à l'examen les règlements des lieux hospitaliers, les coutumes, les statuts marqués par l'influence de la règle des chanoines de Saint -Augustin et la lecture de fragments ou de séries de comptes. [17]

Un sous-équipement hospitalier dramatique

La plupart des hôpitaux connus sont dans l'incapacité de satisfaire les besoins. Les chiffres peuvent être trompeurs. Lyon aurait eu une vingtaine d'hôpitaux pour 30000 habitants, ce qui constituerait un équipement équitable si on oubliait de préciser que la plupart méritent à peine le nom d'hospices, si les lits disponibles se limitent à deux centaines et si les bâtiments, mal répartis, privilégiant la Presqu'Île entre Rhône et Saône, n'avaient pas été, dans leur ensemble, vétustes et sales ! Ce sous-équipement est tout aussi évident à Arles avec 16 établissements pour 6000 citadins, à Toulouse avec 15 maisons d'accueil pour 30000 personnes.

---

17 – J.L. Goglin, *Les misérables dans l'Occident médiéval,* Paris, Le Seuil 1976. – J. Imbert, *Les hôpitaux en droit canonique,* Paris, Vrin 1947 et *Histoire des hôpitaux en France,* Toulouse, Privat, 1982. – A. Saint-Denis, *L'hôtel-Dieu de Laon,* 1150-1300 P.U.Nancy 1983. – A. Saunier, « Le pauvre-malade » *dans le cadre hospitalier médiéval (France du Nord, vers 1300-1500),* Paris, éd. Arguments, 1993.

Les bâtiments sont le plus souvent, de petite dimension, dépourvus de confort et malsains.

L'ensemble, enfermé dans un enclos ou *pourprins*, comprend un logis principal, avec dortoir voûté où sont entassés les secourus, dans une promiscuité effrayante, deux ou trois chambres annexes, une cuisine et un cellier, un puits, un jardin, un cimetière. Le tout est dépourvu d'originalité architecturale, à l'exception de la chapelle (Vitré) ou de la grande salle des malades qui peut atteindre les 1 300 m² à Angers.

L'examen de plans tardifs (Hôtel-Dieu de Paris), des archives (Laon, Saint-Clément de Nantes), des bâtiments encore en place (Beaune), des fouilles (Aire-sur-la-Lys) conservent le souvenir du passé hospitalier. Que la fonction religieuse fasse davantage l'objet des préoccupations des administrateurs que les bâtiments et les soins en dit long sur la finalité spirituelle de la fondation, sur le souci de la santé de l'âme qui passe avant celle du corps ! À une époque où des gens riches lèguent de l'argent pour acheter des draps, on reste surpris par le manque de possibilité d'accueil après plusieurs années d'existence.

La majorité des hébergés ne dispose pas d'une chambre chauffée et d'un lit individuel sauf quand il est indispensable d'isoler les femmes en couches et les contagieux. Il n'est pas rare que des malades pauvres soient mis à la porte faute de place ou par précaution car *« on ne voulloit personne recueillir leurs vetures pour les dangers »* (Argentan). Le sous-équipement s'observe au nombre de lits disponibles pour une population déterminée. La moyenne est de 12 à 15 lits dans les hôpitaux angevins et poitevins. Saint-Nicolas de Vitré dispose de 9 lits à une personne, 4 à deux places, un à 4 places (sic) soit une capacité de réception d'une vingtaine de personnes, dans une ville de 3 à 4000 habitants, proche de la frontière et qui reçoit, à ce titre, beaucoup de réfugiés et de soldats. Rennes se contente pour ses 13 000 habitants d'une centaine lits dont 40 se trouvent dans l'établissement principal placé sous le vocable Saint-Yves. L'hôpital des Pestiférés de la ville internationale de Genève n'a que 24 lits disponibles dont 13 dans une salle commune, 9 dans des chambres individuelles, les autres dans une chambre à deux occupants. L'hôpital du Reclus de Paris dispose de 60 hôpitaux, hospices et léproseries pour 200 000 habitants mais seul l'Hôtel-Dieu a toute l'apparence d'un grand établissement secourable.

Il y a cependant quelques exceptions, de véritables « cités hospitalières » (A. Vauchez) comme l'Hôtel-Dieu de Paris, vaste ensemble bordant la Seine, de 120 m de long, doté de quatre salles principales dont une immense, la salle Neuve, quatre chambres, une infirmerie, deux chapelles, une laverie, des étables, des écuries, des porcheries. Cet hôpital, pareil à un monastère, tranche de l'ordinaire car Paris n'est guère plus favorisée que d'autres villes dans le domaine secourable avec des maisons de 20 à 25 lits seulement !

Les locaux des bâtiments hospitaliers sont obscurs, à peine éclairés par des lampes à huile, « *des lumières* » de noix et au suif, de quoi fantasmer la nuit. Il y fait très froid en hiver ; le chauffage est assuré par une seule cheminée par grande salle, par des *chauffepiés* et des braseros en cuivre et les rares précisions que nous avons sur les quantités de bûches et de charbon de bois achetées ne laissent planer aucun doute sur le confort offert aux fiévreux. Un bourgeois de Chambéry lègue exceptionnellement la coquette somme de 80 florins d'or au principal établissement de la ville en 1401 pour faire l'acquisition de charbon de bois « *à réchauffer les pauvres* ». La majorité des hébergés repose sur de la paille ; seuls, les plus favorisés ou les plus affaiblis ont droit à une couette remplie de plumes et de son, à un oreiller et à un *linceul* ou drap servant aussi à leur inhumation et à des couvertures de laine blanche ou grise. Des trousseaux partiels ont été constitués grâce aux dons de particuliers ou fabriqués sur place dans un atelier de tissage. À Dinard, la literie devait durer cinq ans et la paille était renouvelée tous les six mois ! La circulation intérieure se fait si mal qu'à Craon, en Anjou, on gagne l'étage… par une échelle !

L'hygiène n'est pas la préoccupation majeure des aides-soignants même si quelques cuves en bois ou en métal figurent parmi les acquisitions les plus fréquentes, de préférence pour les parturientes. Chambéry se singularise en changeant les draps par quinzaine et en lavant régulièrement … les pieds des patients !

La nourriture est plutôt mesurée, quelquefois trop riche et inadaptée, à base de féculents, de harengs, de bas morceaux, de porc, de graisse. L'hôpital de Tonnerre, disposant d'une vingtaine d'aide-soignants, fait rentrer une année 8 jambons, 300 moutons, 300 fromages, 100 muids de froment et 200 muids de vin ! Les accouchées pouvaient parfois recevoir du pain blanc et une mesure de vin.

Le personnel hospitalier est toujours réduit et on a émis quelques doutes sur sa formation. Un administrateur, plutôt un ecclésiastique, est choisi davantage pour sa piété, sa haute moralité, ou pour caser une connaissance dans un office rémunéré que pour ses capacités de gestionnaire. On le nomme *gouverneur, procurateur, proviseur, « père des pauvres »* (à Notre -Dame d'Auray, à l'hôpital Saint-Jacques de Paris). Rien ne permet d'affirmer pourtant que cet homme soit incompétent en matière médicale ; à Laon les chanoines qui gèrent l'hôpital sont parfois des sommités. Les clercs sont sans doute plus capables que d'autres de lire les recettes médicales…. écrites en latin ! L'hôpital Saint-Jacques près du Rhône à Genève est dirigé par deux prêtres, l'un de langue française et l'autre de langue allemande et le directeur de l'Hôtel-Dieu parisien est secondé par sept chefs de services.

Le responsable peut faire fonction d'aumônier, à moins qu'un chapelain, prieur ou recteur, ne soit spécialement affecté au service divin toujours prioritaire. Un trésorier, un domestique âgé ou infirme, deux ou trois servantes d'âge canonique, des aides-soignantes, complètent éventuellement le personnel. Quelquefois on rencontre comme domestiques bénévoles des *donnés* par contrat d'autotradition ou *rendus,* des gens âgés, retirés dans l'établissement et qui remplissent quelques petites tâches (en Normandie, Narbonne). Il se peut aussi que l'hospice dispose d'un cuisinier, d'un berger, d'un fabriquant de bière. Les infirmiers, frères et sœurs, vivent comme des religieux, le sont parfois quand ils obéissent à la règle des chanoines de Saint-Augustin, respectent des statuts, suivent un noviciat.

Rares sont les établissements disposant d'une solide organisation comme la léproserie ou maladrerie de Yenne en Savoie, fondation du prieur de la Grande Chartreuse, Guigues le Vénérable en 1120. Cette maison, enrichie par les dons et les legs, disposait, selon ses nouveaux statuts du 8 février 1466 d'un personnel nombreux sous les ordres d'un recteur élu avec un intendant, un notaire, un aumônier, un domestique et 3 servantes. Les malades qui y étaient admis devaient être munis d'un certificat de bonnes mœurs et de catholicité et on a vu réclamer aux riches une dot de 120 florins, une fortune !

En général, le personnel n'a ni la qualité, ni le nombre nécessaires. On ne compte que 8 soignants pour desservir le grand hôpital lyonnais du Pont-du-Rhône, comme à Saint-Michel de Thouars ; mais on découvre 30 frères, 25 sœurs, 4 prêtres à l'Hôtel -Dieu de Paris. Il n'est pas rare que des administrateurs soient des ignares, des ivrognes, des voleurs qui partent avec la caisse.

Les ressources nécessaires au bon fonctionnement d'une institution secourable et aux soins sont également insuffisantes dans la majeure partie des cas et la situation a encore empiré pendant la guerre de Cent ans.

Les moyens matériels proviennent de biens immobiliers assignés lors de la fondation, de terres de labour, des prés, de vignes donnés en location et de rentes, d'un patrimoine accru, au fil des générations, par des dons, des legs, des achats.

Plus l'hôpital est étendu et connu, plus il profite de la générosité des particuliers et inversement dans le cas général. L'hôpital et « aumônerie » Notre-Dame-hors-les-Murs de Nantes, riche en terres ensemencées, en vignes, vit correctement avec 388 £ivres en 1461, plus de 543 £ivres en 1470, ce qui lui permet d'entretenir sa « *grande maison* » avec plusieurs chambres, cuisine, deux celliers, une chapelle, divers bâtiments d'exploitation dans les paroisses de Saint-Donatien et de Saint-Clément-des-Vignes. Les petits centres vivotent faute de ressources suffisantes, l'hôpital de Malestroit avec 60 £ivres, Toussaint de Nantes avec 50 £ivres par an ; ils perçoivent avec peine des rentes, vendent des excédents de vin les bonnes années, du bois, font des quêtes de misère et ont beaucoup de mal à entretenir les bâtiments d'hébergement et d'exploitation, à rémunérer les journaliers agricoles, le médecin et le menu personnel chargé des soins, à couvrir les frais des processions et des messes anniversaires à la mémoire des donateurs. Peut-on vraiment parler de générosité quand un certain Olivier de Mauny déclare en 1390 : « *Item je donne et lègue es pauvres de l'hostellerie de Dinan, moitié à l'Eglise et moitié es pauvres, 5 sols* » ? La somme est dérisoire comme la plupart de celles qui sont enregistrées sur les registres de comptes.

La situation est si désastreuse que l'administrateur économise sur les soins et que la thérapeutique est réduite à sa plus simple expression.

Sur les quelques 930 florins dépensés à l'Hôtel-Dieu de Chambéry, l'entretien des malades, chauffage et lumière compris, ne représente que 20% du total, soit 158 florins et sur cette somme les onguents et médicaments, inclus dans le chapitre des achats effectués chez les apothicaires avec la cire et les chandelles… 21 florins !

Beaucoup d'hôpitaux français, pillés par les soudards, confrontés avec une augmentation de lourdes dépenses d'entretien des bâtiments et d'exploitation des terres doivent réduire de façon draconienne les frais d'hospitalisation. On parle même dans certains cas de faillite provoquée par une surexploitation par des prêtres « *de mauvaise et dissolue vie* », de malades errant dans les rues « *crians à la faim* » !

Dans ces conditions, les soins dispensés sont à l'image de la pénurie de ressources.

Des soins curatifs aux soins palliatifs

On connaît mal les praticiens de la santé. Leur recrutement, leur niveau d'instruction, leurs tâches quotidiennes et les comptes ne sont guère plus prolixes que sur les soins apportés aux *griefs malades*. [18]

Les médecins, le docte *medicus* gradué, nourri de principes acquis dans les universités, sont rarement à plein temps et ceux qu'une grande ville recrute ne sont pas forcément les meilleurs retenus par la cour du roi ou du pape d'Avignon, par les grands seigneurs ou professent dans les villes universitaires. On connaît mal le niveau de connaissances du corps médical. Seuls quelques grands noms émergent de l'anonymat, des gens comme Guy de Chauliac ou Henri de Mondeville à Avignon, Bernard de Gordon et Arnaud de Villeneuveuve à Montpellier, font oublier l'indigence culturelle de la majorité. Jehan Métral d'Annecy, contrairement à tant d'autres confrères restés anonymes, figure parmi les notables de la ville les plus imposés, est membre influent du Conseil et son savoir lui vaut d'être choisi par ses compatriotes pour haranguer le comte Janus lors de sa joyeuse entrée en ville en 1477. Le souci de s'informer sur la peste incite Maître Christophe Martin et ses collègues nantais à pratiquer une dissection, à « *ouvrir le 25 may 1462 une fille qui mourut soudainement* ». Charles VIII autorise en 1493 les enseignants à faire l'acquisition de corps de condamnés à mort et de suicidés. Des écoles de médecine fonctionnent dans les principales villes universitaires et offrent la possibilité à des clercs et à des laïcs de s'instruire auprès d'éminents professeurs férus d'expériences antiques avec les ouvrages d'Hippocrate et de Galien, et contemporaines.

---

18 – M.D. Grmek (dir.) *Histoire de la pensée médicale en Occident,* Paris, Le Seuil, tome I 1995.

Les barbiers-chirurgiens ou *cirurgics* sont des soignants bivalents qui interviennent davantage dans la majorité des hôpitaux. Ils sont distincts ou complémentaires des précédents et sont plus des soignants, des manuels que des théoriciens qui ont la possibilité, contrairement aux clercs, de pouvoir verser le sang et de traiter comme phlébotomistes les humeurs qui sortent des plaies et des bubons. Si la plupart sont formés dans l'officine d'un maitre, quelques uns ont la chance de recevoir une formation médicale.

Dès 1301, les barbiers-chirurgiens nantais ont l'exclusivité de certains soins ; ils peuvent *« panser clous, bosses, apostumes ou autres plaies non mortelles, pratiquer saignées, guérir fractures, chancres, fistules et autres maux de même nature »*.

Les simples *mires, mege* ou guérisseurs, physiciens qu'on dit proches de la nature, minuteurs (de minuere ou retirer) ou tireurs de sang, saigneurs, responsables de salles, aide-soignants font de leur mieux avec les moyens mis à leur disposition pour *« curer et guérir toutes manières de clous, boces et plaies ouvertes »*. Ces petites gens, sans grande instruction, contribuent en quelque sorte à démocratiser la médecine et à rendre service à la collectivité. Les soins proprement dits se réduisent à la pratique de la saignée ou de la purge nécessaires au maintien de l'équilibre des quatre éléments du corps humain, à l'examen des urines et du pouls, à la cautérisation des plaies par le feu.

Ces gens, praticiens, commerçants en produits de luxe rares et chers, attachés à des institutions charitables, connaissent, préparent et vendent des médicaments prescrits à l'unité, au bol ou au clystère qu'on nomme des *droguarias* ou drogues, des onguents, *enguentz* ou *onguents* (pommades), des diachylons ou emplâtres, des électuaires à pâte molle à base de miel, de fruits, des cristaux, des sirops, des confits, des potions, des dragées, des lavements, des vomitifs, déjà de l'alcool . . . une infinité de médecines et drogueries. La pharmacopée de l'époque fait découvrir des produits naturels, des herbes et des racines sous forme de tisanes, des épices locales ou orientales, d'autres spécificités souvent indiquées par un procédé métonymique, des sirops à base de sucre de canne, de miel, de safran, des confits, des épices, des sauces (de lamproie par exemple), des eaux distillées. La base de toute posologie est constituée de plantes aux noms quelquefois bizarres de « bol d'Arménie », de « thériaque », de « mithridate », de « sang de dragon » et *« autres herbes, meges et matériaux requis pour le pancement des malades »*, fournis par des apothicaires. Ces derniers appelés encore des *phizissians, regardadors* de drogues, *speciayres, des meges phisissians* ont pourtant légué à la postérité des *« recettes médicales et alchimiques »*, loin d'être négligeables. Des produits calorifiques, destinés à soulager les accidentés, des poudres, pommades, onguents, des boues médicinales pour illuter un membre douloureux, des emplâtres résolutifs d'herbes et de bol (argile colorée) sont recommandés par les médecins et appliqués par les barbiers-chirurgiens pour atténuer les souffrances des individus atteints de lupus, de lésions cutanées, de graves brûlures, de chancre syphilitique.

> On conseille l'application de cataplasmes de bulbe de lis, de tétine de souris ou de chat (une sorte de joubarbe), de racine de consoude surnommée *l'herbe aux coupures*, des plantes aux propriétés cicatrisantes reconnues par Pline l'Ancien, à condition qu'elles soient mêlées à de la viande hachée ou à de la glaise. Le corps médical peut recommander des décoctions faites avec des feuilles d'olivier, de chenille ou de *chenillette*, nom vulgaire de la scorpiure, une pommade à base d'écorce ou de fleur de grenade trempée dans du vin, ou de vert-de-gris à usage d'antiseptique qu'on utilise aussi pour soigner… les chevaux dans les comptes des *miseurs* de Nantes ! La graisse de chat, appliquée avec de la résine et de l'huile rosat, est recommandée depuis l'Antiquité (par Celse ou Pline l'Ancien) pour guérir des ulcérations. . . de l'utérus ! L'excrément félin mêlé à de l'huile de lis apaise la fièvre ! La peau de chat, blanc ou noir, protège les articulations.

De curieuses recettes médicales en langue vernaculaire ont été consignées dans un petit recueil vannetais du début du XVIe siècle ou dans un registre d'Arles. La peste se soigne d'après cet ouvrage. *« Et premier et pour bien commenser, quant la peste apparoit, soit mins deus* (dessus le bubon) *un amplastre de galbanne contre du cuir bien delié* (amenuisé). *Dès incontinent que la créature se sentira frapé de cette maladie, prendre à boire de l'eau de nones, du métridal, du riècle, du plus viel que on poura trouver et de la poudre de sang de dragon tous mistonné* (mélangé) *et ung verre et ung petit peu tedié sur le feu et le boire chaudement. Et si la bosse* (le bubon) *vient à grossis* (qu'il) *soit mins dessus du diaculum magnum et puis après par trois ou quatre tours. Et pour le faire pouris, faites amplastres de loignon de liz et de la graine de lin fort, bouilly ensemble o* (avec) *du lest* (lait) *dous et après getez le lest et prenez loignon et en faites amplastre de gratia Dey. Amen, Jhesu Dieu, donne santé à qui le demande, Amen ».* [19]

19 – A.D. Morbihan, 29 H 3

Le *galbanum*, une gomme-résine produite par des férules, sert d'antispasmodique, de stimulant cardiaque. Le sang de dragon provient du fruit du rotang, une variété de palmier des Indes, qui a comme propriété de resserrer les tissus humains, d'être hémostatique. Les bulbes de lis blanc, cuits à la vapeur ou dans la centre, entrent dans la fabrication de cataplasmes émollients, très utiles pour faire mûrir les bubons. La graine de lin, réduite en poudre, a le même usage que le lis. On utilise aussi beaucoup la cannelle de Ceylan, la sauge qui est tonique et diminue la sudation, la verveine antispasmodique.

Un traité de médecine rouennais soigne simultanément par l'opération à vif, par des matières et par l'usage du feu : « *Si la chair est nouvelle (allusion à la tumeur) et le lieu pas trop mangé (rongé), tu le cureras en cette manière : tranche le chancre jusqu'à la chair vive avec un rasoir. Ensuite metz y le fer chaud puis le jaune d'œuf jusqu'à ce que le feu soit parti (la sensation de douleur calmée)* ». Ce passage fait allusion à une excision et à une éradication des parties malades jusqu'à la racine avec un rasoir ou une sorte de lancette, à une cautérisation à vif avec un fer rougi au feu ou cautère à pointe ronde. Le texte signale l'usage du jaune d'œuf, d'habitude plutôt du blanc battu en neige, pour calmer la douleur. Cette médecine dite « *chaude puis froide* » (!) n'est pas nouvelle puisqu'Hippocrate avait l'habitude de dire : « *ce que les médicaments ne guérissent pas, le feu le guérit* ». [20]

Un chancre d'origine syphilique est détruit aussi avec ce qu'il y a de mieux comme métal… de l'or ! De mauvais esprits parleront d'un métal précieux pour un organe qui ne l'est pas moins ! « *S'il advient qu'un chancre naisse en ce lieu indiqué plus haut : la verge de l'homme, la couille* (de *colea* ou sac qui est ici la bourse des testicules) *ou le couillon* (la testicule), *tranche toute la partie mal mise (sic), si près que tu tranches un peu la chair vive. Après cuis-le d'un fer chaud ou d'or* ». On classait les cautères, non seulement en fonction de la forme des instruments mais aussi de la nature du métal utilisé : le meilleur se faisant à l'or, puis à l'argent et enfin au fer. Le feu a l'avantage de détruire, de coaguler et de cicatriser, tout en évitant de verser le sang par incision ou mutilation, des gestes très mal perçus par l'Église.

---

20 – Bibliothèque Municipale de Rouen, manuscrit 155 (non daté) de 121 feuillets- N.Piet, *Étude philologique d'un traité de chirurgie médiévale*, D.E.A. Rouen 1995, tome 1, p.186-193, 291-296.

La nourriture occupe une place importante dans les remèdes usuels. La médecine recommande de « refaire » les malades avec de la soupe bien grasse, de la viande fraîche ou salée, du porc, du mouton ou de la volaille au moins trois fois par semaine, du pain blanc, du vin. Le budget nourriture est élevé à Nantes, Laon, Arles…

On se demande encore comment nos ancêtres résistaient à pareilles médecines qui conjuguaient l'excision d'une excroissance, la cautérisation de chairs tuméfiées, l'application par couches successives de produits toniques et astringents et, pour couronner le tout la divulsion du bubon avec des outils de fortune, à peine écurés ! Et pourtant, certains survivaient, même à une trépanation comme Charles le Gros (887,) mais… dans la catégorie des « *infirmi* », tout au plus secourus !

La guérison totale est exceptionnelle, miraculeuse, imputable à la solide constitution du malade dont on dit « qu'il guérit » plutôt que « d'être guéri » par un médecin. Quelques emplâtres adaptés, joints à une bonne saignée, à un lavement, à un bouillon bien gras permettent d'échapper au lot commun, à moins de succomber d'une hépatite, d'une « *enflure* » ou d'un « *flux de ventre* ».

Cette vision que certains jugeront sans doute trop pessimiste ne saurait toutefois faire oublier quelques progrès n'impliquant pas pour autant une vraie « *politique de santé* ».

Des progrès quand même en médecine préventive surtout, curative moins souvent !

Une majorité de citadins a pris conscience des dangers que faisait courir intra-muros la présence de « *l'infect* », des « *bouillons* » et des « *ordes* ». La menace de « *pestilance* » a donné à réfléchir aux édiles confrontés avec des problèmes sanitaires difficiles à régler avec de petits budgets. ! Des mesures positives ont été prises, telles que la pose d'égouts et de pavés, l'installation de fosses ou la mise en service d'un ramassage d'ordures que nous avons évoqué dans un ouvrage récent. Mais, plutôt que de combattre efficacement l'origine des maux, on cherche à isoler les individus jugés dangereux pour la collectivité.

À chaque épidémie, les municipalités se réunissent en séances extraordinaires et prennent un certain nombre de mesures à caractère préventif qu'on retrouvent ailleurs. La lèpre qui provoquait une répulsion bien compréhensible conduit les autorités locales à enfermer les malades dans des lieux écartés spéciaux, situés à la sortie des agglomérations, à les obliger à porter sur leurs vêtements un signe d'infamie distinctif et à leur interdire tout contact avec les gens sains. Dès qu'un cas de *pestilance* est décelé, des mesures radicales de désinfection par le feu sont prises. Les scellés sont posés sur les portes des maisons des personnes contaminées. Les draps, les couettes, les objets familiers touchés sont brûlés. *« A Eutrope Bourdant, pasticier, pour dommage à lui fait d'avoir esté mis hors de sa meson et avoir brullé couetes et autres biens à lui appartenans pour un prebstre qui estoit mort dépidymie en sadite meson, dont fut commandé lui bailler par Monseigneur le Provost, le procureur et autres VIII livres ».*

La solution consiste soit à les isoler dans une salle d'hôpital, soit à réquisitionner des habitations ou même des bâtiments d'exploitation tels que les vastes pressoirs à cidre et à vin. Des locaux de fortune sont équipés de châlits et de literie pour accueillir les nouveaux cas et mettre fin aux pires rumeurs qui courent en pareilles circonstances. *« L'avis et deliberacion prinse par les gens de la ville de Nantes, assemblez en bon numbre pour pourvoir a la maladie de la peste qui à present a cours en ladite ville... et oster le bruit et escandre qui est que les malades frappez de ladite maladie mourroit sur les femiers »* (fumiers). Des mesures sont prises le 17 septembre 1484 et parmi elles l'ouverture d'un hébergement de fortune. *« Premier sera prins es forsbourgs de la ville une ou deux mesons qui seront garnis de charlitz, couetes et linges jusques au nombre de sept ou huit litz garniz, où seront portez et menez les malades feruz de peste en la ville, et illecques pansez, nourriz et gouvernez, et à lad fin seront quises deux fammes de bonne renommée et de ancien eage, esquelles il sera constitué sallaire par mois, tant que la peste aura duré, pour panser et gouverner les malades »* On peut douter de l'importance des mesures prises quand on lit dans le passage précédent que les deux logements réquisitionnés à Nantes n'abritent que 7 à 8 lits, ce qui signifie que même en plaçant trois malades par couche comme cela se pratiquait couramment au Moyen Âge, on pouvait difficilement héberger plus de vingt à trente personnes, une misère en temps d'épidémie.

L'hygiène individuelle et collective, gage de bonne santé, préoccupe davantage les administrateurs des hôpitaux et le personnel de soins. On se soucie d'une meilleure alimentation, en particulier pour lutter contre l'ergotisme, de vêtements saisonniers, de la chaleur, de la saignée périodique et du jeûne une fois par semaine, du lavage des pieds. Certains aliments sont proscrits comme la viande de truie jugée trop humide (sic) ou celle d'une bête morte de maladie.

Les bourgeois, les municipalités s'intéressent davantage aux hôpitaux qui sont devenus de véritables institutions semi-laïques par leurs origines et leur gestion. En 1252, l'évêque de Saint-Malo tolère que deux bourgeois assistent à la reddition des comptes ; mais la ville portuaire n'aura guère de libertés municipales et c'est toujours un chanoine qui dirige l'établissement. Il faut attendre 1459 pour que les Vitréens désignent une commission représentative de 19 nobles, de 52 bourgeois et de 19 prêtres pour élire l'aumônier de leur établissement. Les « libertés » des citadins restent très mesurées dans les villes savoyardes, sauf peut-être à l'Hôtel-Dieu et à l'hôpital du Maché de Chambéry où les syndics et les conseillers de ville, assistés d'une poignée d'habitants *sagaces et probes* désignent les recteurs. La maison des Pestiférés de Plain-Palais à Genève est construite par les élus à Genève seulement à la fin du XVe siècle.

L'intervention des municipalités se fait davantage sous forme de subventions, de dons de petites sommes à des établissements dans le besoin, à des miséreux bien ciblés : lépreux, fous, vieux serviteurs impotents, accidentés, enfants trouvés et *« gectés à l'hospital »*. Des sommes sont allouées à des ouvriers ou à des soldats blessés, à de pauvres « insensés » qui reçoivent des habits et des souliers neufs, à des fabricants de poudre brûlés au cours de leur travail ! Une autre forme de secours consiste à réserver de menus travaux à des gens encore valides, l'entretien de chemins à des pestiférés en voie de guérison.

Les inventaires constatent, parmi les legs et les dons, la présence dans les établissements secourables de bassins à laver les mains et les pieds, de baignoires en étain ou en bronze pour les accouchées, de baquets, de balais (700 achetés en 1430 à l'Hôtel-Dieu de Paris).

Les municipalités encouragent la venue de praticiens de tous les horizons, de toutes compétences. Toujours à Nantes, une autre décision de septembre 1484 déclare *« Item sera prins un barbier et sirurgien scavant pour seigner et curer les malades qui aura o* (avec) *luy varletz scavans et suffisans pour le secourir, auquel il sera constitué gaiges par chascun an pour le lyer et obliger à servir , ait cours la maladie ou non.*

Item sera prins ung apothicaire de la ville qui fournira un sirurgien, des meges et materiaux requis pour le pansemnt des malades. Item sera prins ung chappelain ». Une distinction apparaît dans ce court extrait d'ordonnance et dans les articles des comptes entre les médecins qualifiés de *phisici* formés dans les universités italiennes, françaises (Montpellier, Paris), les apothicaires, qu'en plus de la vente d'épices, de sucre, de miel, fabriquent et proposent des « *drogueries* », des « *onguens* », des « *emplastres* », les simples barbiers-chirurgiens directement au contact de la population et dont l'habilité manuelle est reconnue, les guérisseurs *(meges)*, les rebouteux très sollicités et les *matrones* ou sages-femmes. Les barbiers-chirurgiens de quartier sont bien plus nombreux (39 noms découverts à Nantes entre 1426 et 1529) que les *physiciens* (12 noms), ce qui signifie *ipso facto* que l'homme de pratique l'emporte sur l'homme de science. Les barbiers qui ont une clientèle ne sont pas forcément satisfaits de donner des soins et de pratiquer des saignées. Etre institué « *cirurgiens des malades et des pauvres de l'aumosnerie de Saint-Clément de Nantes* » n'a rien de particulièrement valorisant. Un maître barbier de la même ville, Jehan Thoron dit de Manéac, explique la raison de sa réticence ; depuis qu'il soigne les pestiférés, « *les gens d'estat* » (les notables) ne vont plus se faire raser chez lui ! Les vrais médecins sont davantage au service des princes et des princesses, de la cour, d'un évêque, des élites bourgeoises. Ils acquièrent, avec quelques succès, une bonne réputation, peuvent prétendre à de solides honoraires et même envisager d'être anoblis pour leurs mérites comme Maître Christophe Martin à Nantes vers 1474. L'encadrement médical diminue en même temps que la taille et le rayonnement économique d'une localité et on sera sans doute surpris d'apprendre que des villes comme Dinan, Lamballe, Morlaix, de 2 à 5000 habitants souffrent de graves carences dans le domaine secourable, ou d'une absence d'information !. Quand le seigneur de Quintin, Amaury du Perrier, tombe gravement malade en janvier 1452, il n'y a pas de médecin sur place et il faut en quérir un à Guingam, un nommé Calloche, dont le nom tout court laisse entendre qu'il s'agit plus d'un guérisseur que d'un véritable docteur. Il a dû d'ailleurs préconiser une saignée puisqu'il faut aller chercher un barbier, François Folleville, à Vannes. Même la puissante forteresse de Vitré n'a pas de soignant attitré en 1420 et doit faire venir un barbier de La Guerche.

Les villes, démunies de médecins ou même de simples barbiers en font venir à grands frais, sont prêtes à accorder des salaires de 40 à 80 florins en Savoie, de 25 à 100 £ivres en Bretagne, un logement de fonction gratuit, une exonération d'impôts et une clientèle assurée. C'est une forme de municipalisation de la médecine. Le barbier Pierre Sordet, qui cumule les fonctions de médecin, de chirurgien et de barbier a exercé successivement à Chambéry, à Cluses puis à Annecy. Contrairement aux Bretons qui ont appliqué les mesures antisémites françaises, les Savoyards ont fait appel à des médecins juifs ou italiens réputés pour leur savoir.

Après les léproseries, souvent mal entretenues faute de clients, d'autres établissements spécialisés commencent à faire leur apparition dans les villes françaises. Les asiles de fous, qui existent déjà en Italie, en Allemagne ou en Angleterre, restent une exception en France même si l'ordre du Saint-Esprit a fait quelques efforts locaux, à Montpellier dès 1178. Les plus dangereux, les *folastres,* restent enfermés dans une tour (Caen). Les « aveugleries » apparaissent dans des villes normandes (Bayeux, Caen), à Chartres et surtout à Paris avec l'hôpital des Quinze-Vingts sous saint Louis, capable d'héberger 300 malheureux que leur cécité condamnait à végéter. Des évêques et leurs chanoines, des confréries de piété, des familles charitables se sont préoccupées de porter secours aux orphelins. Un orphelinat fonctionnait du temps de Charles VI, place de Grève, à côté de la Maison-aux-Piliers.

« *O très orde conception*
O vil, nourri d'infection
Dans le ventre, avant ta naissance,
Tu viens a vie miserable » disait le poète auvergnat Pierre de Nesson au début du XVe siècle.

Malgré ces quelques progrès, il ne semble pas que les tristes échantillons de l'humanité souffrante, aient eu beaucoup confiance dans les soins qu'il recevaient et sur ce qui les attendait en entrant dans un mouroir médiéval. Des formules telles que « *guérir si faire se peut* » rencontrées dans des lettres de nomination de médecins ou de chirurgiens, les visites et les appels au secours adressés aux saints guérisseurs dans les hauts lieux de pèlerinage en disent long sur les mentalités de l'époque. Personne ne se faisait d'illusions sur la valeur de la thérapie et sur la durée de vie des malades. Des extraits d'ordonnances municipales laissent peu d'espoir aux familles : « *Item, les cheffs de meson des lieux où seront tirez les malades et portez à l'ospital seront tenuz et contrainz à fournir une paire de linceulx pour chacune personne. Item, la despouille de l'ospital au décès de lad. maladie, sera à l'ospital de la ville »*. [21]

Devant *« l'étonnement et l'épouvante qui remplirent alors tous les cœurs »*, il n'y a guère d'autre solution que d'espérer la mansuétude de Dieu, l'intervention d'un protecteur efficace. Et le miracle se produit quelquefois, sauve même la vie d'individus, les plus endurcis dans le péché ! *« Dès les premiers temps, la divine bonté du Créateur enfanta des prodiges, fit sortir des miracles du sein des éléments et plaça dans la bouche des sages des oracles qui devaient réveiller dans le cœur des hommes l'espérance ou la crainte »*.

Les perspectives de guérison après une convalescence qu'on estime ne pas excéder une semaine, ne prêtent guère à l'optimisme. On a calculé que sur 163 hospitalisés au début du XVIe siècle à l'Hôtel-Dieu de Nantes, 51 sortirent guéris (un cinquième) et 112 moururent ! (M. Le Mené). À l'hôpital Saint-Julien de Cambrai, la mortalité normale des années 1377-1473 fut de 24 morts par an mais il y eut 25 années de *« mortalité aberrante »*, de flambées spectaculaires, provoquées par des épidémies ou des famines, avec 2535 décès sur les 4105 signalés par le creusement de fosses et la fourniture de linceuls, dont 500 morts en 1438-1439 (H. Neveux).

Le pauvre, confronté dès sa naissance à l'injustice, victime du mauvais sort, mal nourri, mal aimé, est encore défavorisé au soir d'une existence d'épreuves. Il « languit » avant de mourir, privé de soins efficaces, dans l'anonymat et le dépouillement d'une salle commune, réceptacle de la misère, couché sur une simple paillasse. Il est tout juste consolé par la présence d'un chapelain venu lui administrer l'Extrême Onction. L'ultime déchéance est d'être enveloppé dans un drap cousu, un linceul fourni par un donateur, et jeté ainsi dans une fosse commune, au coin d'un cimetière, loin des regards d'un visiteur. Dans un passage du Respit de Mort, l'auteur Jean Le Fèvre de Ressons, se moque des pauvres entassés dans le charnier des innocents qui se bousculent en attendant la Résurrection !

21– A.M. Nantes BB 1 -1484. *Pierre de Nesson et ses œuvres*, éd. A. Piaget et E. Droz, Paris 1925, paraphrase sur Job.

CHAPITRE 6

BRIMADES ET RÉPRESSION

En ce « *temps sans douçour et de maleiçon* » (malédiction), à cette époque où « *le péchié de luxure régnoit moult fort* » « *la fureur du hault juge descent* » précédée de celle des puissants (Eustache Deschamps).

L'Antiquité et le haut Moyen Âge s'étaient déjà penchés sur le problème de l'existence oiseuse et du vagabondage et avaient dénoncé les *vagantes* comme des êtres malfaisants et dangereux. Les capitulaires carolingiens avec l'*Admonitio generalis* de 789 ou le capitulaire des *missi dominici* de 802, inspirés par les canons des conciles, avaient fustigé la paresse et mis au ban de la société les parasites sociaux. Les coutumiers des temps féodaux se montrent tout aussi catégoriques dans leurs jugements et un article des Établissements de saint Louis déclare : « *Se aucuns est qui n'ait riens et soit en ville sanz riens guaignier et volentiers soit en la taverne, la jou(s)tice le doit bien prandre et demander de coi il vit. Et se il antant que il mante et que il soit de mauvaise vie il le doit bien geter hors la ville* ». Tout est déjà en filigrane dans ce court extrait : la méfiance à l'égard du réfractaire à toute tâche rémunérée, la critique de l'individu qui ne gagne pas honnêtement sa vie, la dénonciation du pilier de taverne, soupçonné de mauvaise conduite et d'agissements condamnables, une amorce de répression par l'expulsion.

Le pouvoir royal et princier dont l'action coercitive n'a cessé de se renforcer en même temps que les tribunaux, aux dépens des autonomies locales, les municipalités de l'époque douloureuse de la guerre de Cent ans, les populations qui aspirent à plus d'ordre et dénoncent le laxisme prennent davantage conscience des menaces que font courir les asociaux, les gens réputés « *sans loi et sans aveu* », sur l'économie et la sécurité et les rendent responsables du manque de bras, de la hausse des salaires, des désordres, des vols et des crimes. Les mesures choisies pour « *purger* » les villes, la volonté de réprimer et de moraliser par des punitions exemplaires et par ordonnances conduisent donc à des mesures sécuritaires.

Ce jugement sans appel est d'actualité à l'époque de la guerre de Cent ans. À la violence individuelle ou collective, aggravée par une économie contractée et la dureté des temps de peste, de famine et de combats, à la propagation de rumeurs inquiétantes sur l'insécurité en ville et à la campagne répondent la dénonciation, l'usage de la force et la répression. Une violence légale, souhaitée par l'opinion publique, se manifeste dans les attitudes mentales et dans un ensemble de mesures prises contre la population flottante. Elle est stimulée par les condamnations des papes du passé (Grégoire le Grand) ou du début de l'Inquisition (Innocent III), par les décisions des conciles et par les sermons des prélats, par les ordonnances sécuritaires des rois et des ducs, sans cesse réitéreés, ou par les sentences des tribunaux publics et ecclésiastiques.

La condamnation de l'oisiveté et de la gueuserie

Les mentalités de la fin du Moyen Âge voient dans la pauvreté une sorte « d'excroissance monstrueuse déséquilibrant l'ordre social » (M. Mollat). Devant la montée du paupérisme, les bourgeois réclament davantage de sécurité, d'ordre, de respect des valeurs fondamentales. Mais la contre-partie est sans doute les décisions dictées par la peur, par des choix subjectifs ou par les menaces du temps, par des réalités quotidiennes, par l'esprit de vengeance qui perd de vue l'exercice de la justice.

Une évolution des mentalités

En ces temps difficiles pour tout le monde, l'aumône a perdu de son intérêt spirituel dans les œuvres de miséricorde des classes moyennes, à tel point que la pauvreté spirituelle volontaire et héroïque, jadis prônée, ne suscite plus la même approbation. Plus que jamais la charité testamentaire du riche est intéressée et s'inscrit dans la recherche égoïste du salut éternel, que dénonce un écrit anonyme, le *Dit des Planètes*. La mendicité qui permet l'oisiveté, l'instabilité devient, dans de telles conditions, indigne de l'être humain sain de corps et d'esprit ; le refus du travail stable qui rend *souffisant* est assimilé à un délit et est sujet à des poursuites. Les pouvoirs établis réfléchissent aussi davantage sur la destinée des hôpitaux, des secours populaires subventionnés. Il n'est pas question que ces établissements se transforment en asiles de truands, de simulateurs au point d'oublier que leur vocation se résume à héberger de *pouvres passans*, des pèlerins, de réels malades issus des milieux défavorisés, des orphelins, des invalides reconnus et des impotents.

Les ébranlements provoqués par les guerres, la peste qui a tué un tiers de la population, les *déguerpissements* (sic) ont engendré une pénurie grave de main d'œuvre, un manque de laboureurs, de journaliers et de bergers à la campagne, de manœuvres ou *brassiers* et d'ouvriers à la ville. Les survivants réclament une augmentation substantielle des salaires et sont en conflit avec les possédants, avec les patrons des métiers. Le manque de bras paraît incompatible avec le refus de travailler pour les salaires habituels, avec la fainéantise des « *compaignons oizeux et vaccabunds* » qui refusent « *d'exposer leur corps à faire aucunes* (quelques) *besongnes* ».

Une ordonnance royale pose la question des exigences des salariés en ces termes : « *Item. Pour ce que plusieurs desdits vendeurs, qui s'efforcent de survendre leursdites denrées, ne se veulent mettre à raison de juste prix, selon ladite forte monnoie, se veulent excuser de la survente, pour ce qu'ils dient les aucuns qui leur convient ce faire pour la grant chierté des ouvriers, qui ne veulent faire besoigne, se ils ne sont payez à leur volenté, de payemens si excessifs que pour ce de necessité, leur reconvient ainsy vendre chierement leursdites denrées, les autres disent que quant ordennances sont faittes et certaines taxations mises pour les causes que dessus, sur les journées et salaires des ouvriers et laboureurs, plusieurs d'iceux ne veulent aler ouvrer à journée, ne besoigner se n'est en taches pour les quelles il convient, que il ayent leurs intentions de salaires desraisonnables, telx comme il veulent demander, et quant ils sont requis de aler ouvrer à journée, dient les uns qu'il iront en leurs taches, ou ouvrer en leurs heritages, ou en ceux que il ont pris à part à labourer, et ainsy ne veulent ouvrer que à leur plaisir: et les autres se départent des lieux de leur demourance, en laissant femmes, et enfans, et leur propre pays et domiciles, et vont ouvrer autre part où les ordennances ne sont mie adroit gardées, s'en contempnant et fraudes notoires des ordennances: avenus autres ouvriers y a, aux quiex convient que il vont ouvrer à journée, que il ayent d'avantage, outre le prix de leurs journées, vins, viandes et autres choses, contre les bonnes et approuvées coutumes*

et observances anciennes, par lesquelles les ouvriers estoient contens de
leur argent, prins pour mesure par journée, et si rendoient bonnes et loyaux
journées, de quoi les ouvriers de present font le contraire, jasoit ce que
il se seurloent et font moult d'inconveniens, par les manieres devant
dies: avenus aucuns autres desdis ouvriers gourmans, ou frians, ou
faineantises vont sejourner ès tavernes, et dient que pour le grant pris
des journées qu'il ont accoutumés de prendre, que il ne ouvriront la
sepmaine que deux jours, et aucuns autres servans et servantes, comme
charriera, bergers, flounces et chambeniez, et semblables et telx dangers,
que il ne veulent servir, s'il n'ont salaires et loyers, tels comme il veulent,
demandent vins et viande autre que il ne appartient à leur estat, dont n'ont
d'oeuvres et labouraiges profitables et necessaires au bien commun, en
sont delaissées à faire en moult de lieux ». [1]

La nouvelle législation sur le travail

Le but final est de mettre les vagabonds, les « *vallets oiseus* » (Saint-Omer), les bélistres ou *béleurs*, les *caymans* et autres pleurnichards hors de la vue et de l'état de nuire, à défaut de les ramener dans le droit chemin conforme « *à l'honneur du royaume et de Dieu* ». Pourquoi pas aussi les rendre utiles à une communauté, les stabiliser et les obliger à travailler pour « *le profit de la chose publique* » ? La générosité est absente des mesures réclamées par les possédants et les patrons des métiers au nom « *du male exemple* ». Les directives exigent, pour être efficaces, l'intervention de prévôts royaux aussi énergiques qu'Hugues Aubriot dans les années 1367-1380, d'une armée de juges, de sergents, de soldats, d'une légion d'indicateurs.

Cet état d'esprit coercitif trouve son application dans l'ordonnance du 30 janvier 1351 du roi Jean II le Bon incriminant les oisifs valides. La législation n'offre d'autre alternative aux parasites sociaux que d'accepter un travail rémunéré ou d'être expulsés au bout de trois jours. Elle fixe aussi impérativement les salaires, les prix et le cours de la monnaie.

« *Pour ce que plusieurs personnes, tant hommes comme femmes, se tiennent oyseux parmy la ville de Paris et es autres villes de la prevosté*

1– F.R. Isambert, *recueil général des anciennes lois françaises,* tome IV, p.700.

et vicomté d'icelle, et ne veullent exposer leur corps a faire aucunes besongnes, ains truandent les aucuns er se tiennent es tavernes et es bourdeaux, est ordonné que toutes icelles manières de gens oyseux ou joueurs aux dez ou chanteurs es rues, truandans ou mendians, de quelconque condicion ou estat qu'ilz soyent, ayans mestier ou non, soyent hommes o femmes, qui soyent sains de corps et de menbres, se exposent a faire aucunes besongne de labour, en quoy il puissent gaigner leur vie, ou vuident la ville de Paris et les autres villes de ladite prevosté et vicomté, dedans trois jours apres ce cry. Et se apres lesdit trois jours sont trouvez oyseux ou jouans aux dez ou mendians, ilz seront prins et mis en prison et mis au pain et a l'eaue ; et ainsi tenuz par l'espace de quatre jours, et quant ilz auront esté delivrez de ladite prison, se ilz sont trouvez oyseux ou se ilz n'ont bien dont ilz puissent avoir leur vie, ou se ilz n'ont adveu de personnes souffisans, sans fraude, a qui ilz facent besongnes ou qu'ilz servent, ilz seront mis ou pilory et la tierce foiz ilz seront signez au front d'un fer chault et banny desdits lieux ». [2]

Le texte pour bloquer les « *chiertés de gages* », rééduquer les chômeurs et sanctionner les paresseux, d'application difficile, est plusieurs fois prorogé du temps de Charles V, de Charles VI, et de Charles VII : en 1354, en 1367, en juillet 1371, en 1382, à l'époque de la guerre civile entre les Armagnacs et les Bourguignons avec l'ordonnance cabochienne en 1413.

Les rois sont imités par les seigneurs des principautés territoriales. Ce fut le cas de la Savoie sous Amédée VIII (1391-1440), de la Bretagne sous Jean V (1399-1442), de la Bourgogne sous Philippe le Bon (1419-1467)… Chacun évoque les mesures salutaires dictées par une volonté d'apaisement et de régulation. Un passage des *Statuta Sabaudiae* du duc Amédée VIII propose la réunion d'une commission composée d'officiers, d'administrateurs et de délégués des journaliers et des ouvriers pour établir une grille des salaires et des prix stables. Le passage le plus novateur fixe une sorte de minimum vital : « *Puisque nous avons reçu, depuis environ dix ans, des plaintes fréquentes au sujet des ouvriers*

---

2 – A. Nat. ms. Fr. 24070 R. de Lespinasse, *Les métiers et les corporations de la ville de Paris,* Paris 1886, tome I, p. 2. – Texte cité par B. Geremek dans *Truands et misérables dans l'Europe moderne,* Paris, 1980 p.72-73.

travaillant dans les mines, des charretiers, de ceux qui travaillent les terres et les vignes, les faucheurs et moissonneurs et autres ouvriers travaillant hors de leur maison pour un salaire quotidien et qui ont exigé des salaires excessifs pour leur travail au grave détriment de l'Etat, nous voulons mettre un terme à ces excès et nous ordonnons à tous juges ordinaires des lieux dans lesquels ces plaintes se sont produites, de convoquer chaque année au commencement du mois de janvier et plusieurs fois, si cela est nécessaire, les châtelains, officiers, syndics, les conseils et plusieurs hommes probes des lieux et plusieurs des ouvriers contre lesquels ces plaintes se sont produites. Ils fixeront avec ceux-ci les prix et salaires quotidiens de tous les ouvriers, hommes et femmes, travaillant hors de chez eux au service d'autrui, selon la longueur ou la brièveté des jours, la qualité des travaux et des travailleurs, l'abondance ou la cherté des vivres et autres circonstances ». [3]

La dénonciation d'un vagabondage délictueux, plus énergique dans le *Statute of Labourers* anglais que dans les ordonnances françaises souvent évasives, est loin d'être la panacée. Obliger les récidivistes à accepter tout travail rémunéré, chez un particulier ou pour la collectivité sous peine de sanctions, de lourdes amendes, de plusieurs journées de prison, voire de marques au fer rouge suppose un contrôle permanent en ville comme à la campagne et un service d'ordre efficace qui n'existe pas alors. Le risque est d'inclure parmi les réels délinquants *« par leur coulpe et deffault »*, les chômeurs qui ne sont pas responsables de leur situation, les ouvriers en situation précaire, privés d'accès à la maîtrise et sous contrat, les travailleurs mobiles, les soldats démobilisés, des adolescents récupérés dans la rue un samedi de bringue, des simplets, des malades, des contagieux. Un schéma simplifié mais commun dans les milieux bourgeois a tendance à faire de tout étudiant, d'un voyageur pauvre, un oisif en puissance, un être revendicatif et inquiétant. Tous les immigrants sont mis sur le même plan et rangés parmi les réfractaires au travail, y compris les réfugiés de villages détruits, les soldats en congé de solde, des infirmes, des malades temporaires. La nouvelle législation bloque les

---

3 – Extrait des Statuta Sabaudiae III, 33 - L.Chevallier, « Une source inédite du droit savoyard : les *Antiqua Sabaudiae Statuta* », *Bulletin Phillologie et Historique* 1960, p361-391.

salaires au niveau le plus bas et contribue à entretenir la misère. La répression renforce la population flottante de *fuitifs*, d'individus qui se cachent dans les quartiers chauds, dans des lieux d'asile comme les églises ou les cimetières. Les corvées d'intérêt public, les tâches imposées comme instruments d'encadrement, de contrôle et d'isolement ne peuvent être que des parades partielles.

Sanctionner dans l'intérêt du « prouffit commun »

Des mesures, proposées contre les individus sans activité mais « *sains de corps et de membres* » découlent d'une prise de conscience collective et d'une volonté déjà manifestée dans le passé par le prévôt royal, Etienne Boileau du temps de saint Louis, de « *purger* » les villes des parasites et de leur vue, jugée contraire aux bonnes mœurs et aux intérêts de la chose publique.

Le bannissement des inactifs qui contrefont le mendiant est une peine coutumière, estimée encore miséricordieuse par les juges qui hésitent à être plus sévères. « *Ordonné est pour obvier à telx fraudes et malices, et pour extirper tels curies de mal fait et de male example, et pour tout le bon estat de la chose publique, qu'il soit deffendu et crié solempnement en toutes villes, par les justiciers d'icelles, que aucunes personnes hommes et femmes, sains de leur corps et membres, saichanz non saichans mestiers qui soyent taillez à ouvrer, ne soyent ou demeurent oiseux en tavernes ou autre part, mais se exposent à faire aucunes besoignes de labour, tel comme à chacun devra appartenir, si que il puissent gaigner leur vie ou que il vuident la ville dedans trois jours, amprés ce cry, et se après lesdies trois jours, il y sont trouvez oiseux, ou jouans aux dez, ou mandiant, il seront pris et mis en prison, et tenu au pain et à l'eau par l'espace de trois jours, et quant il auront esté delivrés de ladite prison, se depuis il y seront trouvez oiseux, ou il n'ont bien de quoi il puissent avoir convenablement leur vie, ou se il n'ont advenu de personne soufilsans sans fraude, à qui il fassent besoigne ou à qui il servent, il seront mis ou pilory; et la tierce fois repris par la maniere que dit est, ils seront signez au front d'un fer chaut et bannis desdiz lieux* ».[4]

---

4 – A.Nat. ms. Fr. 2407- F.R. Isambert, *Recueil des anciennes lois*, tome IV, p.700.

La sanction paraît de prime abord justifiée à l'encontre de quiconque refuse, par « *négligence et mauvaiseté* » de s'amender, et continue d'importuner les honnêtes gens. S'il ne possède rien, pas même un taudis, il n'y a aucune raison de le garder intramuros, au risque d'avoir une influence pernicieuse sur ses semblables. L'éloignement, sanctionnant la paresse mais aussi la folie, l'adultère, est une solution finalement pernicieuse qui ne satisfait ni les campagnes encombrées de parasites et de récidivistes, ni les villes ou les pays voisins, ni même le lieu de départ qui risque de voir revenir les clochards à la première occasion. L'expulsion dans les limites spatiales du ban municipal et du bailliage, définitive ou pour une durée déterminée, est annoncée, un jour de marché, par le crieur pubic ; elle se double, en cas de délit, d'une autre sanction : une promenade et une présentation infamante du puni, à pied ou dans une charrrette, une exposition temporaire au pilori, une fustigation, une flétrissure comme la perte d'une oreille ou d'une main. Le conseil municipal de Châlons-sur-Marne protège ainsi le paysage social de sa ville en décrétant : « *que nuls coquins, ne autres gens de métier* » ne puissent « *séjourner ne demourer illec, mais envoiera de hors ceux qui sont encore venus de nouvel en cette ville pour ce qu'il ne sont pas prouffitables à la ville* ». L'expression finale qui introduit la notion de profit est une justification parmi d'autres. Seuls sont à la rigueur épargnés, les mendiants nés et élevés sur place (Strasbourg en 1391).

Le double délit d'oisiveté et de vagabondage mène aux travaux forcés partout « *où on les* (oisifs) *voudra embesogner* » sur les chantiers d'intérêt public. La tâche la plus repoussante pour un pauvre apprivoisé consiste à curer ou élargir les fossés de la ville, à débarrasser les rues, les tours et les chemins de ronde des ordures, à boucher « *les marres et bouillons* ». La corvée punitive est appliquée à Paris en 1367 à l'initiative du prévôt royal de Charles V, l'impopulaire Hugues Aubriot. À Toulouse en 1399, une ordonnance du sénéchal propose de regrouper les vagabonds à la maison commune puis de former des équipes « *pour curer les fossés de l'enceinte et qu'on s'efforcerait ensuite de les embaucher dans les métiers qu'ils savaient pratiquer* » (Ph. Wolff). Les villes du Languedoc réclament des mesures semblables aux États provinciaux 1456, les autorités municipales dans des villes comme Dijon (1454), Amiens (1460) aussi. La méthode offre le double avantage de ne rien coûter, sinon la nourriture, en période de « *chierté des salaires* » et d'éviter de mobiliser des ruraux.

Les galères ont besoin de rameurs et l'habitude commence à se prendre dès la fin du Moyen Âge d'envoyer les indésirables sur les galères du roi. Les mesures destinées à pourvoir la chiourme en « *equippages de vesseaux de guerre* » débutent en Languedoc du temps de Charles VII, à l'initiative de son ministre Jacques Cœur et se généralisent sous le règne de François 1er au XVIe siècle.

La dernière solution enfin consiste à emprisonner les oisifs dans des maisons de correction ou dans des ateliers-prisons d'Etat, annonciateurs des *workhouses* anglaises du XVIe siècle.

Les mêmes ordonnances interdisent aux clercs et aux paroissiens, au personnel des hôpitaux de secourir n'importe qui. Elles rappellent que les aumônes sont réservées à ceux qui sont dans l'incapacité physique de travailler « *gens aveugles, mehaignez ou impotens et autres miserables personnes* ». Les ecclésiastiques sont obligés d'apporter leur caution morale aux décisions du roi et de faire preuve de discernement dans la distribution d'aumônes. « *Item pourchacera avec l'Evesque ou Official de Paris et avec les Religieux Jacobins, Cordeliers, Augustins, Carmelistes et autres que ilz dyent aux freres de leur ordres que, quant ilz sermoneront es parroisses et ailleurs, et aussi les curez en leur personnes, ilz dyent en leurs sermons, que ceulx qui vouldront donner aulmosnet n'en donnent nulles a gens sains de corps et de membres, ne a gens qui puissent besongne faire, dont ilz puissent gaigner leur vie, mais les donnent a gens contrefaiz, aveugles, impotens ou autres miserables personnes* ». On va jusqu'à interdire l'accès aux églises à la masse des mendiants d'Amiens en 1513. « *Item que l'on dye a ceulx qui gardent ou gouvernent les hospitaulx ou Maisons-Dieu que ilz ne hebergent telz truans ou telz personnes oyseux, se ilz ne sont malades, pouvres passans, une nuyt seulement* ».

A l'inverse des mesures coercitives, le prêt sans intérêt est conseillé car il est sensé pour le *Songe du Verger* davantage stimuler le travail que d'encourager la paresse !

La répression des fraudes

Monopole, protectionnisme, immobilisme social sont autant de mots clef qu'emploient les historiens pour souligner certains aspects du système corporatif d'antan. Une minorité de privilégiés essaie alors de se prémunir contre des concurrents jugés déloyaux et de réduire le travail clandestin en utilisant les moyens légaux et les pressions. Mais les mécanismes de protection, mis en place, semblent aussi injustes que les dérogations.

Mesures de contrôle et visites à domicile

Comme les maîtres des métiers occupent une place de choix dans les administrations municipales, il leur est aisé de faire intervenir les autorités pour se protéger, de réclamer des ordonnances au service de leurs intérêts. Une législation renforce le monopole, impose des normes de fabrication encore plus strictes qu'auparavant, des sortes de labels officiels, doublés d'interdits.

Il est rappelé, une fois de plus, que chacun doit fabriquer et vendre à sa fenêtre, sous « *la grande ouverture pratiquée au rez-de-chaussée de la façade* (d'un ouvroir) *et y donnant entrée* » (Dijon). Cette exigence qui répond aussi au manque d'espace productif et aux déficiences de l'éclairage facilite le contrôle de la production, la découverte des « *fausses euvres* » et permet de repérer le travail nocturne. D'autres mesures s'attaquent à la concurrence illicite, veulent interdire l'introduction de matières premières à bon marché ou de mauvaise qualité, empêcher les ententes tacites entre les producteurs et des artisans, les méthodes discutables des *regrattiers*. Le contrôle se fait, au mieux, dans un local collectif comme la « *perrée aux marchands* », rue du Faubourg-Guillaume, à Chartres.

Les visites domiciliaires de commissions d'inspection, de maîtres -jurés ou des *mayeurs,* des gardes ou *regardeurs,* des prud'hommes, visiteurs ou *revisiteurs*, des *peseurs,* des *eswardeurs* dans le Nord, des sergents de police, mandatés par le collectif de maîtres, ont pour objet de protéger les acquis et d'éliminer les indésirables.

Le pouvoir discrétionnaire des surveillants des gantiers bretons délégués est tel qu'ils peuvent entrer dans les ateliers de nuit comme de jour, procéder à des saisies, détruire les malfaçons. Les consuls de Millau contrôlent la qualité de la laine et délèguent des *regardadors de la draparia,* pour vérifier les dimensions et la contexture des draps et apposer un sceau de plomb, une estampille aux armes de la ville, garantie d'origine et de bonne fabrication. Les sanctions vont des avertissements et des amendes au bénéfice du roi, de ses officiers et de la corporation, à la confiscation et à la destruction des produits incriminés, et pour finir à l'interdiction d'exercice temporaire et même à l'emprisonnement.

Les *eswardeurs* de Saint-Omer ordonnent quelquefois que des produits défectueux, *« indignes d'entrer en corps de chrétien »,* soient brûlés sur la place publique. Mais on peut s'interroger sur l'efficacité de telles descentes quand elles sont prévues à jour fixe, une ou deux fois par semaine, et si les intéressés sont prévenus d'avance !

Une surveillance accrue des aubains

Le contrôle des réfugiés de la campagne, des étrangers ou *« hommes d'estranges nacions »,* dont les origines, les activités, les conditions de vie, la santé même sont suspects, est renforcé.

Ces gens sont appelés couramment *extranei, advena, viatores* (chemineaux), *alibans* (d'un autre ban seigneurial) ou *aubains, foranei* ou *forains, horsains.* Est étranger quiconque *« est d'une autre nation que celle dont on est ressortissant, quiconque n'appartient pas à une famille, à un groupe, à une ville ».* Voyager, s'exiler de force ou de bon gré, abandonner son horizon familier marginalisent donc. L'expression d'un sentiment national par les épreuves de la guerre de Cent ans, a contribué à conforter une notion reposant sur la naissance hors du royaume de France ou dans une principauté territoriale vassale.

Le bon peuple se méfie de celui qu'il n'a pas l'habitude de voir, qui ne fait pas partie de son petit univers socioculturel. Il accepte, au bout d'un certain temps, le marchand qui *« prend ostel »* (est reçu) chez un confrère ou est hébergé dans un monastère, une délégation, les ambassadeurs de *« Constantin Noble »* (sic) en visite à Rennes. Il tolère à la rigueur les membres des colonies étrangères installés à demeure. La présence italienne, ibérique est devenue tout à fait commune dans les ports méditerranéens, atlantiques et nordiques ; des Espagnols séjournent à Nantes où ils ont leurs propres institutions, à Saint-Malo, à Rouen; des équipages anglais, flamands, hanséates arpentent les rues à la recherche des tripots, des bordels et des étuves.

Mais la méfiance populaire à l'égard des aubains est plus fréquente que l'acceptation pure et simple. Déjà dans le cadre seigneurial, l'étranger est considéré comme un être à part, incapable de tester et d'hériter. Si les franchises urbaines le protègent, la règle veut que les avoirs de quiconque décède intestat ou sans héritiers légitimes soient saisis au profit de la communauté (Savoie). Cette méfiance est confortée par l'attitude des chefs de métiers et des autorités qui construisent autour d'eux un mur d'entraves et de préjugés. Sauf en cas de pénurie de bras la libre circulation des personnes et des marchandises est soumise localement à de sévères restrictions. Il est interdit de vendre au détail dans les rues, sur les places publiques, sous les halles sauf les jours de foires et de marchés. Les forces de l'ordre, les sergents, surveillent les déplacements des forains, contrôlent leur passage aux portes des villes (Salon de Provence), la durée de leur séjour dans les hôtels où ils sont hébergés et recherchent les locaux où ils peuvent se livrer à des activités clandestines.

Exiger une bonne *relacion* des personnes interrogées, réclamer une sorte de certificat d'exercice pour mesurer les aptitudes et de bonnes mœurs, figurent dans la panoplie des mesures draconiennes prises dans beaucoup de villes de la fin du Moyen Âge « *pour obvier aux procez qui pourroient intervenir* ».

La municipalité de Nantes limite à vingt-quatre heure la présence d'un *forain* en ville, à moins d'avoir une autorisation en bonne et due forme. Une ordonnance rennaise ajoute que dès qu'un visiteur est hébergé en ville, son hôte est tenu de signaler sa présence aux autorités militaires. Une police de la voie publique à Avignon, formée des *maîtres des rues*, de 10 compagnons et de 32 sergents assure la sécurité sous les ordres d'un capitaine au temps des papes et fait appliquer les mesures du conseil municipal. Les aubergistes doivent obligatoirement collaborer. Ils sont rendus responsables de la tenue de leurs clients dont ils doivent relever les noms et les surnoms.

On les oblige à dénoncer les fauteurs de troubles, à les désarmer, à les livrer aux sergents (Dijon, Le Puy). « *Pluseurs estrangers et vacabons, par avanture, pourroyent estre deschassez de leurs païs et commectoient plusieurs abus* » déclare un texte chartrain qui fait allusion à la venue de

Normands, chassés de leur pays par les Anglais après la bataille d'Azincourt (1415). [5]

Les dispositions prises pour mieux gérer une population flottante et les réticences à ouvrir l'espace urbain à n'importe qui doivent s'accompagner de mesures de surveillance des tavernes et des hospices, de condamnation des tripots, des salles de jeu clandestines et des « *paillardies en chambre retirée* ». La répression s'étend aussi aux individus, à la limite de la délinquance, qui se révèlent dangereux, une fois sur place. Le port d'armes leur est interdit en priorité, sitôt après la fermeture des portes que signale la sonnerie de la dernière cloche : « *quiconque, de quelque estat qu'il soit ne portera en ville couteaux, espées, dagues ou bâtons défendus, à peine de les perdre et de payer 10 sous d'amende, sinon les officiers royaux qui en ont seul le droit* » déclare un règlement troyen. Les Rennais sont plus précis encore : « *Mesmes est prohibé et deffendu, de l'auctorité de ladicte court, à touz lesdictz habitans de non, pour l'avenir, aller par sur le pavé et rues de ceste dicte ville et forsbourgs après heure de neuff heures après medy, sans clarté ne lumière ne o bastons, ferremenz ne armes, sur paine sur celx qui seront trouvez faisans au contraire, de la chaîne et autre pugnicion arbitrale. Aussi est prohibé et deffendu à tous gens mecanicques et mannouvriers et autres habitans es dicte villes et forbourgs de non pour l'avenir porter par cestedite ville, de jour ne de nuyt, dagues, espées, bracquemars, ne autres bastons ne ferremens, aultrement que pour tailler leur viande, fors ès gens de la justice, esquelx est expressement requis en avoir pour la deffense de la justice et ès gentils hommes et leurs serviteurs, sur paine destre icelx bastons et ferremens confisquez, et les faisans au contraire pugniz et corrigez par détempcion de leurs personnes et biens à esgard de justice. Pareillement est prohibé aux habitans de non faire bandes, assemblées ne batailler les uns contre les autres, s'entre appeler Griffons crannais, Natiffs de Barbarin ne autrement que chascun par son nom es paines davant dictes* ».

---

5 – Une récente étude définit le statut des étrangers : le livre de L.Moal, *L'étranger en Bretagne au Moyen Âge. Présence, attitudes, perceptions*, P.U.R. 2008.

Brimades et persécutions des marginaux

Des mouvements d'humeur, des rumeurs, des haines s'expriment à certaines occasions par des règlements de compte. Les changeurs lombards qui ont fait fortune à Paris et ailleurs ont été victimes, à plusieurs reprises, de préjugés défavorables. D'autres sont victimes d'une « agressivité plus ou moins rentrée » : les soudards de la garnison, assimilés à tous ces mercenaires amis ou ennemis accusés de piller la *doulce France*, les individus venus on ne sait d'où, qui n'ont ni attache, ni répondant, ni biens susceptibles de servir de caution. L'opinion publique soupçonne ces gens qui n'ont pas reçu une lettre de bourgeoisie ou de *naturalité* de propager des maladies infectieuses, des idées subversives ou des croyances condamnées par l'Église. Les villes françaises seront surprises par le passage insolite des Bohémiens confondus avec les Égyptiens.

Les mesures d'hostilité à l'égard des marginaux ont eu tendance à se durcir et à se multiplier au cours du XVe siècle au nom de la religion, de la morale et de la surveillance des mœurs.

Des mesures discriminatoires contre les prostituées

Malgré une utilité publique reconnue par les autorités comme « *dérive sexuelle »,* les filles de joie, longtemps laissées libres de leurs corps et de leurs ébats, sont de plus en plus contrôlées à la fin du Moyen Âge et sont soumises comme les contagieux, comme les lépreux à une législation restrictive qui ne banalise plus la relation tarifée. L'institutionnalisation de la prostitution s'accompagne de mesures restrictives.

La première consiste à les cantonner dans des rues réservées. Les municipalités qui entretiennent et exploitent les maisons closes publiques et en nomment les tenancières, les *abbesses,* exigent leur déménagement des quartiers des écoles, des églises et des couvents et leur transfert et regroupement obligatoire dans des périmètres de débauche.

La seconde décision générale, à une époque où l'apparence compte, est d'interdire aux vagabondes, aux *falhies* moralement, aux *meretrices* de déambuler en habits « de travail » trop voyants, de porter des vêtements fourrés ou en soie (Marseille 1265), trop courts ou trop luxueux, de détenir des manteaux, des bijoux comme les « honnêtes femmes » et les bonnes épouses. Au nom de la morale, les injures, les blasphèmes, les attitudes équivoques sont sévèrement prohibés.

« *Item que nulle prostituée ou ruffienne publique ou privée ose ou pense pouvoir porter ou se présenter en public dans la dite cité d'Avignon en dehors du lieu de prostitution public portant un mantelet fourré, une houppelande ou casaque de vair, de sydoine (de mousseline), ou de quelque chose de semblable; une ceinture d'argent; un bonnet où il y aurait de l'or, de la soie ou de l'argent, des boutons ou des anneaux d'or et d'argent, une chaîne ou un chaperon garni de perles d'or ou d'argent, des chapelets d'ambre, d'or ou d'argent ou de corail blanc ou rouge, de cristal ou tout autres parures où entrent l'or, la soie, l'argent sous quelque nom qu'on les présente et en quelques conditions qu'elles soient qui sont portées par les bonnes et honnêtes femmes, et cela sous peine pour chaque fois d'une amende de L (50) livres et de la saisie et confiscation de l'objet, vêtement ou joyau de ce genre* ».[6]*

L'identification de la *fille folle* par un costume, par une marque distinctive est aussi à l'ordre du jour dans plusieurs localités. Le *signum* fait son apparition ; la marque d'infamie est, dans le registre métaphorique du voyant, une aiguillette rouge sur l'épaule (Avignon) ou au bras (Amiens), un manteau rayé avec des galons (Marseille), un chapeau et des cordons blancs (Toulouse), une bande d'étoffe blanche (Dijon). « *Item que les prostituées publiques, lorsqu'elles sortent de la dite ville d'Avignon, doivent continuellement porter sur l'un des bras un signe d'étoffe blanche de la largeur de quatre doigts, visible entre le coude et l'épaule. Si elles sont vêtues de blanc, le signe sera noir et cousu tout autour du bras de façon à ce que chacun puisse les reconnaître et les distinguer des honnêtes dames, et ce, sous peine pour chacune et pour chaque fois de XXV (25) livres d'amende* ».

La législation répressive vise aussi les *étuvistes*, les tenanciers de bordels clandestins, les *ruffiens* et *rufiennes* qui exercent en dehors des bordels autorisés : « *Item que nul homme de quelque condition qu'il soit ose ou pense garder avec lui une concubine ou un chambrière.... ». « Item qu'aucune personne de quelque condition qu'elle soit ose pouvoir se livrer à l'adultère ou à la fornication dans cette présente ville d'Avignon dans les étuves ou ailleurs, de jour ou de nuit, si ce n'est dans les rues*

6 – L. Le Pileur, *La prostitution du XIIIe au XVIIIe siècles. Documents tirés des archives d'Avignon, du Comtat Venaissin et de la principauté d'Orange et de la ville impériale de Besançon* 1908 : article VI des *criées* générales de police d'Avignon de 1458, boîte XI n°15- article VII.

à ce réservées et ce sous peine de L livres d'amende ». article X. Chaque ville qui souhaite la création d'une maison close dans ses murs est tenue de faire une demande officielle (Castelnaudary en 1445), de construire un bâtiment spécial, un *prostibulum publicum*, sur les deniers publics, de choisir un tenancier et des filles adultes.

Un moyen de limiter le recrutement des prostituées, trop nombreuses ou trop jeunes au gré des autorités religieuses, au moins 300 en Avignon, est de les frapper d'amende pour un oui ou pour un non, de sévir contre le viol qui est souvent à l'origine du déshonneur et de la chute, de réagir contre le trafic d'adolescentes avec l'accord parental, l'enlèvement de jeunes filles pauvres ou peu délurées, de dénoncer l'adultère, la présence de chambrières à domicile. D'autres collectivités encouragent la rédemption dans un établissement religieux, au couvent des Clarisses de Chambéry, ou dans le service d'un hôpital. Depuis l'expérience de Robert d'Arbrissel à Fontevraud au XIe siècle, on s'efforce ici et là de sauver les âmes des pécheresses repenties, de les marier en leur offrant un trousseau, de les transformer en infirmières dans un hospice.

Des mesures contre les lépreux, jugés victimes de leur « malice »

Les lépreux ont été les victimes d'une violence débridée, estimée occasionnelle et jugée irrationnelle avant qu'on essaie d'en induire des motivations peccantes.

Le drame qui va être décrit est à la fois une manifestation de démission des pouvoirs et de cruauté collective face à l'inexplicable.

Sous le règne de Philippe V le Long, la situation générale s'est aggravée. Le royaume subit une terrible famine, des *« chertés de vivres »,* des remuements monétaires, un alourdissement des charges fiscales, autant de sujets de haine à l'égard des profiteurs, des nantis, des agents de la fonction publique et des étrangers. C'est l'époque de la croisade des jeunes errants, dite des Pastoureaux, marquée par des actes d'intolérance. Un chroniqueur se fait l'écho d'une rumeur : *« Cette année là (1321), alors qu'une infâme accusation avait surgi contre les lépreux du royaume de France qui voulaient infecter ou tuer les bien portants au moyen de poisons déposés dans les puits et les fontaines et s'emparer du gouvernement du royaume, tous les lépreux furent brûlés dans le royaume entier ou presque bien plus par la volonté du peuple que par les justices des divers endroits ».* [7]

Les ladres, appelés aussi *mézeux* ou *mésiaulx*, souffrent d'une maladie incurable, la *meselenie*, un mal si hideux que la populace est persuadée qu'il est occasionné par le péché de luxure. Les lésions corporelles et les effets contagieux sont vite associés à la dépravation des mœurs et à d'autres stéréotypes négatifs. En temps normal, les personnes atteintes de maladies de peau ou soupçonnées de l'être sont tolérées à condition qu'elles respectent des interdits et surtout s'isolent du troupeau des fidèles, restés sains physiquement et moralement. Mais en 1321, tout va de mal en pis dans un royaume discrédité par des scandales à la cour. Le défunt roi Philippe IV le Bel et ses fils n'ont pas laissé que de bons souvenirs et l'opinion publique murmure que l'actuel monarque a trop péché pour pouvoir protéger son peuple par son pouvoir thaumaturgique de « toucher les écrouelles » et de guérir les malades de cette manifestation de tuberculose. La perte de tout espoir, le climat de morosité qu'engendrent les levées de mauvaises taxes, de *maltôtes*, les accusations d'amoralité qui ont terni l'image de la cour et la dépravation des mœurs à tous les échelons de la société, provoquant la colère divine, exigent un châtiment exemplaire. [8]

Une bien étrange rumeur se propage peu de temps après l'exécution par le feu des Templiers. Les lépreux ont empoisonné l'eau des fontaines, symbole de vie et de pureté, un *bruyct* qui devient source d'affolement, et nourrit, avec d'autres anecdotes porteuses d'une charge émotionnelle, une psychose collective qui réclame la destruction de toute source d'infection. Ce qui n'était encore que ségrégation précautionneuse se transforme alors en une volonté d'anéantissement. Des mouvements de masse, une répression, officialisée par une ordonnance de Philippe V du 21 juin de la même année, à la demande des consuls et des officiers aquitains, débouchent sur des condamnations à la peine capitale, à des bûchers qui flambent ici et là, à Dax, en Albigeois, en Quercy, en Rouergue et surtout en Périgord où sont jetés tous ceux qui ont avoué sous la contrainte.

7 – F. Collard, « Une rumeur médiévale, le complot des juifs et des lépreux », *L'Histoire* n°231 avril 1999-D. Nirenberg, *Violence et minorités au Moyen Âge*, Paris, PUF, 2001.
8 – F. Bériac, « La persécution des lépreux dans la France méridionale en 1321 », dans *Le Moyen Âge,* volume 93, 1987 .203-221.

Les scènes d'horreur foisonnent dans un tel imaginaire criminel, se déroulent dans les villes et dans les villages, que raconte un moine d'Uzerche, témoin des faits qui se déroulent en mai et en juin : « *D'où tous ceux qui avouaient furent condamnés au feu, il faut savoir que pour cette raison, le mercredi lendemain des saints Achille et Nérée, en l'an de grâce 1321, le 3 des ides de mai (13 mai), trois lépreux furent brûlés avec la femme majorale. Idem, le vendredi suivant, de même onze, tant hommes que femmes. Item le jeudi suivant, huit tant hommes que femmes. Item le mois suivant, en juin, le mardi avant la Fête - Dieu (16 juin) furent brûlées pour la même raison quinze personnes, tant hommes que femmes ; certaines parmi elles avaient des petits enfants au berceau, et passant outre la décision du juge, elles les entraînaient dans le brasier et les mettaient sous elles et les protégeaient du feu, tant qu'elles pouvaient* ». [9]

La rumeur se renouvelle à d'autres occasions. Les lépreux de Châlons-sur-Marne sont formellement soupçonnés d'être les responsables de la peste : « *plusieurs ladres séjournent, vont et viennent en ville par quoy peut venir infection* ».

Des minorités en difficulté

Plus que toute autre collectivité, les juifs qui vivaient de préférence en ville, bien intégrés à la société urbaine comme ce fut le cas à Aix-en-Provence, à Avignon ou à Carpentras, avaient le désavantage d'être les « *seuls non-chrétiens à portée de la main* » et de devenir facilement les boucs émissaires d'individus hystériques, les victimes d'un défoulement collectif ou d'une volonté politique persécutrice dont on perçoit les prémices sous Dagobert 1er au VIIe siècle.

Déjà les communautés israélites ont eu à souffrir de la politique royale quand débute la guerre de Cent ans et se trouvent dans une situation précaire, à la merci de brimades ou d'une expulsion.

La conversion et le baptême forcés ne sont pas des nouveautés. Dès 591, la correspondance de prélats provençaux d'Arles et de Marseille laisse entendre que « *plusieurs juifs qui résident dans cette province et voyagent de temps en temps pour leurs affaires dans la région de Marseille nous*

---

9 – G. de Mantayer, *Chronique de l'abbaye d'Uzerche*, Mélanges Paul Fabre, Paris, 1902 p.412.

ont fait savoir qu'un grand nombre des juifs qui vivent là-bas ont été amenés à la fontaine baptismale par la force plus que par la prédication ». [10]

À plusieurs occasions déjà, les rois, les princes (Jean1ᵉʳ le Roux en Bretagne), les autorités locales, les conciles ont pris des dispositions pour prohiber toute relation, toute « *communion* » disait-on alors, entre chrétiens et juifs dans les moindres détails de la vie courante, y compris la fréquentation des tavernes ou des boutiques. La législation est agravée sans pouvoir toujours être appliquée à la lettre. On interdit les mariages intercommunautaires, toute forme de prosélytisme, le recrutement de personnel domestique, d'une nourrice d'une autre confession que celle du maître ou du père de famille, d'acheter de la viande cacher, de boire du vin de juif.

On évoque, sans toujours les désigner de façon expressive, la souillure, la contamination du juif « fétide », pour mieux isoler les membres de la communauté dans un véritable carcan, quelquefois sous le prétexte fallacieux de protéger les juifs déicides de la vengeance des chrétiens, notamment à l'occasion de fêtes religieuses, de la Semaine Sainte. [11]

De fait, leur situation n'a cessé de se détériorer, dans toute l'Europe, depuis les deux premières croisades quand un climat de ferveur religieuse et l'agitation sociale ont poussé la populace à commettre les pires excès. Déjà en 1171, une accusation de meurtre rituel d'un enfant dégénère à Blois en punition collective : « *sur l'ordre du maître, on prit tous les juifs, on les entassa dans une maison de bois autour de laquelle ont plaça des mottes de paille et des fagots* ». L'antisémitisme se traduit par des massacres en Rhénanie, l'incendie du quartier juif de Londres en septembre 1189, la tuerie de 80 personnes à Bray-sur-Seine en 1191. Jamais après les expulsions sous Philippe Auguste et Philippe le Bel, suivies d'autorisations partielles de retour, les communautés ne recouvreront la

---

10 – Br. Judic, « Grégoire le Grand et la violence religieuse » dans *Violence et religion,* collection UL3, Lille III, 192 p.70
11 – S.Guerchberg, « la controverse sur les prétendus semeurs de la peste noire » *Revue des Etudes juives,* volume 108, 1948. – M.R. Cohen, *Sous le croissant et sous la croix, les Juifs au Moyen Âge,* Paris, Le Seuil 2008.

stabilité qu'elles avaient eu avant les emprisonnements, les expropriations. Le passage des bandes de jeunes Pastoureaux s'était déjà accompagné d'incendies de maisons et de massacres de juifs. [12]

Comme les lépreux, ils prêtent le flanc aux plus folles rumeurs : la responsabilité dans la mort du Christ comme peuple déicide, une âme vendue à Judas, la profanation des hosties, des reliques, du crucifix, des statues, l'assassinat d'enfants chrétiens dans l'intention d'incorporer leur sang au pain azyme, une prétendue complicité avec les infidèles à Jérusalem et en Espagne etc. Le théâtre médiéval, les poésies goliardesques, les anas, les facéties des sots ne sont pas à l'abri de la caricature ; ils mettent en scène des juifs usuriers et avares, baragouinant un affreux jargon, représentent des danses rituelles autour du veau d'or, prennent plaisir à opposer l'église vertueuse et la synagogue aveugle ou foyer d'hérésie (Genève), le schabbat et le sabbat nocturne des sorciers etc. Des jeux de l'Antéchrist, un carnaval, peuvent se terminer très mal pour les habitants des quartiers juifs. Des mesures ponctuelles sont significatives d'une évolution en cours : de lourdes amendes ou la castration en cas d'adultère entre gens des deux religions, pour injures au Christ, pour sortie jugée intempestive du ghetto.

Les conditions d'existence des juifs prennent souvent un tour dramatique. Étudier les ghettos revient à poser le problème de la tolérance dans les villes du Royaume. Vivre dans le quartier juif fut d'abord un acte volontaire pour faciliter les contacts, renforcer les liens familiaux et les affinités d'origine et pour davantage profiter des bâtiments communautaires, de la synagogue, de la boucherie Kacher, d'un four de cuisson du pain azyme, des bains rituels, d'un hospice (Narbonne), d'une fontaine-aux-Juifs (Marseille) et pour desservir le cimetière. Des raisons professionnelles et fiscales, un besoin de sécurité expliquent aussi ce phénomène d'agglutination qui n'est pas obligatoire au départ. Un rôle de taille parisien de 1292 montre que si la majorité des juifs vit dans cinq rues principales, d'autres familles sont dispersées dans l'Ile de la Cité et sur les deux rives de la Seine. Un grande ville peut disposer de plusieurs synagogues, trois à Marseille, deux à Chartres, et de plusieurs quartiers.

---

12 – R.J. Moore, *La persécution, sa formation en Europe,* Paris, les Belles Lettres 1991. – D. Niremberg, *Violence et minorités au Moyen Age*, Paris, PUF 2001.

Avec les premières expulsions sous Philippe Auguste (de 1182 à 1198), sous Philippe IV le Bel (en 1306), avec les brimades de saint Louis, l'insécurité et la contrainte du côté juif, le refus du cohabiter du côté chrétien, se conjuguent pour favoriser un phénomène de regroupement obligatoire dans un quartier cloisonné.

Des Juiveries (Arles, Nîmes), des rues aux Juifs, aux Gieux (Reims), un *Judeazimus* (en Savoie) et d'autres appellations apparaissent dans les écrits. Détail curieux, une rue de la Juiverie existe à Nantes, sans juifs depuis leur expulsion par le duc Jean Ier le Roux en 1261 ! Une Juiverie est délimitée par une clôture munie de portes où se lèvent des droits spécifiques. Elle se définie par un regroupement des bâtiments indispensables, par des boutiques, des ateliers et des marchés qui ne sont pas sans rappeler les souks dans les villes musulmanes Les ghettos souffrent donc d'un entassement dramatique avec des densités qui peuvent atteindre dans la Juiverie d'Avignon 1000 personnes à l'hectare. Ce grouillement des hommes est inhumain et favorise la propagation des maladies par manque d'hygiène. La plupart du temps les rues sont plus étroites encore qu'ailleurs, sales, insalubres et les conditions d'existence dramatiques. [13]

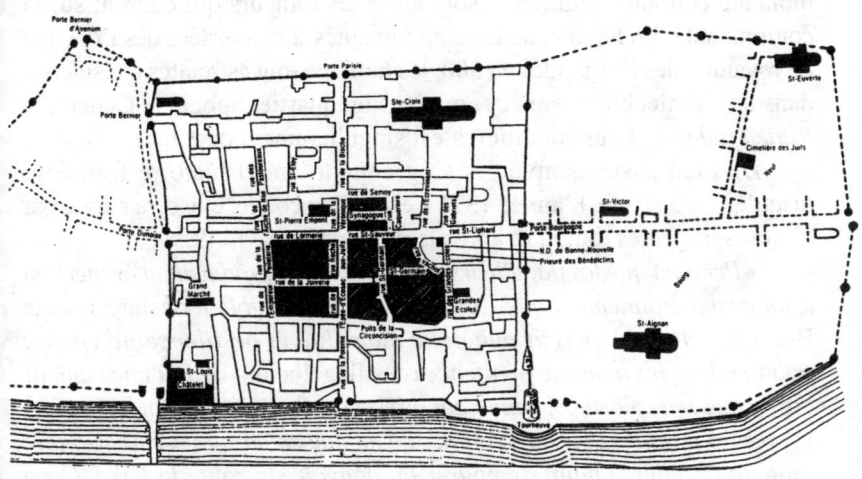

Plan de la Juiverie d'Orléans
Extrait de Th. Cochard, «La Juiverie d'Orléans», Orléans 1895

---

13 – Th. Cochard, *La Juiverie d'Orléans,* Orléans 1895.

Marginalisés par leur religion et leur mode de vie, quelquefois par leur parler, par des institutions propres et des structures familiales ou d'encadrement, les juifs, infériorisés par l'Église, considérés comme des nuisibles, sont victimes à certains moments de moqueries, de calomnies, de haines, nées d'activités telles que le prêt à intérêt ou la perception des impôts. Les conciles ont recommandé le port d'un signe distinctif, officiellement pour empêcher toute union entre membres de religions différentes et pour mieux repérer les juifs. Le port de la rouelle, conseillé puis exigé par les conciles du Latran IV et de Narbonne en 1227, par saint Louis, par les municipalités (Toulouse dès 1232) consista en une rouelle de tissu, cousue sur la poitrine ou sur le dos, de couleur jaune safran ou rouge et blanche à partir de l'âge d'une douzaine d'années. Une amende qui encouragea la délation sanctionna les oublis. Le roue est représentée sur les miniatures pour mieux caricaturer celui qui la porte.

Dans la cité des Papes d'Avignon, les juifs doivent porter le *signum* d'infamie : une roue de couleur noir et blanc, un chapeau, une coiffe spéciale ou *cornelia*.

Comme pour les prostituées, les amendes pour transgression des interdits, les taxes de circulation vexatoires, les impôts arbitraires sont monnaie courante, comme le sont aussi les rumeurs qui courent sur la communauté. En Savoie, où les communautés sont attestées dès l'époque du royaume des Burgondes en 500, les familles sont astreintes à résidence dans des immeubles (Annecy) ou dans un quartier appelé le Cancel, le *Platea judaïca*. Leur condition s'est singulièrement dégradée.

De bien tristes souvenirs s'égrennent dans l'histoire française jusqu'au XXe siècle. L'année 1321 a été pire encore et elle sera suivie par d'autres tragédies durant et après la peste noire de 1349.

« *Pendant que les flagelleurs cheminaient, se produisit un événement d'un grand étonnement que l'on ne doit jamais oublier,* déclare Jean le Bel. *Quand on s'aperçut que cette mortalité et pestilence ne cessait point malgré les actes de pénitence* (des flagellants), *naquit une rumeur disant que cette mortalité venait des juifs et que les juifs avaient jeté venins et poisons dans les puits et fontaines du monde entier afin d'empoisonner toute la chrétienté pour s'emparer du pouvoir sur toute la terre. C'est pourquoi, chacun, puissant ou modeste, fut si remonté contre eux que ceux-ci furent tous brûlés et mis à mort par les seigneurs et la justice locale, partout où les flagelleurs passaient ; tous allaient mourir en dansant et en chantant aussi joyeusement que s'ils allaient à la noce, refusant de se convertir ».* [14]

D'autres cas ont laissé des témoignages historiques dans des régions alors isolées, où existe un sous-prolétariat incontrôlable (Strasbourg), où aucune protection pontificale (Avignon) ou épiscopale ne se manifeste, où des princes démissionnent devant leurs sujets par démagogie, fanatisme religieux ou par sottise. Tel fut le cas en Savoie où la rumeur accuse les juifs d'être responsables de la peste noire en 1348. La foule s'ameute à Chambéry et la population déchaînée réclame des exécutions. Les autorités, hésitantes sur la conduite à tenir, engagent un procès qui s'achève par la condamnation au bûcher de 11 personnes. Des massacres ont lieu à Conflans suivis de la vente des biens par le châtelain, à Yenne, à Aiguebelle où on compte 18 victimes ; des gens sont morts dans les prisons d'Annecy et de la forteresse de Montmélian. Les familles juives survivent donc dans un climat de haine qui s'exprime encore avec la saisie et la destruction, par le feu, des livres rituels en 1466 après une dénonciation d'assassinat d'enfants chrétiens. Le culte hébraïque, assimilé à de la diablerie, est toléré à condition qu'il ne donne pas lieu à des manifestations et à du prosélytisme mais, inversement, des conversions au christianisme sont obtenues au prix d'argent et de pressions.

Ce qui s'est passé avec les lépreux et les juifs se renouvelle aussi avec les sorciers. Quand une épidémie de peste débute à Périgueux en novembre 1454, la municipalité s'en prend aussitôt aux sorcières ou *fachilbieyras*. Ce sera bientôt le tour des Bohémiens qui apparaissent au XVe siècle seulement dans la région parisienne. [15]

Les étudiants pauvres font aussi souvent l'objet de mesures discriminatoires et la culture carnavalesque des adolescents dénoncée comme subversive.

---

14 – Jean le Bel, *Chronique*, éd. J. Viard et E. Déprez, Paris 1904, p.807. – E.A.R. Brown « Philip V,Charles V and the Jews of France. The Alleged Expulsion off 1322 », *Speculum,* volume 66,1991, p.294-329.

15 – *Journal d'un Bourgeois de Paris*, éd. de C. Beaune op. cit. p.234-238 §464-468.

« Purger » les villes des malandrins

Les tribunaux publics durcissent leur action coercitive à la fin du Moyen Âge pour sanctionner une longue litanie de crimes qu'une volonté de nuisance, une pulsion néfaste, l'envie ou la rancœur poussent à commettre. Même si elle reste encore plus rare qu'on ne l'imagine parfois, la peine de mort progresse plus dans des villes et dans des seigneuries importantes que dans les petites bourgades ou dans les fiefs ecclésiastiques où les officialités ont la réputation d'être plus clémentes.

À moins de transiger, de racheter, de pardonner après une supplique et un geste de rémission accordé au présumé coupable, la pénalisation par décision du pouvoir ouvre d'autres perspectives commandées par le « remède de justice », qui laissent une grande place à l'arbitraire des princes, des seigneurs hauts justiciers et des juges. Il est dans les usages du temps de *gehiner* (torturer) *« au plus gracieusement qu'on peult »* (en Savoie) pour obtenir des aveux sur la nature des effractions et sur les complices puis de châtier pour l'exemple. Le bourreau patenté, en bon professionnel, soucieux du travail bien fait, emploie une panoplie de supplices aussi cruels que variés avant de pendre, de brûler, d'écarteler, de noyer. Celui qui punit ou celui qui applique la sentence est censé agir sans colère, sans méchanceté, sans perversité, sûr de son bon droit, de la rectitude d'une pratique judiciaire normale, ce que rappelle Grégoire le Grand dans ses *Moralia*.

« Gehenner, Géhiner », « jahainer » à petit feu

La torture, appelée encore *gihenne* ou *jéhinne* a un long passé derrière elle et un grand avenir si on en croit les rapports d'Amnisty International. On la donne dans les salles basses des tours ou des prisons *« avec l'eau d'amertume et le pain de souffrance »*. Mais un banc de torture est installé à Bruges en 1488 sur une estrade au centre du marché pour l'édification du bon peuple !

Toutes les civilisations, y compris les plus brillantes, les plus raffinées, l'ont pratiquée et il semble même qu'elle ait connu un regain d'utilisation sous le Bas Empire et dans l'Empire romain d'Orient si nous consultons la législation de Théodose II et de Justinien.

Les Francs ont abondamment torturé et pris même un réel plaisir à crever les yeux, à couper ou à brûler les membres de leurs adversaires.

La Loi salique fait à plusieurs reprises allusion aux supplices endurés par les asservis soumis à la torture et condamnés ensuite à avoir le nez et les mains coupés ou à la castration.

Il est faux de prétendre qu'une telle pratique est tombée ensuite en désuétude. Le silence est davantage un problème d'information que d'abandon d'un usage jugé archaïque. La torture apparaît encore dans les documents judiciaires du XIIIe siècle en Languedoc et est signalée tardivement à Arras en 1484. La coutume bretonne permet de *géhiner* trois fois de suite pour amener les pires récalcitrants à collaborer avec les juges sous réserve qu'il existe contre eux une « *commune renommée* ou *presumpcions apertes* ».[16]

La formule indique que la torture est appliquée seulement quand la présomption de culpabilité ne fait guère de doute ou quand aucune preuve n'est venue étayer un dossier encore peu fourni. La papauté lui confère une quasi légalité dans la bulle *Ad extirpenda* d'Innocent IV et les manuels de procédure inquisitoriale l'évoquent, bien que certains esprits évolués comme Nicolas Eymeric savent que les « *quaestiones sunt fallaces et inefficaces* », qu'on peut arracher n'importe quel aveu en prenant son temps et en y mettant les formes plusieurs fois de suite. Tel individu de La Rochelle, accusé de 1416 de meurtre et d'avoir eu des relations contre nature est gardé prisonnier trois ans et « *gehiné par pluseurs fois telement que par force de gehine, il a confessé les choses dessus dictes* » déclare une lettre de rémission.

La torture sur le « *banc de la géhine* » est donnée plutôt aux gens de « *mauvaise renommée* » et de basse condition qu'à des notables, sans qu'il n'y ait, pour autant, totale incompatibilité. Pieter Lanchals, receveur général des finances de Charles le Téméraire et de Marie de Bourgogne, membre de l'élite de Bruges et prévaricateur notoire, connaît la disgrâce à la mort de ses maîtres qui le conduit tout droit à la potence. Avant d'être exécuté le 22 mars 1487, l'officier, honni de la population qui le surnomme le « *mangeur de foie* » ou *levereter* est traîné par les rues en fête et torturé sur un banc à géhine installé sur la place du beffroi !

---

16 – M. Planiol, *la Très Ancienne Coutume de Bretagne avec les assises, constitutions de Parlement et ordonnances ducales*, Rennes, 1896, chap. 101 et *Histoire des institutions de la Bretagne,* tome III, Nouvelle Édition, Mayenne 1981, p.5-6.

Le feu et son contraire l'eau sont rarement absents des moyens employés pour faire avouer. Le bourreau utilise des pinces rougies au feu, posées sur un brasier. Ces instruments qui arrachent les chairs ou font des plaies figurent dans sa panoplie, avec des ciseaux, des fouets, des « *bancs et tirouers à questionner les gens* ».

Des scènes de torture par le feu apparaissent sur des représentations picturales de l'enfer. J. Bosch représente, sur le triptyque du Jugement dernier, un de ses panoramas hallucinants dont il a le secret, des humains au corps blanchâtre brûlés dans des fours pleins de flammes, grillant sur une broche, tandis qu'un être ventru leur verse dessus de l'huile bouillante. Une femme démoniaque a découpé sa victime en petits morceaux et les fait griller dans une poêle pour accompagner un plat d'œufs. Un monstre, au ventre comparable au brasier d'un four, dirige un concert infernal.

Celui qui a tout avoué, et même davantage que ce qu'on souhaite entendre, peut être condamné, par les juges, au bûcher, au supplice de l'eau bouillante ou à d'autres solutions extrêmes… à moins qu'il n'ait la possibilité de s'évader d'une prison, ce qui est plus fréquent qu'on ne l'imagine ! La justice médiévale, redoutable en apparence, peut être rendue impuissante par des dysfonctionnements et les failles de son système carcéral.

Les phases d'un grand spectacle ritualisé avant de « bouter à bazac »(mettre à mort)

La pendaison avec volonté de faire souffrir « *jusqu'à ce que mort s'ensuive* » pour « *détruire le vaurien* » est la peine de mort la plus répandue en France, celle de Judas, ancêtre de l'infamie. Cette forme de strangulation, appliquée dans 70 % des condamnations à mort exécutées en Avignon ou à Paris, est infligée en priorité aux roturiers, quelquefois aux notables, à un clerc ou à un noble qu'on veut déshonorer. Il n'est pas rare non plus qu'une personnalité soit décapitée mais que son corps soit accroché ensuite par les sous -bras au gibet !

La plupart des gibiers de potence sont l'élite des agresseurs de grand chemin, des criminels endurcis, des voleurs récidivistes, des auteurs de crimes crapuleux, des soldats vaincus, accusés de trahison ou coupables de pillages et de viols, des émeutiers après des révoltes. À son entrée dans Rouen après la révolte de la Harelle, Charles VI, usant de son pouvoir discrétionnaire fait exécuter six responsables mais accorde sa grâce à six autres. Les armées l'appliquent aussi aux membres des bandes des « *faulx visaiges* » en Ile-de-France en 1448, aux coquillards en Bourgogne. L'époque moderne pratique couramment ce mode opératoire représenté sur les dessins de Jacques Callot au XVIIᵉ siècle.

« *Suspendre aux fourches* » un individu pour ses larcins abjects et méprisables, pour ses *crocheteries, ses vilenies* est une peine vile et dégradante, qui, selon les endroits, peut être banale ou rare. La moyenne annuelle des exécutions dans trois villes de peuplement inégal, à Arras, à Guingamp et à Quintin est de six par an. Le registre d'écrou du Châtelet conservé pour une période qui va du 14 juin 1488 au 31 janvier 1489, examine environ 2000 cas civils ou criminels et ne signale que quatre condamnations à mort dont deux exécutées. Par contre, un second document portant sur trois ans, de 1389 à 1392, fait état de 92 condamnations, soit trois par mois ! Tout dépend de la sévérité des juges, d'une volonté d'exemplarité après une période de troubles, des interventions extérieures, des compositions.

La justice est en général plus sévère pour l'atteinte à la propriété, un crime « *détestable* », contraire au code des valeurs enseignées puis partagées, qu'à la personne même d'un individu, l'homicide pouvant avoir des motivations honorables ! La sanction est appliquée, de préférence, à ceux qui ont un « casier judiciaire » et qui ont épuisé un crédit de clémence. Elle frappe aussi les étrangers dont on ignore le passé, des empoisonneurs de puits. Les archives bretonnes montrent de surprenantes disparités ; tel tribunal ne s'embarrasse pas de scrupules pour envoyer au gibet un jeune domestique coupable d'avoir volé pour la première fois son maître, alors qu'un autre se contente d'exiger une simple amende pour pareil délit ou se montre étonnamment clément avec les pires individus. Mieux vaut, pour éviter la corde, appartenir à un milieu aisé, même s'il est arrivé que de riches personnages finissent ainsi leur existence ou que leur corps soit suspendu aux fourches patibulaires.

Le Jacques Cœur savoyard, Jean Lageret, homme d'affaires et conseiller du duc Amédée VIII, accusé par ses rivaux et détracteurs de « *crimes de mathématique, sortilège et lèse-majesté* », est, au terme d'un procès inique pour sorcellerie et hérésie, décapité devant les fourches patibulaires de Chambéry puis son corps, hissé à une corde, est exposé à la vindicte populaire, un 27 septembre 1417. Le non moins puissant Trésorier et Receveur général de Bretagne, Pierre Landais victime de la haine d'un parti de nobles, est abandonné par le duc François II et connaît le même sort que Lageret le 19 juillet 1485.

Des enfants ne sont pas épargnés. Joinville raconte dans quelles conditions saint Louis fit enfermer dans la forteresse du Louvre un seigneur Enguerran de Coucy qui avait fait pendre trois jeunes paysans braconnant dans ses forêts. A contrario, le tribunal de Saint-Riquier se targue en 1402 de n'avoir prononcé aucune condamnation à la peine capitale et de ne plus avoir de bourreau attitré.

« Estre pendu à tous les vent set estranglié » suppose une mise en scène ritualisée, qui fascine et révulse à la fois les spectateurs, pourtant familiarisés avec le champ si étendu de la criminalité ordinaire. L'exécution destinée à sanctionner, de manière exemplaire, l'énormité d'un délit s'accompagne effectivement d'une représentation édifiante et moralisatrice, d'un "grand spectacle" avilissant dont la cohérence a été maintes fois soulignée. Un parcours d'infamie, un *« chemin de honte et de haine »*, précède l'exécution. Loin d'être pénitence, il fait partie de la panoplie des souffrances et des dégradations imposées au condamné. Le *pandour,* le bourreau, arrivé la veille, est logé à l'hôtel avec ses valets, si la seigneurie ou la ville n'a pas la chance d'en avoir un en permanence. Arles s'adresse souvent à Avignon, Quintin à Saint-Brieuc ou à Guingamp.

Le jour venu, le condamné, est sorti de sa geôle et promené, dans un tombereau de la prison au lieu d'exécution, suivant un parcours immuable, avec des haltes imposées, dans le respect d'un horaire précis. Les organisateurs évitent de circuler la nuit, à potron-minet, durant la Semaine sainte, le vendredi par respect du Christ, le dimanche. La meilleure solution est de choisir un jour de marché ou de foire, une période de grande affluence !

Le comble de l'infamie est atteint quand le coupable est transporté dans un véhicule d'éboueur, chargé en temps normal, de fumier ou de boue impure. Le convoi chemine alors lentement, s'arrête de tradition ou à la requête du condamné lui-même, près de lieux sacrés, à l'entrée d'une église ou d'un couvent, devant une croix, où il peut prier un court instant et se signer. Durant ce parcours expiatoire, l'individu est insulté, pressé par le public de demander son pardon ou de réciter une prière pour se racheter de ses *desmérites* :

« *Les gens sont bien étonnés de voir ce chevalier sur la charrette et ils font tous une grande huée, petits et grands, vieillards, enfants, tous répandus parmi les rues* », déclare un témoin.

L'ultime voyage pour sanctionner des *desmérites* s'accompagne aussi de mesures d'exemplarité à commencer par la *pillorisation*, l'exposition publique temporaire aux injures et aux jets d'ordures des passants. Cet épisode infamant se double du port d'un écriteau rappelant les faits, d'un chapeau ridicule, d'une corde au cou ou de l'objet du larcin. Après viennent des « *batures à sanc* » ou la correction, des fustigations sur le dos, sur les fesses pour les femmes, en des lieux fixés par la tradition, sur un carreau ou sur une claie et de préférence un jour de grand public. Le pire dans ce rituel judiciaire est à venir avec des supplices plus cruels encore : du plomb fondu ou du souffre versé dans des plaies, des ablations de la main, des oreilles ou du nez, autant de souffrances prévues dans le jugement pour aggraver encore la dégradation qui précède la mort. C'est « *essorillé* », « *flétri* », disloqué même que le condamné affronte souvent le gibet ou le bûcher. Quatre vauriens de Saint-Lô, Guillaume Laisné, Guillaume Colin, Mathelin de la Varenne et Jehan Villers sont condamnés, le 18 mai 1450, « *a estre traynés, pendus, estranglés et mis a chacun ung trepié comme larrons, urdriers, guecteurs de chemin* ». [17]

Le public, rameuté à son de trompe ou par des crieurs murdriers et des trompettes, se presse, arrive même de la campagne, à plusieurs lieues à la ronde. Des seigneurs obligent leurs dépendants à assister au spectacle en famille, sous peine d'amende, les pères avec leurs enfants. Le bon peuple, avide de sensations fortes, ne se fait guère prier et se régale même de la phase expiatoire, apprécie l'efficacité du bourreau. C'est dépouillé de ses vêtements, en chemise de pénitent, que le condamné est offert à la vue du public. Si des parents, d'anciens voisins pleurent, des excités donnent des signes d'impatience. Loin d'être compatissante ou terrorisé, la foule donne de la voix, crie, injurie le criminel hautain ou endurci qui leur répond parfois sur le même ton, fustige le peureux qui supplie et pousse des cris d'appel à la clémence ou à la pitié, couvre sa

---

17– V. Tourelle, *Vol et brigandage au Moyen Âge*, Paris, P.U.F. 2006, p.252.

voix et se montre « *maints joyeux que s'ilz eussent tenu le Grand Turc* » disait-on à Bruges à propos de l'exécution d'un condamné politique honni. Chacun se gausse de la « danse des pendus », secoués d'ultimes soubresauts, du ridicule que provoquent une langue pendante, la coloration bleutée du visage, l'érection fréquente ou le « *lascher des eaulx et des matières* ». Les derniers gestes, les jambes qui battent désespérément dans le vide, sont-ils assimilés à une ultime tentative du condamné pour échapper à son triste sort ? Des parents viennent assister à « *une belle fin* » en connaisseurs et commentent à leur progéniture les gestes du bourreau, louent sa dextérité, son sens de la symétrie dans la disposition des patients pour une exécution collective. Le travail bien fait est apprécié, la maladresse dénoncée. On déplore l'incident, la corde qui casse, l'échelle qui choit, la chute anticipée du corps « *rompu, navré et cassé* », des événements insolites considérés comme autant de signes divins prémonitoires. Il est arrivé, à de rares occasions, que le public prenne parti pour le condamné sur le point d'être exécuté, admette une forte présomption d'innocence et déplore sa jeunesse et une sanction disproportionnée avec le délit. Plus étrange, il est arrivé aussi qu'une fille demande, *in extremis*, en mariage le condamné et obtienne sa survie !

« *L'abandon à la pendaison honteuse* »

La mort par pendaison est un supplice avilissant par sa pratique, sa durée, la posture de l'exécuté. Et pourtant c'est « par la corde du gibet » qu'on prête quelquefois serment dans les milieux populaires selon le farce « *le pâté et la tarte* » (p. 137).

L'asphyxie est provoquée par le poids du condamné « *gesté à bas* » et tenu au cou, au *col*, sous le menton et l'os occipital, par un lien constrictif, dénommé par les spectateurs la *fenêtre de chanvre*. La strangulation étouffe lentement, à moins que la chute précipitée ne brise d'un coup les vertèbres cervicales comme les bourreaux anglais avaient l'art de le faire jusqu'à une époque récente. Le serrement finit par interrompre la respiration et le fonctionnement du cerveau. Selon le mode exécutoire par précipitation d'une position élevée, du sommet d'une échelle, ou, à l'inverse, par lent haussement, l'agonie peut se prolonger de longues minutes, à moins que le bourreau ne rende le dénouement précoce en pesant de tout son poids sur les jambes du supplicié, sur ses épaules et ne brise d'un seul coup la nuque, moyennant

Les pendus à des fourches patibulaires du temps de Villon.

Les larrons pendus sont extraits de la page 11 de l'ouvrage de René Cintré, « Chroniques des jours ordinaires dans les marches de France et de Bretagne », éd. R. Cintré, Fougères 2006.

de petits accommodements pécuniaires passés avec la famille du condamné.

Ce mode exécutoire, appliqué sans précipitation, sans improvisation, « *selon la forme accoustumée* » est apprécié des officiants pour sa relative simplicité d'exécution et pour son coût moins élevé que la plupart des autres modes opératoires. Il suffit d'une corde chanvre à nœud coulant et d'une échelle pour faire passer quelqu'un de vie à trépas. Des détails sur les prix en usage dans les seigneuries sont rapportés dans les comptabilités au chapitre des *mises*. Une pendaison coûte entre 3 et 6 livres en Bretagne mais peut atteindre 12 à 15 livres s'il faut remplacer le matériel usagé, faire l'acquisition d'une longue échelle et déplacer le bourreau de très loin. L'installation d'un bûcher pour brûler une sorcière atteint au même moment 30 livres, soit l'équivalent du salaire annuel d'un manœuvre ou le prix d'un cheval de labour !

> Briand Joupin, arrêté le 25 avril 1475 sur le territoire de Guingamp pour « plusieurs cas de larcin », est jugé le 1er juin et condamné à recevoir « *la mort capitalle et à estre pendu* ». Dans le détail, le receveur de la seigneurie débourse la somme de 35 sous pour quérir le bourreau à Ploërmel, celui du Goëllo étant indisponible. Un messager exige ensuite 8 sous 2 deniers pour aller à Saint-Brieuc obtenir de Monseigneur l'évêque la levée de l'excommunication qui frappait le condamné. Le nouveau matériel, une échelle double, une corde, une paire de gants, revient à 33 sous 2 deniers ; le salaire du bourreau s'élève à 60 sous plus 5 sous de frais de logement. Le malheureux Joupin n'a pas eu la consolation de faire bombance pendant sa courte détention puisque sa nourriture n'a représenté que 18 sous au total. La pendaison revient finalement à 8 livres 7 sous 8 deniers, en comptant les menus frais.

Pareille mort dissuasive et ignominieuse ne se conçoit pas, sans exposition pour l'exemple, dans un lieu élevé, sans la vision des jours durant d'un corps en putréfaction qui finit par hanter les esprits.

On a peine, de nos jours, à imaginer la réalité, la présence de débris humains, l'odeur écœurante qui se dégageait des lieux d'exécution, au point qu'on fut obligé à Dijon de prévoir un caveau spécial pour accueillir les restes des condamnés. Des superstitions se sont greffées à l'abominable. Des visiteurs nocturnes venaient, en effet, arracher aux corbeaux des cheveux, des ongles, des dents de cadavres pour en faire des amulettes ou des potions magiques. La corde du pendu a toujours dans le langage et dans la réalité concrète une valeur tutélaire. Le Parlement de Paris est informé en février 1408 « *que aucuns ont dépoillié certaines fourches ou gibes patibulaires environ Paris des charoignes de ceulx qui y estoient executez. Et si avoient tant fait que par certains moyens de femmes et autres ilz avoient eu certains enfans mors nez et étoit vraisemble presumpcion qu'ilz ne fussent gens crimineux et sorciers* ». [18]

On comprend, dans de telles conditions que « despendre » immédiatement un condamné est un privilège que le bourreau monnaye. Il existe même un rite de *dépendaison* d'une personne considérée comme injustement suppliciée. C'est l'officier de justice qui doit, en personne, procéder à l'acte, placer le corps dans un linceul et donner un baiser sur la bouche du mort pour lui insuffler la vie, le temps du pardon, et créer « *bonne amour* » (sic) entre la victime et les justiciers qui se sont trompés. La réconciliation se veut restaurer ce qui a été brisé par erreur et éviter une vengeance *post mortem*.

La littérature et la peinture de la fin du Moyen Âge se complaisent dans l'évocation de ces morts horribles, de la pendaison « *à tous vents* » dit le Roman de la Rose (p. 367), de la décomposition des corps. Il n'est pas rare d'ailleurs que des gens assassinés ou exécutés soient dépouillés de leurs vêtements et que leur « *corps resta ainsi exposé aux yeux de tous dans la rue, sous la pluie* ». Villon nous a légué cette épitaphe célèbre

> « *Frères humains qui après nous vivez,*
> *N'ayez les cœurs contre nous endurcis,*
> *Car, si pitié de nous, pauvres avez,*
> *Dieu en aura plus tôt de vous merci.*
> *Vous nous voyez ici attachés, cinq ou six ;*
> *Quant à la chair, que trop avons nourrie,*
> *Elle est depuis longtemps dévorée et pourrie,*
> *Et nous, les os, devenons cendre et poudre.*
> *De notre mal, que personne ne rie ;*
> *mais priez Dieu que tous nous veuille absoudre !*
>
> ....

---

18 – Registre du Châtelet ANF X 2a f° 41 °, texte cité par C. Gauvard in *Violence et ordre public au Moyen Âge*, Paris, Picard 2005 p.85 note 31.

La pluie nous a débués (lessivés) et lavés,
Et le soleil desséchés et noircis;
Pies, corbeaux nous ont les yeux crevés,
Et arraché la barbe et les sourcils
Jamais nul temps nous ne sommes assis;
Puis çà, puis là, comme le vent varie,
A son gré sans cesse nous charrie,
Plus becquetés d'oiseaux que dés à coudre
Ne soyez donc de notre confrérie ;
Mais priez Dieu que tous nous veuille absoudre !» [19]

L'exposition infamante du corps supplicié, son humiliation *post mortem,* donnent matières à l'expression d'un art macabre en architecture, sur des peintures, des dessins, des sculptures.

Le gibet atteint parfois les dimensions d'un monument même si la plupart des fourches patibulaires sont de simples bâtisses, avec un ou deux poteaux munis d'un crochet, deux madriers disposés en triangle ou des montants verticaux reliés par une barre. On n'y retrouve pas la qualité du décor d'un pilori, véritable œuvre d'art, au milieu d'une place.

Pourtant quelques seigneurs haut justiciers ou des municipalités riches ont eu les moyens d'élever, sur un socle en pierre abritant un cachot et une réserve de matériel, de grosses piles en bois ou en maçonnerie, reliées entre elles par des arcs ou des traverses, munies de crochets de suspension. Les bois de justice sont situés de préférence extra-muros, à la périphérie d'un faubourg ou d'un domaine pour éviter que le sol de la cité ou de l'allée principale du château ne soit souillé. On en découvre aussi à proximité de ponts, à un carrefour, sur une éminence visible de tout venant, et même devant le porche d'une chapelle (à Troyes).

Des gibets ont défrayé la chronique, au point d'avoir stimulé l'imagination d'écrivains en veine de succès faciles. D'autres sont des monuments totalement méconnus, transformés en piliers romains (Nîmes).

19 – Fr. Villon, *Œuvres complètes*, Épitaphe op. cit. p.269 .– N. Gonthier, *Le châtiment du crime au Moyen Âge,* Rennes, PUR 1998. – R. Muchembled, *Le temps des supplices. De l'obéissance sous les rois absolus,* Paris, A. Colin 1992.

Le lieu de supplice parisien est l'exemple type de la démesure. Il comportait, selon la reconstitution de Viollet-le-Duc un bloc de maçonnerie de 12 m sur 9, un escalier donnant accès à une plateforme d'où partaient, fait unique, 16 piliers carrés en pierre d'une dizaine de mètres de haut. Des traverses de bois munies de chaînes supportaient les corps de condamnés. Montfaucon ne suffit pas à la demande et deux autres gibets sont aménagés en 1416 et 1457 près de l'église Saint-Laurent et à Montigny.

Supplices de pervers : le chaudron et le bûcher

Le châtiment par le feu appliqué très souvent dans des affaires sexuelles et de sorcellerie ou dans un crime de lèse-majesté s'explique, à défaut de se justifier, dans le contexte mental de l'époque. C'est une peine à vocation exemplaire qui, avec le supplice de la roue, la noyade ou la pendaison, porte en soi une marque d'infamie que n'a pas la décapitation réservée aux nobles. Le bûcher, avec la mise en scène qui l'accompagne, horrifie les plus endurcis en livrant à la vue et à l'odorat un corps léché par les flammes, des ossements calcinés, une odeur imprégnante. Le feu purificateur, agissant comme un fer rouge sur une plaie, est considéré comme le bon moyen d'éradiquer une gangrène de l'âme, le venin d'un serpent, le mal qui s'insinue, pénètre dans l'organisme et le contamine. Enfin, le feu anéantit, fait disparaître à tout jamais des individus qui, par leurs paroles ou leur attitude, n'ont plus rien de commun avec l'humanité. Il est arrivé que le corps d'un sorcier mort en prison soit déterré pour être brûlé.

Les raisons qui conduisent beaucoup d'individus au bûcher sont variées et souvent méconnues : c'est le cas avec des anonymes isolés ou des groupuscules à Arras en 1025, des hérétiques de Soissons en 1114, etc. Le bûcher a puni des gens accusés à tort ou à raison d'agir en secret, de propager des idées mal définies et sur lesquelles les plus hautes autorités de l'Église font un curieux amalgame, dénoncé par le pape Innocent III (1198-1216) et les conciles de son temps.

La peine de l'ébouillantage dans le *chaudron* (sic) frappe les faux-monnayeurs qui commettent un délit qui consiste, selon un texte bourguignon de 1433, à livrer des monnaies « *a la façon, emprainte et fourne des deniers de nostre dit seigneur* ». Un adage déclare : « *Qui mect la main au roy est digne de mort* ». Un contrefacteur non seulement reproduit, sans aucun droit, des espèces copiées sur des monnaies légales mais peut aussi (pas automatiquement) en altérer, on dit empirer, le poids et l'aloi.

Bouillir un condamné pour avoir empiré des espèces monétaires est compliqué et coûteux. L'opération exige un fourneau en briques, un foyer muni d'une grille, une grande cuve suspendue à des fourches par une chaîne en fer, des liens et une sorte de treuil pour extraire et suspendre le corps… et de l'espace. Un quartier de Lille portait d'ailleurs le nom en patois *de l'Caudière* (la chaudière) ! Le supplice est ainsi décrit dans un texte angevin de 1525. Cette année là, il y eut « *grant habondance de faulse monnoye et par espécial de gros de 10 sous appelez testons et de douzains, par tout le royaulme de France, notamment en Anjou* ». Les coupables, du beau monde, sont découverts et conduits « *prisonniers au chasteau d'Angiers, à la grant joye du povre peuple qui moult se plaignoit d'icelle falsification* »; « *Le 27 avril 1527, par autorité et ordonnance de Monseigneur furent exécutés en ceste ville d'Angiers, au placître des halles les personnes qui ensuivent : Jehan du Couldray, maître orfèvre de ceste ville ; Laurent Stella vénitien, Pierre Riveron aubergiste, Jehan Le Vannier des Ponts-de-Cé, Thibault, sieur d'Orvaux, Jacques Leconte et le sieur Delaunay de Thunes, accusés d'estre faulx monnoyeurs et d'avoir fait faire faulce monnoye : lesdits du Couldray et Stella furent bouillis tous vifs en eaux toute bouillante en une grant chaudière estant audit placître. Ledit Riveron (fut) pandu à une potence estant audit placître. Quant au nommé Jehan Le Vannier, fut aussi bouilly tout vif en ladite chaudière audit placître des halles, les lundi ensuisvant jour dudit moys* ». Toujours la même année, au mois de novembre 1527, un certain Yves Le Lescut, originaire de Bretagne mais marchand à Paris fut « *bouilly au marché aux pourceaux lèz Paris, parce qu'il avoit par l'espace de plus de 15 ans fait faulce monnoye d'or et d'argent, au moyen de quoy il avoit faict grosses acquisitions* ». [20]

Un acte exceptionnel, une sorte de note de frais sur une feuille de parchemin, narre l'exécution de Jehan Hasart à Anzin (Anzin-lès-Valenciennes) en 1438. Aucun détail n'est épargné aux lecteurs dans ce rolle anecdotique qui raconte l'affreuse mort d'un pauvre *pekeur* (pêcheur) qui a avoué son crime et a été jeté ligoté dans une cuve d'eau bouillante

---

20 – A.M. Angers BB 18 f°95 v°-R. Cintré, « Délinquance et répression dans les marches de Bretagne au XVᵉ siècle », *Bulletin de la Société Archéologique et Historique de Nantes et de Loire-Atlantique*, tome 131, 1996, p.84-85.

installée sur la grille d'un fourneau en briques. Le feu a été allumé au petit jour pour que la bonne température d'ébullition soit atteinte au moment voulu... Rien n'est oublié, ni les derniers moments du condamné, ni sa confession et l'intervention secourable d'un dominicain du couvent de Saint-Paul, ni le repas final des magistrats qui n'ont pas perdu leur solide appétit au terme du spectacle ! Le compte donne des précisions sur la chaudière en briques réfractaires qui fonctionne au bois sec, sur le matériel courant (cordes, brocs, cuves) et le palan à sortir le corps, sur les salaires, les indemnités de déplacement et de transport, les prix pratiqués. Des noms d'ouvriers, de marchands sortent quelques instants de l'anonymat. Il est même fait allusion à l'intervention d'un Dominicain du couvent valenciennois de Saint-Paul. Rien par contre ne concerne la brève existence du pauvre pêcheur, la gravité de sa faute, une falsification. On ne connaît de lui que le repenti puis qu'un cadavre, extrait avec difficulté de son chaudron. [21]

Le rituel dégradant du bûcher intervient dans bien d'autres occasions, pour punir l'hérésie, la sorcellerie, l'infanticide, le parricide, les crimes monstrueux. Raoul Glaber raconte que la terrible famine qui sévit aux alentours de l'an mil dans le royaume fit surgir des êtres malfaisants qui consommaient de la chair humaine et qui furent brûlés vifs. A Arras, où le supplice différencie plus les sexes que les crimes, trois femmes sont brûlées vives pour le meurtre de dame Hilles du Bois dite Cotoise, tandis que leurs deux complices masculins sont pendus !

« *Être livré aux flammes du bûcher* » revient à ce que le condamné est monté puis attaché à une poutre ou à un pieu de bois appelé *estache*, muni d'un collier et de chaînes et planté dans une assise de bûches et de fagots.

Le moine cistercien Pierre des Vaux de Cernay raconte, dans son histoire albigeoise, une exécution qui eut lieu à Castres en septembre 1209 : « *Nous ne voulons pas oublier un miracle qui se produisit dans ce castrum en présence du comte. On lui présenta deux hérétiques : l'un des deux était parfait de la secte, l'autre n'était encore que son novice ou son*

21— J.M.Cauchies, « Faux-monnayeur et justice du chaudron à Valenciennes en 1437 », *Mélanges P. Lefrancq*, Valenciennes, 1976.

disciple. Après avoir tenu conseil, le comte voulut les faire brûler tous les deux /. . . . /. Ils furent donc tous les deux attachés solidement par des liens durs et solides, autour des cuisses, du ventre et du cou, les mains attachées derrière le dos. /. . . . /On alluma donc un grand feu autour d'un poteau. Celui qui était parfait fut consumé en un instant ; l'autre (qui voulait abjurer) sortit du feu indemne, ses liens très solides s'étant immédiatement brisés, sans la moindre trace de brûlure sauf un peu au bout des doigts » (La croisade albigeoise). [22]

Pour assurer aux spectateurs, en contrebas, une bonne vision, le bûcher est perché sur un monticule de terre, de gravier ou de plâtre. Le bourreau est quelquefois obligé de se soumettre aux ordres de ses « employeurs » et, dans le cas de la combustion (sic) de Jeanne d'Arc, il n'a guère apprécié la solution proposée. Frère Martin Lavenu, un dominicain, présent, place du Vieux Marché, dépeint un exécuteur des hautes œuvres courroucé : *« Car les Anglais firent faire un haut échafaud de plâtre, et ainsi que le rapportait l'exécuteur, il ne la pouvait bonnement ni facilement expédier ni atteindre à elle, de quoi il était fort marri, et avait grande compassion de la forme et cruelle manière dont on la faisait mourir ».* Pour être proche de la réalité terminologique, il serait plus exact de dire que le supplicié « entre » (c'est le mot !) dans un creux aménagé dans le bûcher, un espace autour duquel sont amoncelés, jusqu'à mi-corps ou même jusqu'au niveau de la tête, des strates de bûches, entrecoupées de petit bois et de paille.

Généralement on bande les yeux du condamné pour éviter au public d'avoir à soutenir un regard chargé de reproches et de haine, la vision d'orbites *« qui flamboient et se creusent »* ou, sans doute plutôt, par crainte d'ultimes menaces d'un criminel ou d'une sorcière ! Des condamnés n'ont pas toujours le repentir, qu'on attend d'eux. La durée d'une exécution aussi didactique dépend de beaucoup de circonstances : du temps qu'il fait, du bois sec ou humide, de sa dureté, de la volonté des juges et des capacités du bourreau. Il est arrivé que le supplice dure plus d'une heure ! *« Comment peut-on arriver à supporter la douloureuse*

---

22 – M.Zerner-Chardavoine, *la croisade albigeoise*, collection archives, Gallimard, Paris, 1979 p. 125-126.

brûlure du bûcher ? A quoi Alazaïs répondit : Espèce d'ignorante ! Mais, voyons, c'est Dieu qui prend la douleur sur lui ». La mort tarde à venir si le vent détourne les flammes, ou si la pluie se met à tomber. Poser un tison dans de la paille provoque un feu instantané. Plus que les flammes qui mettent du temps à s'élever vers le ciel, c'est la fumée *« qui estaint et provoque l'asphyxie »*, la véritable responsable de la mort, par difficulté puis impossibilité de respirer.

Le bourreau peut atténuer les souffrances en usant d'un *privilège de retentum* : il poignarde, assomme ou étrangle le supplicié avant que les flammes ne l'atteignent. La combustion est accélérée par l'emploi de résine ou de poix, enduite à même la peau ou d'une chemise soufrée dont sont revêtues les sorcières. La mort peut, à l'inverse, être volontairement retardée pour rendre les derniers instants plus douloureux encore. Cette vengeance in extremis a été couramment pratiquée avec les hérétiques pour que *« le feu du bûcher leur passe* (littéralement) *à travers les côtes »*. L'exécuteur repousse un instant les fagots en flamme pour montrer au public le corps, le visage encore reconnaissable, le bas ventre si des doutes subsistent sur l'identité ou le sexe du condamné. Comble du raffinement *« une femme qui tue et occist son enffant à son essient est arse »* avec une poupée de bois dans les mains (à Metz en 1495). Les coupables de crime de bestialité sont exécutés… avec le corps du délit, la jument, la vache ou la chèvre ! La punition s'étend aux pauvres restes, au souvenir de la charogne. Les ossements comburés ou semi calcinés, les cendres sont dispersés pour répondre au rite d'anéantissement qui fait suite, dans l'ordre voulu, à l'humiliation et à la destruction.

Le peuple qui assiste à l'application d'une décision de justice n'ose guère la contester. C'est plutôt une peine de talion méritée qui sanctionne un acte odieux, une atteinte à la morale ou un crime de lèse-majesté. Il peut toutefois y avoir, dans certains cas, des doutes. Une sorcière appartenant à la communauté, n'a rendu que des services comme rebouteuse de membres défaits, guérisseuse plus efficace que le barbier ou le médecin du coin, ramasseuse d'herbes bénéfiques ou. . . faiseuse d'anges ! S'en priver bêtement par dénonciation et accusation de diablerie est risqué ! Un ermite hérétique condamné au bûcher prétend que son état de sainteté résistera au feu à Lille. Une jeune infanticide est connue de tous et issue d'une famille honorable. Que dire aussi de tous ceux qui ont menti, chargé ou protégé des complices ? Il faut des raisons précises, un empoisonnement, un enlèvement d'enfant, le pillage d'une tombe, pour se réjouir de leur mort. La foule recherche l'insolite dans les visages tordus par la douleur et la peur, traque l'anormal, attend l'ultime révélation, « *l'effect de la déposition* », la confession, les dernières paroles qui se transforment parfois en couplets d'injures ou en nouvelles diableries. D'aucuns croient voir une colombe voler au dessus du bûcher d'une innocente, injustement punie, pour qui le feu est devenu un rituel de sanctification ! Le peuple déteste et gronde quand l'oraison se perd dans le brouhaha ou est interrompue sur l'ordre des autorités, craignant des révélations compromettantes, une ultime profession de foi d'hérétique respecté (un prédicateur cathare). Une légende tenace veut que Jacques de Molay, le grand maître du Temple ait maudit le roi Philippe le Bel et le pape Clément V et leur ait donné rendez-vous, d'ici un an, au tribunal du Seigneur. Des hérétiques font d'ultimes aveux pour décharger leur conscience quand les flammes commencent à leur lécher le corps : « *et quand ils commencèrent à sentir vivement les atteintes, ils se mirent à crier à haute voix au milieu des flammes que c'étaient les artifices du démon qui leur avaient suggéré des sentiments si coupables et que pour avoir blasphémé Dieu, le Souverain Seigneur de toutes choses, ils étaient voués à une vengeance éternelle qui commençait dès cette vie* ». [23]

Des détails physiques ou matériels sont interprétés comme des signes divins qui font prendre conscience d'une réalité ou innocentent *post mortem* le supplicié : un regard, un visage resté immaculé dans un corps calciné. Le supplice fabrique alors des reliques ! « *Quoique liés à ce feu (des hérétiques cathares), ils demeurèrent cependant trois jours sans être brûlés* » dit un instant Guillaume de Nangis dans sa chronique de l'année 1208 sous Philippe Auguste. Des rumeurs naissent, se répandent sur tout et n'importe quoi : la sainteté, le sexe, l'ultime commerce charnel de la condamnée avec le diable. Un témoin du procès de réhabilitation de Jeanne d'Arc, Jean Riquier, rapporte : « *Et lorsquelle fut morte, comme les Anglais avaient peur qu'on ne dise qu'elle s'était évadée, ils dirent au bourreau de repousser un peu le feu en arrière pour que les*

---

23 – R. Glaber, *Chronique de l'an Mil,* op. cit. Livre III, p. 122

assistants puissent la voir morte ». [24] Si l'attitude de l'acteur principal de la tragédie est jugée au détail près, les capacités du bourreau, sa dextérité ou sa maladresse, sa nervosité ou son calme, son avarice (sic) sont examinés à la loupe collective ! Une femme de Metz, condamnée à mourir dans les flammes, *« souffrit beaucoup (en 1503) par la faute et convoitise du bourreau qui pensait épargner le bois ; car la pauvre misérable eut les jambes et les pieds tout brûlés jusqu'aux os avant que le feu ne touchât son visage et ses bras. Par quoi dans la détresse et la souffrance qu'elle eut, les cordes se rompirent et elle se tordait tellement que devant tout le peuple elle montrait sa pauvreté. Ce dont les seigneurs juges furent merveilleusement courroucés envers le bourreau ; et ce dernier en perdit un mois durant sa prébende à l'Hôpital ».* Il est arrivé qu'un bourreau, au métier inclassable, craint et méprisé tout à la fois, soit à son tour victime de la vindicte populaire et soit pris à parti, menacé de mort !

La justice est apparemment redoutable dans une société que menace sans cesse l'insécurité et que les transgressions religieuses et sexuelles perturbent. Les peines humiliantes et mutilantes d'une vengeance qui semble guider la justice foisonnent : le fouet, l'ablation du nez, des oreilles, du poing, de la langue. La peine de mort est donnée par pendaison aux fourches patibulaires de préférence aux voleurs, par noyade plutôt aux femmes infanticides, par le bûcher aux hérétiques, aux sodomites, aux falsificateurs, par la roue, la décapitation, l'enfouissement etc. Les peines cruelles décrites ici subsiste encore à Genève, en Italie et en France aux XVIe et XVIIe siècles à l'époque des guerres de religion, des affaires de sorcellerie et d'empoisonnement. On a exécuté de cette façon, sous Louis XIV, la Voisin, la Brinvilliers. Un chaudron à bouillir les faux monnayeurs, monté sur roues, est encore signalé en Bretagne au XVIIIe siècle. Dans la réalité cependant, on observe que les arrestations de délinquants sont souvent délicates, que la détention pose des problèmes dans des prisons mal entretenues et que les sanctions sont généralement

---

24 – R. Pernoud, *Vie et mort de Jeanne d'Arc*, p.240.

injustes et mal appliquées, plus dures pour les pauvres qui ne bénéficient pas des protections des riches. Une trentaine d'exécutions connues dans le cadre du mandement d'Annecy en deux siècles est à la fois trop et peu à l'époque que nous examinons.

Le supplice du pauvre diable ne s'arrête pas dans ce bas-monde ! Le condamné au bûcher est en état de péché mortel en succombant à la « *temptacion de l'Ennemi de Dieu* ». Une association diabolique lie le criminel, le voleur des biens d'autrui, la sorcière, qualifiés de Judas, à Lucifer, au Malin, au Larron du Monde, à la Bête immonde, au Maufé (le Mal fait). Il est par définition condamné à tomber dans « *les espinaulx de l'enfer* », dans la « *fournaise de feu* » comme une immense armée de morts corrompus représentés sur les sculptures (Moissac) ou sur les peintures. « La cuisine dialoblique », mélange de flammes perpétuelles de couleur jaunâtre, de soufre, de chairs grillées, d'odeurs pestilentielles et de cris ou de bruits grinçants attend donc le misérable et, avec elle, une panoplie de tourments pires que ceux qu'il vient de subir sur terre. Le traité des peines d'enfer et de purgatoire d'A. Vérard et les peintures délirantes de J. Bosch se complaisent à décrire, dans les plus infimes détails, des créatures embrochées, découpées, transpercées, pendues par la langue, une vision de la souffrance éternelle. [25]

25 – J.P. Leguay, *Le feu au Moyen Âge,* P.U.R. 2008 p.237-244.

CONCLUSION

Au terme d'un examen consacré aux bas-fonds de la société urbaine et circonscrit aux XIVᵉ et XVᵉ siècles, plusieurs conclusions paraissent s'imposer.

• Dame Pauvreté est omniprésente et menace un bon tiers à la moitié de la population selon les circonstances. L'époque de la guerre de Cent ans, confrontée avec l'instabilité de l'emploi, les famines, les épidémies à répétition, les *chertés* des vivres et des prix, les remuements monétaires condamne à la misère beaucoup de gens, simples journaliers ou *brassiers* à la journée, sans emploi permanent et connaissant une évidente précarité, malades, infirmes ou âgés. Des écarts se sont creusés entre une minorité de profiteurs et la masse directement concernée par la montée du paupérisme.

• Or une tendance, répandue dans les milieux privilégiés, chez les bourgeois et les gens d'église, assimile tous les miséreux à des oisifs. Les textes, qui se permettent de dresser une sociologie de la délinquance, font une distinction subtile entre quémandeurs, bonimenteurs, *bélistres*, faussaires, perturbateurs de l'ordre établi. Mais tous étalent leur paresse et leurs vices, sans retenue, à tous les coins de rue, sous les avancées des maisons, sur le parvis des églises, à la porte des auberges, ou pire encore dans tout lieux suspect de « *paillardie* ». Mais plus la notion de marginalité s'enrichit, plus la généralisation devient délicate. L'état de clochard est culpabilisé par les écrits. La pauvreté est devenue synonyme de dégradation physique et morale, de turpitude, de honte. C'est une menace pour les familles, un scandale pour l'ordre public et le royaume.

• L'époque de « *destrousses et de pilleries* » n'est guère propice à la compassion. Les écrivains les plus connus, les clercs qui prônaient jadis, dans les écrits, dans les sermons, le dépouillement évangélique, reconnaissent maintenant la valeur du travail et les bienfaits de l'enrichissement. Certains vont jusqu'à prétendre que Jésus et ses disciples ont vécu du fruit de leur labeur, des gains de professions fort honorables ! Chacun de dénoncer, à l'inverse, le mauvais exemple que donne le vagabond, les désordres commis par les *médiocres* ou la *merdaille*. Les bourgeois s'en prennent aux individus défavorisés, aux artistes, aux étudiants, aux minorités, dénoncent le manque de tenue de jeunes livrés à eux-mêmes. Les bons sentiments, l'amour du prochain, la charité individuelle et collective, la compréhension du marginal s'émoussent dans un monde de méfiance où la rumeur colporte les pires « bruycts » sur les prétendus hérétiques, les lépreux, les juifs, les homosexuels, les sorcières. La tolérance s'atténue et l'exclusion occulte les tentatives d'intégration.

• L'oisiveté, déjà associée aussi au vagabondage, l'est aussi à la violence verbale et physique, au vice, à la prostitution, à la longue litanie des crimes. Et, de fait, la société de la fin du Moyen Âge recèle aussi une sous-humanité diversifiée de clandestins, de faussaires, de larrons et de *larronnesses* soumis à des pulsions incontrôlées, *de briseurs de huys, de crocheteurs*, de criminels ou de gueux endurcis par des années de rapines, de *chaudes colles* et de *battures*. La reconstitution de cette infra-société, à partir des enquêtes, des procès-verbaux, des jugements, des suppliques pour échapper à une peine après la reconnaissance ou le rejet de la faute, aboutit à l'examen d'un ordre pénal en pleine mutation.

• Les châtiments d'une justice, devenue plus coercitive et moralisatrice, à l'image d'un pouvoir central et régional renforcé, prélude à l'absolutisme, sont destinés à réprimer et à sanctionner les délits et à purger les villes des indésirables qui varient selon l'âge, le sexe, le rang social, la nature des délits, les protections. Le peines se diversifient avant les Temps Modernes. L'incarcération, plus prévention que sanction, est plutôt temporaire et l'idée qu'un individu puisse s'amender par la réclusion est étranger à la mentalité du temps, au contraire du XVIe qui inaugure le grand enfermement. Les affaires de mœurs et le vol impardonnable du bien d'autrui, l'atteinte à la dignité royale peuvent entraîner la peine capitale pour des fautes « horribles », des *peccata horribilia*, à moins de bénéficier de solides protections. Les supplices, théâtralisés, se veulent exemplaires et dissuasifs. La peine capitale qui est destinée à faire souffrir, donnée par pendaison, ébouillantage ou combustion est le châtiment commun aux pauvres et aux marginaux.

Malgré tous les travaux entrepris sur un tel sujet complexe, la porte reste ouverte sur un monde qui représente en temps de paix et de prospérité 10 à 20 % de la population citadine, bien davantage en phase de crise. Les historiens continuent de s'interroger et de discuter sur les notions de travail et d'oisiveté, sur les haines sociales, la fragilisation de l'espace familial, les transgressions religieuses et sexuelles, le besoin de sécurité et le vécu quotidien, l'étendue et la manifestation du paupérisme, les conséquences d'un ébranlement politique, économique et social. D'autres recherches portent sur l'insécurité croissante, sur les origines des comportements violents et agressifs qui apparaissent dès que le vernis de l'éducation morale s'écaille. La nature et la diversité des châtiments, les difficultés d'application des peines restent aussi d'actualité.

Bibliographie sommaire

Généralités
J. Delumeau et Y. Lequin, directeurs, *Les malheurs des temps, histoire des fléaux et des calamités en France*, éditions Larousse, Paris, 1987.
G. Duby (dir.), *Histoire de la France urbaine,* II : la ville médiévale des Carolingiens à la Renaissance, Paris, 1980.
J. Dupâquier (dir.), *Histoire de la population française,* Paris, 1988.
J.-P. Leguay, *La rue au Moyen Age*, éditions Ouest-France, Rennes, 1984 & *Vivre en ville au Moyen Age*, Paris, éditions Gisserot, 2006.
Ph. Wolff, *Automne du Moyen Age ou Printemps des temps nouveaux,* Paris, collection historique Aubier, 1986.

Sociologie des bas-fonds
D'autres titres sont cités dans les notes.
G.H. Allard, *Aspects de la marginalité au Moyen Age*, Montréal, 1975.
P. Boglioni, R. Delort, Cl. Gauvard (dir.) *Le petit peuple dans l'Occident médiéval. Terminologies, perceptions, réalités,* Actes du Congrès international de l'Université de Montréal, octobre 1999, Paris, Publication de la Sorbonne 2003.
Ph. Braunstein, « La pauvreté au quotidien : apports et limites des sources médiévales », *Actes du colloque international de Spa*, octobre 1998, Université catholique de Louvrain ,1999, p. 91-103. *Exclus et Systèmes d'exclusion dans la litterature et la civilisation médiévales,* Senefiance n° 5, Publication de l'Université de Provence, Aix-en-Provence, 1978.
E. Faral, *Les Jongleurs*, Paris, 1910.
B. Geremek, *Les fils de Caïn : l'image des pauvres et des vagabonds dans la littérature européenne du XVe au XVIIe siècle,* Paris, 1991.
B. Geremek, *les pauvres au Moyen Age. Étude social,* Paris, 1978
B. Geremek, *les marginaux parisiens aux XIVe et XVe siècles,* éditions Flammarion, Paris, 1976.
B. Geremek, *La potence ou la pitié, l'Europe et les pauvres du Moyen Age à nos jours*, Paris, éditions Gallimard, 1987.
J.L. Goglin, *Les Misérables dans l'Occident médiéval,* collection Points Histoire, Paris 1976.
M. Mollat, *la pauvreté au Moyen Age*, étude sociale, Paris, éditions Complexe, 1978 et *Les pauvres au Moyen Age,* étude sociale, Paris, Hachette, 1979.
J. Rossiaud, *La Prostitution Médiévale,* Paris, éditions Flammarion, Paris, 1988.
Senefiance n° 5, *Exclus et systèmes d'exclusion dans la littérature et la civilisation médiévales,* 1978.

Les documents nous ont été communiqués par René Cintré, auteur bien connu des Marches de Bretagne au Moyen Age. L'auteur tient à remercier son collègue et ami pour sa précieuse collaboration.

CET OUVRAGE
A ÉTÉ IMPRIMÉ ET FAÇONNÉ
PAR L'IMPRIMERIE POLLINA
À LUÇON EN OCTOBRE 2009

N° d'impression : L52080

Imprimé en France